文化传播

第9辑

Cultural Communication

蔡劲松　主编

北京航空航天大学出版社

图书在版编目（CIP）数据

文化传播. 第 9 辑 / 蔡劲松主编. —— 北京：北京航空航天大学出版社，2024.1

　　ISBN 978-7-5124-4345-7

　　Ⅰ. ①文… Ⅱ. ①蔡… Ⅲ. ①文化传播 – 丛刊 Ⅳ. ①G0-55

　　中国国家版本馆 CIP 数据核字（2024）第 016506 号

文化传播. 第 9 辑

责任编辑：李　帆
责任印制：秦　赟
出版发行：北京航空航天大学出版社
地　　址：北京市海淀区学院路 37 号（100191）
电　　话：010 – 82317023（编辑部）　　　010 – 82317024（发行部）
　　　　　　010 – 82316936（邮购部）
网　　址：http：//www.buaapress.com.cn
读者信箱：bhxszx@163.com
印　　刷：北京九州迅驰传媒文化有限公司
开　　本：710mm×1000mm　1/16
印　　张：20.75
字　　数：329 千字
版　　次：2024 年 1 月第 1 版
印　　次：2024 年 1 月第 1 次印刷
定　　价：58.00 元

目 录
CONTENTS

专题研讨：文化育人

文艺论衡

学术观察

博士生论坛

Contents

前沿视点

新时代文化传承发展的历史性成就
与新使命新目标

张小锋　唐敬娜*

【摘要】党的二十大报告作出了"推进文化自信自强，建设社会主义文化新辉煌"的战略部署，习近平总书记在文化传承发展座谈会上发表重要讲话，提出了"建设中华民族现代文明"的新目标新任务，为新时代的文化建设指明了方向。贯彻落实党的二十大精神和习近平总书记在文化传承发展座谈会上的重要讲话精神，亟须增强中华优秀传统文化的感召力和影响力。中华优秀传统文化根植中国大地，是中华民族历经磨难仍旧屹立不倒的"基因密码"，是实现中国式现代化的强有力的精神支撑。当前，国际国内环境复杂，世界文明相互激荡，必须充分挖掘优秀传统文化的宝贵资源、充分利用现有文化创新创造的精神成果，以应对世界变局、解答时代困惑。新征程上，我们要坚定文化自信、坚守中华文化立场，在马克思主义与中华优秀传统文化相结合的进程中迸发出更强大的精神力量，铸就社会主义文化新辉煌。

【关键词】新时代　文化传承发展　历史性成就　文化使命

　　文化兴则国家兴，文化强则民族强。党的二十大报告作出了"推进文化自信自强，建设社会主义文化新辉煌"的战略部署，习近平总书记在文

---

* 张小锋，对外经济贸易大学马克思主义学院教授；唐敬娜，对外经济贸易大学马克思主义学院硕士研究生。

化传承发展座谈会发表重要讲话,提出了"在新的起点上继续推动文化繁荣、建设文化强国、建设中华民族现代文明,是我们在新时代新的文化使命"① 的新目标新命题,为新时代的文化建设指明了方向。贯彻落实党的二十大精神,牢记习近平总书记殷殷嘱托,勇毅担负起新时代新的文化使命,亟须增强中华优秀传统文化的感召力和影响力。

一、充分认识中华优秀传统文化的底蕴内涵与时代价值

"中国文化源远流长,中华文明博大精深。只有全面深入了解中华文明的历史,才能更有效地推动中华优秀传统文化创造性转化、创新性发展,更有力地推进中国特色社会主义文化建设,建设中华民族现代文明。"② 深入理解中华优秀传统文化的多种因素,全面掌握中华文明的突出连续性、创新性、统一性、包容性、和平性,意义重大。

(一) 优秀传统文化蕴含治国理政的大智慧

从先秦孔儒"民贵君轻"、西汉董仲舒"以德治国"、唐朝科举"选贤任能"、宋明理学讲究气节情操、重责任担当……直到中国共产党为人民谋幸福、为民族谋复兴。中华优秀传统文化饱含治国理政经验、道德教化理念、人文哲学思辨,源源不断地为中国社会的发展进步提供丰富的理论资源、有益的现实借鉴。

中国共产党人民至上的价值理念发源于中国自古秉持的民本思想。《尚书》中记载的"民惟邦本,本固邦宁"是中国社会民本思想的源头,意在强调百姓是国家的根本,百姓安定则国家安定。此后,儒家学者进一步强调百姓在国家治理中的重要性,孔子倡导"仁者爱人",孟子认为"民贵君轻",荀子认为"得民心者得天下"。③ 中国共产党人传承中国传

---

① 任仲平. 增强实现中华民族伟大复兴的精神力量 [N]. 人民日报, 2023 - 06 - 04 (001).
② 担负起新的文化使命 努力建设中华民族现代文明 [N]. 人民日报, 2023 - 06 - 03 (001).
③ 刘恋. 新时代治国理政实践中的优秀传统文化及其创新转化 [J]. 吉首大学学报 (社会科学版), 2022, 43 (04): 8 - 15.

统的民本思想，始终将人民群众放在心中最高的位置，特别是在党的十八大以来，我们党牢记为人民谋幸福的初心使命，坚决打赢脱贫攻坚战，实现中国人民追求富足的千年小康梦；在疫情防控阻击战中坚持人民至上原则，人民生命安全得到极大保障；坚持打造绿水青山还人民一片安乐净土……在党的二十大报告里，"人民"两字被提及 105 次之多，可见中国共产党人一心为民的政治底色。

中国共产党人以坚定的自我革命永远保持先进纯洁缘起于中国人省身律己、崇德向善的价值追求。孔子说"吾日三省吾身"、苏辙说"以言责人甚易，以义持己则难"、诸葛亮说"静以修身，俭以养德"。中国共产党人从先辈的优秀品德中汲取修身律己的智慧，努力加强自身党性修养，锤炼自己的道德品质，善于从中华优秀经典著作中学习做人做事的原则，从马克思主义经典著作中学习建党执政的理论和实践经验。① 百年风雨征程中，中国共产党不仅面临外敌干扰的危险更有自身腐败堕落的风险。中国共产党为保持先进纯洁、不忘初心使命，勇于进行自我革命，同一切腐化思想作斗争。十八大以来，我们推进全面从严治党，加强党的政治建设、思想建设、纪律建设，使党始终保持先进性、纯洁性，始终为维护人民利益和国家利益而奋斗。

（二）优秀传统文化为中华民族伟大复兴提供强大精神支撑

近代以来，由于帝国主义的入侵，饱受欺凌压迫的中国人民处在水深火热之中，好几次都处于民族覆灭的边缘，正是得益于中华优秀传统文化赋予我们自强不息、爱国奋进的精神基因，才支撑我们抵御外侮，最终走向独立统一。

中华优秀传统文化饱含自强不息的奋斗信念。《周易》有云"天行健，君子以自强不息"。中国人自古就追求自立自强，总是不屈不挠地奋斗进取，敢于丈量天地、敢于奋起抵抗。正是这种自强不息、无畏强敌的奋斗精神激励着中华儿女与一切压迫势力作斗争，不屈从于任何权威，不

---

① 陆卫明，冯晔. 新时代中国共产党对中华优秀传统文化的创造性转化与创新性发展 [J]. 探索，2021（06）：162 – 176.

迫于任何外来仇敌，不接受教师爷般的颐指气使！① 这使得中国人民最终能够抵抗列强入侵，拯救民族危亡；能够打倒国民党反动势力，建立一个真正民主独立的新中国；能够克服种种来自国内外、各领域的危险挑战，不断满足人民对美好生活的向往。

中华文明突出的统一性赋予中国人民内在的爱国基因以及团结一心的民族气质，铸牢中华民族共同体意识，使得中华民族变得无坚不摧。古有文天祥"人生自古谁无死，留取丹心照汗青"的热血赤诚，今有"杀了夏明翰，还有后来人"的英雄气概。中华优秀传统文化孕育出的爱国基因内化于每个国人心中，使得全体中华儿女团结一心、众志成城，汇聚成民族复兴的磅礴伟力。优秀传统文化的内核基因赋予中国人民顽强的意志品质和强大的精神动力，中国共产党在成立之初就高举爱国和奋斗旗帜，以民族复兴为己任，团结带领中国人民走向独立、走向民主、走向富强。

（三）优秀传统文化兼收并蓄、包容开放、与时俱进

中华文明自古以包容开放而闻名于世，西汉张骞出使西域将中华文明传扬出去的同时又将外来文明的种子植根中国大地；大唐盛世，万国来朝，唐朝开放的民族和对外政策使得中国成为世界文明的中心；宋代设市舶司专管对外事务，泉州港成为当时世界上的最大贸易港，发达的海外贸易使其无愧于成为经济最繁荣的朝代之一。中国历史上与世界的交往互动赋予优秀传统文化海纳百川、自信开放的胸怀和气魄。

在当代，中华优秀传统文化继续发扬其兼收并蓄、包容开放的优秀品格，与马克思主义基本原理相结合，推动马克思主义中国化时代化的发展。中华优秀传统文化包含的仁爱和平、崇德向善的价值理念为世界所认同，而马克思主义的科学性和真理性使其为世界的发展提供普遍的价值引导。一直以来，倡导开放包容的中国，始终坚持兼收并蓄、海纳百川，吸收优秀的外来文化，发扬本国优秀传统文化，促进中外民族文化融合。②

① 曹苗. 中华优秀传统文化的创造性转化创新性发展研究——兼论中华优秀传统文化的基本精神 [J]. 理论探讨，2021（06）：55-61.
② 沈阳. 中国特色社会主义与中华优秀传统文化深度结合的必要性 [J]. 广西社会科学，2021（02）：144-150.

我们不仅重视吸纳外来文化，同时注重让中国传统文化走出去，为世界文明作出重要贡献，让世界看见源远流长、博大精深的中华优秀传统文化。

二、新时代以来文化传承发展
取得的历史性成就

党的二十大报告指出，新时代十年来，我们"采取一系列战略性举措，推进一系列变革性实践，实现一系列突破性进展，取得一系列标志性成果，经受住了来自政治、经济、意识形态、自然界等方面的风险挑战考验，党和国家事业取得历史性成就、发生历史性变革。"① 文化传承发展也不例外。新时代以来文化传承发展取得的历史性成就，为在新的起点上继续推动文化繁荣、建设文化强国、建设中华民族现代文明奠定了坚实的基础、积累了宝贵经验。

（一）坚持守正创新，把牢主流阵地、筑牢思想防线

近代以来中华民族积贫积弱，外来侵略势力不仅给中国人民带来深重的苦难，也让我们赖以自豪的中华文明受到前所未有的西方冲击。特别在当代，美国滥用文化霸权，以植入美国式价值观的"好莱坞"电影为主要推手，向全世界大肆兜售其所谓的"民主、正义"等价值理念。更有甚者，美国专门建立起针对社会主义国家的新闻媒体和文化传播机构，实行双重新闻标准，散布虚假信息，无所不用其极的进行抹黑打压、煽动宣传、挑动对立、颠覆渗透，影响国际舆论。② 面临来自以美国为首的西方国家的文化渗透和霸权侵扰，如何更好传承和弘扬优秀传统文化、凝聚全社会共同意识抵抗文化侵略成为新时代迫切需要回应的问题。新时代十年，以习近平同志为核心的党中央立足于文化传承和发展现状，以问题为导向，在守正创新中构筑中华文化发展新思路、激扬中华文明创造新活

---

① 习近平. 高举中国特色社会主义伟大旗帜为全面建设社会主义现代化国家而团结奋斗——在中国共产党第二十次全国代表大会上的报告 [M]. 北京：人民出版社，2022：6.
② 美国的霸权霸道霸凌及其危害 [N]. 人民日报，2023 – 02 – 21（017）.

力。我们党召开全国宣传思想工作会议，强调牢牢掌握意识形态工作领导权，使得全社会范围内思想文化意识不断向上向好发展；召开新闻舆论工作、网络安全和信息化工作座谈会，强调利用现代传媒技术手段抢占舆论高地，用好互联网这个进行意识形态斗争的强有力武器，筑牢人民群众的思想防线；召开哲学社会科学工作座谈会和全国高校思想政治工作会议，以优秀传统文化凝魂聚力，全面开展对青年这个关键群体的宣传教育，使得全社会共同的思想基础更加巩固。

（二）坚持人民至上，打造文艺精品、回应人民期待

习近平总书记指出："文艺创作方法有一百条、一千条，但最根本、最关键、最牢靠的办法是扎根人民、扎根生活。"① 《记住乡愁》让我们再次领略中国乡土独具特色的历史人文风情，传承千年的家风古训在当代继续丰富着中国人独特的内在精神世界；《舌尖上的中国》讲述中国日常饮食的流变，探讨人与食物的关系，不仅有令人垂涎欲滴的美食更向海外观众展示出独特的东方生存智慧；《古代国家工程》聚焦中国青铜时代的矿冶文明，让人惊叹于古代劳动人民的伟大智慧，古人在矿冶实践中积累的科技理念对今日的中国仍有启迪；《国家宝藏》立足于中华文化宝库，生动讲述"大国重器"们的前世今生，解读文物所承载的文明和中华文化的基因密码，与观众在一眼万年中，感悟传统文化的深厚与魅力；《典籍里的中国》聚焦中华优秀文化典籍，从典籍出发讲述中华文明史，让书写在典籍里的文字"活"起来，深深印刻在当代中国人的精神头脑。2023 年 1 月 24 日，《奋进新征程——2023 中国网络视听年度盛典》上线播出，演出全网触达 18.86 亿次，短视频播放总量 8.53 亿次，讨论量超 3100 万。演出之所以引起热烈的反响得益于以新颖多样的艺术形式，展现普通人的奋斗和蒸蒸日上的生活，热情讴歌中国人民的奋斗之志、创造之力、发展之果，以昂扬向上的思想内涵凝心铸魂。其中情景表演《我们这十年》，以短视频创作者的视角，观察普通人十年生活变迁，平凡的人生故事汇聚成一幅幅幸福生活画卷；舞剧《五星出东方》中的片段"集市狂想曲"

① 习近平. 在文艺工作座谈会上的讲话［M］. 北京：人民出版社，2015：19.

立足传统的同时放眼世界，场景丰富、旋律动听、节奏明快，诠释在"一带一路"倡议背景下各国人民的美美与共、相知相亲。①

（三）坚定文化自信，展示中国风采、塑造中国形象

习近平总书记多次强调坚定历史自信、文化自信、增强历史主动，在赓续中华文脉的基础上，推动优秀传统文化的创新发展。我们要坚定文化自信，中华优秀传统文化作为全世界共同享有的精神文明成果完全有底气、有自信"走出去"。进入新时代，我们积极推动文化走出去，开展一系列活动，取得了文明友好交流的成果。吴桥杂技在中国进行了千年演变，独具传统文化之美，当今吴桥艺人走出国门，将杂技艺术展示给各国人民，赢得世界人民的赞叹和学习，在中国吴桥举办的国际杂技艺术节历经数十年，已经成为世界三大杂技赛事之一。2022年8月22日，故宫博物院与中国外文局签署战略合作协议，双方将联合开展中华优秀传统文化走出去项目，共同推动中华优秀传统文化海外推广和文明交流互鉴。前不久《京·粹》新春音乐会在北京中山公园音乐堂上演，从走红海外平台的系列短视频，到匠心呈现的视听音乐会，《京·粹》以艺术的呈现方式，让观众看到了富于时代气息的北京城市形象；德国雷根斯堡德华友好文化交流协会主席王华女士带着"中华文化之角·尼山书屋"的图书《我会用筷子啦！》走进德国幼儿园，现场示范活动受到德国小朋友的喜爱；一根竹竿，一袭白衣，在两岸樱花映衬下沿江起舞……独竹漂非遗传承人杨柳的演出视频点击量已经超过30万，收获不少国外粉丝。② 新时代以来，我们依托优秀传统文化为基石，积极推动文化交流互鉴，向世界展示中国传统文化之美，塑造中国文明大国形象。

三、勇担新的文化使命，
铸就社会主义文化新辉煌

文化传承发展座谈会上，习近平总书记以宏阔高远的文化视野思悟民

---

① 韩肖鹏. 精彩呈现网络视听新探索［N］. 人民日报，2023-02-21（020）.
② 铸就社会主义文化新辉煌（两会时间）——广大干部群众热议文化强国建设［N］. 人民日报，2023-03-09（007）.

族历史、瞻望文明未来，指出："对历史最好的继承，就是创造新的历史；对人类文明最大的礼敬，就是创造人类文明新形态。"①

（一） 不忘本来，坚守中华文化立场、坚持中国共产党的领导

立足中华优秀传统文化之本。中华文明上下几千年从未中断，具有世界上任何其他民族的文化所不能比拟的历史厚重。随着全球化的发展，中国深度介入世界，世界也深度影响中国。在这个过程中，我们要加深对自身文化以及世界其他文化的理解，充分认识到每个国家和民族历史传统和文化发展的特色，尊重差异、互学共鉴。中华文化在对待自然、人生和世界的理解和处理上，是独具智慧的。一直以来，我们依靠自身独特的文化基因走出一条独特的发展道路，这也让我们认识到，解决中国的问题，只能在中国大地上探寻适合自己的道路和办法。② 在与世界不同文化友好交流的进程中，充分了解世界文明，也更加珍惜自身的文化精华，更加坚定文化自信，在坚守中华文化立场上实现优秀传统文化的与时俱进、创新发展，铸就社会主义文化新辉煌。

坚持中国共产党的领导。正如习近平总书记所说的，中国共产党人不是文化虚无主义者，中国共产党恰恰是中华优秀传统文化的忠实传承者和弘扬者。我们党积极挖掘优秀传统文化蕴含的宝贵精神资源，将"治大国若烹小鲜""天地与我并生，而万物与我为一""苟日新，日日新，又日新""万物并育而不相害，道并行而不相悖"等优秀价值理念应用到当代治国理政的实践；大力保护文化古迹和文化遗产，出台《中华人民共和国非物质文化遗产法》为保护文化遗产提供强有力的立法支撑；加大对繁荣文化事业和文化产业的投入，加快引导文化产业转型升级，建立健全公共文化服务体系，重视培养一支高素质文化建设队伍，夯实文化发展基础。历史经验反复证明，只有坚持党的领导，社会主义事业才能向好发展，传承和发展文化事业亦是如此。③

---

① 杜尚泽."中国特色的关键就在于'两个结合'"[N]. 人民日报，2023 – 06 – 05 (001).
② 张明."走自己的路"的文明基因 [J]. 马克思主义与现实，2022 (06)：41 – 47 + 201 – 202.
③ 冯刚，鲁力. 习近平关于中华优秀传统文化重要论述的理论蕴涵 [J]. 湖南大学学报（社会科学版），2022, 36 (01)：1 – 10.

（二）借鉴外来，吸收一切优秀文明成果、在世界唱响中国声音

文明因多样而交流，文明因交流而发展。2023 年 3 月 15 日，习近平总书记在中国共产党与世界政党高层对话会上发表主旨讲话，首次鲜明提出全球文明倡议，提出要共同倡导尊重世界文明多样性，坚持文明平等、互鉴、对话、包容，以文明交流超越文明隔阂、文明互鉴超越文明冲突、文明包容超越文明优越。① 一方面我们积极融入地球村，加强与世界各民族的文化交往，广泛吸收借鉴其他民族优秀的文化成果，重新审视中国传统文化的当代功用；另一方面，在坚持自身独特性的基础上实现对外来文化的借鉴和融合，主动参与世界文明进程。中国面向不同国家和区域，积极搭建平等交流、互学共鉴、开放包容的文明对话平台，举办"一带一路"国际合作高峰论坛、亚洲文明对话大会等，搭建文化共融的桥梁，系紧民心相通的纽带，坚决爆破阻碍人类文明互动的高墙巨垒，坚决打破妨碍人类精神交往的藩篱隔阂。②

十八大以来，以习近平同志为核心的党中央高度重视文化对外传播，新时代十年，是中华优秀传统文化在世界广受欢迎的十年。《琅琊榜》《知否知否应是绿肥红瘦》《苍兰诀》等影视剧巧妙地设置古代背景，运用传统文化符号意象，创造性地展示东方古典美学，并融合武侠、悬疑、爱情、传奇等不同元素，成功掀起海外观众观看热潮；河南卫视推出的《元宵奇妙游》《中秋奇妙游》等一系列优秀文化遗产"奇妙游"节目借助现代影音技术走出国门。饱含大量中华文化元素的网络文学、网络游戏、网络影视等纷纷出海，传统文化内涵丰富的"国潮"产品越来越具有"国际范儿"，充分展示了中华文化的独特魅力。③ 但也要认识到，我们的优秀传统文化"走出去"仍面临着被动境地，更好推动中华优秀传统文化走出去，我国文化体制改革尚需进一步深化，文化领域专业人才队伍建设力度亟待进一步加大，中华优秀文化对外传播模式有待创新。铸就文化新

---

① 习近平. 携手同行现代化之路 [N]. 人民日报，2023 – 03 – 16（002）.

② 齐炜、郑东超. 努力为人类和平与发展事业贡献中国智慧、中国方案 [N]. 人民日报，2023 – 02 – 24（009）.

③ 王昕. 文艺作品走出去 展示真实立体全面的中国 [N]. 人民日报，2023 – 02 – 21（020）.

辉煌要以宏阔深远的世界视野把握文脉发展新思路。

(三) 面向未来，升级传播方法、培育创新人才

注重文化传播内容的差异化、分众化。城市与乡村，中国与外国，各个不同地域，国情民情迥然不同，文化传统差异巨大。在国内叫得好、叫得响的作品、项目，在国外不一定叫得好、叫得响；反之亦然。① 中国人讲故事含蓄内敛，往往经过层层铺陈才能找到核心要点，而外国人一般简单直接，想当然地把在国内进行文化传播的做法，运用到国际传播上，很可能适得其反。优秀传统文化在对外传播时要注重国外受众的不同特点，按照他们所喜闻乐见的方式进行传播，同时我们也应结合当地的风俗传统和价值理念，尊重差异，不强求对方的点赞认同。

利用现代科学技术手段，升级传播方式方法。2022 年中共中央办公厅、国务院办公厅印发了《"十四五"文化发展规划》，其中指出必须加快推进文化和科技深度融合，更好地以先进适用技术建设社会主义先进文化，重塑文化生产传播方式，抢占文化创新发展的制高点。② "神仙"综艺《典籍里的中国》利用环幕投屏、VR 等舞台技术塑造舞台空间，以穿越的方式让古今两代人进行对话；最近热播的动画电影《长安三万里》，依托数字特效技术，影片不仅在美学形式上竭尽所能地构建大唐盛景，还原大唐气象，展现大唐神韵，而且为影片中的人、事、景注入想象力，与传统文化有机融合，体现出中华优秀传统文化的现代性价值。③ 当前大数据、云计算、人工智能、5G、VR、3D 虚拟等技术加速发展，为文化创新发展提供了技术支撑和广阔舞台。借助数据新技术、传播新方式、网络新媒体等，曾经的文化辉煌得以再现，"沉睡"的文化宝藏再次大放异彩。④

---

① 蔡雨坤，李红秀. 中华优秀传统文化国际表达的传播探索 [J]. 出版广角，2021 (23)：31 - 35.
② 中共中央办公厅 国务院办公厅印发《"十四五"文化发展规划》[J]. 中华人民共和国国务院公报，2022 (24)：4 - 22.
③ 饶曙光 王士霖.《长安三万里》等国产动画电影热映——在传承发展中赓续中华美学 [N]. 人民日报海外版，2023 - 07 - 14 (007).
④ 罗苗苗，杨果. 大数据时代中华优秀传统文化传播的立与破 [J]. 传媒论坛，2022，5 (20)：69 - 72.

善于综合运用新技术，实现对优秀传统文化的创新呈现，是我们铸就优秀传统文化新辉煌的重要一环。

铸就社会主义文化新辉煌关键在"人"。党的二十大报告提出："坚持以人民为中心的创作导向，推出更多增强人民精神力量的优秀作品，培育造就大批德艺双馨的文学艺术家和规模宏大的文化文艺人才队伍。"① 衡量一个时代的文艺成就最终要靠作品，而优秀文艺作品的诞生要靠人才的创造，要创作生产出一大批无愧于人民的优秀作品，就要加大力度培育一大批有真才学、有高尚德行、有责任担当，心中有家国、笔下有人民的高水平创作人才。培育优秀文艺人才首先要加大对文艺从业者的思想道德教育，使其自觉遵守道德法律规范，自觉弘扬积极正向的价值能量；其次，加强制度设计，制定人才培养的长期目标和战略规划，健全完善培养新时代文艺人才的制度体系；最后，要加强对人才的创新能力和国际视野的培养，加快优秀传统文化走出去步伐。② 另外，培养优秀文艺人才要从"小"抓起。一份精心设计的节日作业，一次博物馆里的现场教学，一场故居旧址的实地考察等活动都能帮助青少年在润物细无声中得到传统文化的浸润，激发他们文化传承的自觉，让优秀传统文化的种子在广大青少年心中生根发芽。③

① 习近平. 高举中国特色社会主义伟大旗帜为全面建设社会主义现代化国家而团结奋斗——在中国共产党第二十次全国代表大会上的报告 ［M］. 北京：人民出版社，2022：37.
② 张保同. 为文化"走出去"提供人才支撑 ［N］. 中国社会科学报，2022－03－01（005）.
③ 丁雅诵. 让优秀传统文化在心中生根发芽 ［N］. 人民日报，2023－02－26（005）.

在县域经济中壮大文化产业

——文化下沉基层新"指数"的思考

孙若风*

【摘要】 发布区县文化产业"指数",是当前文化产业发展理念上的深化,对于在县域经济中壮大文化产业具有重要意义。在县域中不断加强产业融合、城乡融合、县域与城市群和都市圈的融合,不仅关系到文化产业的高质量发展,也关系到县域经济的高质量发展。县域文化产业应通过产业的外部性、队伍的兼容性、模式的灵活性等方面创新,不断促进自身的进一步开放,这也是检验当今中国文化建设方向和水平的一把尺子。

【关键词】 文旅融合　县域经济　文化产业　发展指数

一

多年来,中国人民大学文化产业研究院持续发布全国文化产业省市指数,兼具政策辅导和学术引领的作用,逐渐成为一个具有权威性和影响力的品牌。现在,又发布区县文化产业指数,落脚点由省市级延伸到区县级,将触须进一步伸向地方、扎入基层——这是一个重要突破。它不只是角度的转化和视野的拓展,更是反映出当前文化产业发展理念上的深化。

---

* 孙若风,文化和旅游部科技教育司原司长,中国人民大学文化产业研究院特聘研究员,全国旅游标准化技术委员会主任,全国文体康旅装备联盟理事长。

"指数"的"下移"，是当前文化旅游建设重点下移、文化产业力量向基层下沉的缩影。从这个意义上说，相对于每年发布省市级指数，现在发布区县文化产业新指数，这自身就是文化旅游建设、文化产业发展全局上呈现出的新"指数"。

发布区县指数，是一个文化创新，它为完善文化产业指数体系、充分利用指数创造了条件。

第一，引导关注基层、植根基层。无论发达的城市还是欠发达的地方，只有走进基层才能发现创新创造的活力，才能及时捕捉到来自业界的新动向、新动能，才能反映人民群众对文化产业的真实需求和他们对于文化产品共创共享的热情和智慧。

第二，定位于区县，有利于推出典型。每年发布的省市级指数排行榜，当然有不可替代的重要的意义，但就发挥示范作用而言，要难一些，因为作为典型，省市一级太大了，如果落到区县一级，就能较好地体现个别与一般相统一的典型性，从而发挥示范作用。

第三，有利于推出品牌。沉下来，能够发现更多有深度的东西，找到更多解决制约文化产业发展困难的办法。通过对它们的深度解读、持续宣传，不断造就文化产业的区域品牌。

二

近年来，从中央到地方，推动县域经济发展的力度明显加大。党的十九届五中全会提出加快推进以县城为重要载体的城镇化建设，国家"十四五"规划纲要提出了县城建设的任务举措，中共中央办公厅、国务院办公厅出台《关于推进以县城为重要载体的城镇化建设的意见》提出了县城建设的发展目标和具体任务，对提升县城综合承载能力、完善城镇化空间布局、满足居民美好生活需要、带动促进城乡融合发展具有重要意义，其中关于文化建设和文旅发展的部署，对于加强基层文旅发展，更有着直接的推动作用。

县域文化产业是县域经济的组成部分。县域经济的兴起、重振，为文化产业发展创造了新的契机，特别是提供了新的抓手、思路，在县域经济中壮大文化产业，将带来中国文化产业的结构性变化。

（一）从文化产业的种类看，特色文化产业的主战场在县域

在文化产业的生态中，特别是在产业链和供应链中，县域的作用不只是拾遗补阙和有益补充，而是支柱和基石。特色文化产业是中国文化产业的基础性产业，只有特色文化产业充分发展起来，中国文化产业才是真正行走在自己的土地上。特色文化产业，是依托地方性或民族性的文化资源，通过创意转化、科技提升、市场运作形成的产业，特色文化的根扎在乡村，特色文化产业进入市场迈出的第一步往往是在县域，然后才将这种特色文化光谱辐射到更广大的地区。中国古代千百年来政府治理是到县级，中国人论籍贯往往是到县级，如今众多非物质文化遗产和特色文化产业的品牌也是到县级，县域是孵化特色文化产业的摇篮，是进一步走向市场、走向远方的基地。特色文化从乡村进入县域的过程，是草根文化成为树根文化的过程。

（二）从文化产业的主体看，中小微企业主要布局在县域

文化产业是内容产业，提供的是精神产品，随着人民群众精神文化需求的提升，对文化产品和服务的需求在总体上呈现出刚性特征，但是，对具体种类的需求总是因人、因时、因地而异，因此，除了影视、出版等行业，文化产业以中小微为主体，县域也是最适合它们生长的土壤。

（三）从文化产业的协调发展看，区域统筹的重点在县域

区域协同，是文化产业健康发展的题中应有之义，也是国家有关文化产业发展的长期思路。文化和旅游部发布的《"十四五"文化和旅游发展规划》强调，加强区域间、城乡间文化产业发展的统筹协调，鼓励各地发挥比较优势，推动形成优势互补、联动发展格局。发达地区与欠发达地区的统筹，城市与乡村的统筹，市场自有市场机制，产业自有产业要求，在社会主义市场经济体制下，要发挥政府与市场两个作用。按照市场的自发规律，城市当然有着突出的优势，要实现城市与乡村的协调发展，需要政

府做更多工作，而县域就有这样的空间。县域经济可以为乡村文旅搭建机制性的平台。

三

发展县域经济，当然要坚持因地制宜，宜工则工，宜农则农、宜旅则旅。而从目前文化产业特别是与旅游业融合形成的文旅产业特征和趋势来看，各地都有发展这类产业的空间，特别是特色文化产业、特色旅游业，只不过有做的大些或小些的区别。身段柔软，见缝插针，螺蛳壳里做道场，是文化产业的长项。

融合是目前文化产业发展的重要突破口，在县域加强这种融合，不仅关系到文化产业的高质量发展，也关系到县域经济的高质量发展。

（一）产业融合

2014 年，国务院出台《关于推动文化创意和设计服务与相关产业喷合发展的若干意见》，提出要加强文化创意和设计服务与消费品工业、装备制造业、建筑业、信息业、文化体育业、特色农业的融合，这是要以七个行业代表，实现与相关行业的广泛融合。借助于文创，县域的各种业态，都有可能与文化产业、旅游业融合，相互增势赋能。最值得关注的是文化产业与商业、农业、工业的融合。首先是商文旅。中国自古以来就有依托文化活动形成商圈的传统，比如庙会。近年来，城乡商圈、商场、集市、商店的文化内涵越来越丰富，以特色文化产业和特色旅游相结合的商业现象越来越普遍、越来越丰富多彩。第二是农文旅融合。文旅产业具有超强的黏性，与农业以及乡村其他产业广泛融合，实现了乡村文旅产业与乡村各类产业的相互拓展、相互延伸。去年底以来，中央反复强调要做好乡村产业的"土特产"文章，这用"土特产"作为比喻，对乡村产业高质量发展提出的需求。所谓"土"，就是从一方水土中找乡土资源；"特"，是打造具有特色并形成独特竞争优势的产品；"产"，即按照产业规律来打造产业，特别是打通产业链条。这是关于农村产业发展的要求，而围绕做好"土特产"开展的相关部署，却往往指向乡土文化及其利用，包括发展乡村文旅产业。第三种是工文旅融合，一是利用废旧厂区改建为文创园区，二是将废旧厂区（特别是矿区）变为景区。三是在正常生产的厂区开展研学游等多种旅游活动。还有很多行业，比如体育、康养（医疗）、水利、林草、住建、自然资源、生态保护，在这些相关产业链中，文化产业都可以起到扩链、强链的作用。

（二）城乡融合

在乡村振兴和文化发展中，城乡关系发生了重要变化。《乡村振兴促进法》并且有单独的"城乡融合"章节。长期以来所提的"以城带乡"改变成了"城乡互促"。改革开放以来，城市对于乡村的姿态发生了由送文化到种文化、找文化，再到兴文化的重要转变。城乡融合、城乡共赢、惠及城乡居民的必由之路。在当前的城市更新与乡村文化振兴，二者的相互呼应可以形成以下模式：一是"前店后厂"。城市是"店"，乡村是"厂"。二是"前沿后方"。城市是"前沿"，乡村是"后方"。三是"前呼后应"。在很长的一个时期里，关系文化关系是城市"呼"，乡村"应"，但是，以城促乡的模式，在乡村振兴的背景下，已经演变成了城乡互促。

（三）县域与城市群、都市圈的融合

围绕国家重大战略，发展京津冀、粤港澳大湾区、长三角、成渝双城等文化产业群和黄河、长江、大运河等文化产业带。要推动形成文化产业和旅游业的大联动。"带状"与"组团"结合，是各类产业发展空间规划的基本写法，反映了产业发展和市场发展的基本规律。应该通过政府引导和市场驱动，加快形成文化产业、旅游业的联动机制。目前，在成渝地区、珠三角地区、长三角地区以及其他地区，已经有政府规划或市场驱动在推动形成相对稳定的产业协同机制，这表明产业要素在进行流动。现在需要的是，推动产业要素流动的密度、力度和幅度，丰富流动的内容，提高流动的质量。一方面要巩固、拓展、深化已经发生在"团块"内的协同；另一方面，要鼓励进一步走出去，各自发挥自身优势，寻找需要对接

的资源，让产业要素跑得远一些，更活跃一些，把县域文化产业、旅游业推上更大范围的产业循环和市场循环，推上更大的制造空间和消费市场。

县域文化产业要通过创新、搞活，来促进自身的进一步开放，包括产业的外部性，队伍的兼容性，模式的灵活性。有了这样的开放性，县域文化产业不仅能融入城市和都市圈，还将融入世界。县域文化产业在有的人眼中可能意味着"低端"、不"高大上"，但作为基层文化建设，它的发展状况与趋势，实际上是当地经济发展质量、市场健全程度、特别是精神文明建设和公共文化服务的综合反映，当然，也是检验当今中国文化建设方向和水平的一把尺子。从趋势上看，今天的中国城市对乡村已发生了重要变化，这就是从漠视到喜爱的浪漫转变，这种变化肯定会延展到县域文化，我们现在要做的就让这种趋势变化，由自发变为自觉。

美育是新时代美丽中国之强国梦

王岳川 *

【摘要】 本文从书法美育对"汉字文化圈"重建的高度认为：在新时代美育成为国家重要文化国策的宏观形势下，应该坚持书法文化回归经典守正创新。北京大学百年美育历程，一直坚持用美的艺术培养文化自信的新人。就书法而言，"二王"经典书法是中国书法美育的正脉，必须坚守大美大雅的书法风骨。对待文化经典的态度凸显一国之美育水准，而书法美育最终将大幅提升中国文化软实力，必须得到各方面重视和推进。

【关键词】 书法美育　文化国策　回归经典　守正创新　文化软实力

百年前中国"现代美育蓝图"由北大蔡元培校长提出。1917 年在北京神州学会上蔡校长演讲："以后社会文化日渐进步，科学日趋发达，现代人根据科学知识寻求解答，不再以宗教为知识。文艺复兴后，随着历史的发展，各种美术渐离宗教而尚人文"。蔡校长提出"以美育代宗教"，"陶养吾人之感情，使有高尚纯洁之习惯，而使人我之见、利己损人之思念，以渐消沮者也"。但自蔡元培先生在一个世纪以前提出"审美美育"的理念之后，中国百年以来长期处于战乱、政权更迭与急迫的经济建设进程中，国家的发展目标首先是解决民族独立、国家安定、人民温饱，美育

---

* 王岳川，北京大学中文系教授、博士生导师，北京大学书法艺术研究所所长，中国书法家协会理事兼教育委员会副主任，国际书法家协会副主席，中国教育发展战略学会艺术教育专业委员会副理事长。

教育却有心无力。进入 21 世纪，尤其是进入社会主义建设新时期，随着中国国力日盛，全面建成小康社会，"仓廪足而知礼仪"的时代已然来临。可以说，下个百年到来之际，美育教育为中国人民以健康的身心状态和精神风貌走向未来，提供文化保障的时代终于来临！

一、新时代美育成为国家重要文化国策

今天，国家高层明确提出："人民对美好生活的向往，就是我们的奋斗目标"，以及"美丽中国"的提出，彰显国家治理理念从经济建设为中心向经济建设、文化建设和精神建设并重的转变。美育教育已经进入国家执政纲领：2020 年 10 月 16 日，中共中央办公厅、国务院办公厅联合发文《关于全面加强和改进新时代学校美育工作的意见》，提出将艺术类科目纳入中考，纳入高中阶段学校考试招生录取计分科目。

我们欣慰地看到，美育教育的重要历史机遇正在到来，美育教育正在成为国家文化强国的重要决策。2020 年 10 月，19 届五中全会提出：中国 2035 年建成文化强国，再次强调美育教育重要性。2020 年 10 月 19 日，教育部发布《美育教育规划细则》正式确定美育课程纳入中小学学业水平考试范围，美育教育成为大中小学教育的绝对刚需。《细则》强调：到 2022 年，学校美育取得突破性进展，美育课程全面开齐开足。教育教学改革成效显著，资源配置不断优化，评价体系逐步健全，管理机制更加完善，育人成效显著增强，学生审美和人文素养明显提升。到 2035 年，基本形成全覆盖、多样化、高质量的具有中国特色的现代化学校美育体系。

教育部《细则》对美育教育的详细规划。美育教育教什么？"三会"：2022 年全面实行美育中考，教会学生美育的基本知识：1. 教会学生去欣赏和体验美、欣赏美；2. 教会学生欣赏和体验审美艺术作品；3. 教会学生专项的、专门的艺术特长，如书法、绘画、音乐、舞蹈等。初中阶段激发学生艺术兴趣和创新意识，培养学生健康向上的审美趣味、审美格调，帮助学生掌握一至两项艺术特长。高中阶段丰富审美体验，开阔人文视野，引导学生树立正确的审美观、文化观。职业教育强化艺术实践，培养具有审美修养的高素质技术技能人才，引导学生完善人格修养，增强文化创新意识。

美育教育成为确立文化自信建设文化强国的重要手段。国家对美育的高度重视，是一个发展中国家对物质与精神文明建设的高瞻远瞩，是民族文化复兴的必经之路。可以说，美育教育将为下一个百年，中华民族以全新的精神面貌屹立于世界打下坚实的文明基础。新时代美育教育需要站在新的历史高度，对美育教育的研究应该有全新的面貌。它不仅包括对中华传统美学、美育思想和西方古典美学现代美学成果的整理，更需要在新的审美信息传播环境下，创新美育教育的新时代要求，培养新一代学生身心健康，塑造具有审美素养的未来新人。

美育教育的功能和价值在于：提高学生的审美素质人文素养，培根铸魂让国人拥有文化自信，培元固本让中华文化发扬光大，为文化强国建设筑牢文明根基。因此，新时代下的美育教育研究，需要继承和发扬，需要守正和创新，需要创造、发展和传播。

二、北大美育精神坚持回归经典守正创新

倡导全民的审美教育，这是鼓舞人心的大事情。美育是审美教育，尤其是艺术美的教育。北大书法所倡导的"文化书法"有自己的美学立场，那就是"回归经典，走进魏晋，守正创新，正大气象"。这是对百年前蔡元培老校长的"美育代宗教论"的具体化，也是对今日国家美育国策的具体落实。

北大百年来书法名家辈出，传统悠久——文以载道，这影响了北大书法所的教学纲领"文化书法"。我们认为，书法不是玩技巧，不是玩游戏，不是西方现代派试验品。书法要书写国学，拿起笔只要写《论语》《易经》《尚书》《礼记》就是"经部"，写《史记》《资治通鉴》就是"史部"，写诸子就是"子部"，写陶渊明、王维、李白、杜甫就是"集部"。1917年作为北大中文系教授的沈尹默先生担纲"北大书法研究会"会长，同样空前重视美育。沈尹默强调书法之美："世人公认中国书法是最高艺术，就是因为它能显出惊人奇迹，无色而具图画的灿烂，无声而有音乐的和谐，引人欣赏，心旷神怡。"沈尹默的书法人生将主要精力倾注在书法

上。陆维钊评沈尹默书法说："沈书之境界、趣味、笔法，写到宋代。一般人只能上追清代，写到明代，已为数不多。"我很少看到中国20世纪一个著名的学者、诗人、教授、校长，把如此多的心血和精神几十年完全付诸书法。相反，书法在很多文人雅客眼中是壮夫不为的雕虫小技。但沈尹默力挽狂澜，回归经典，走进"二王"，为中国的书法走正脉、走正路、走正途立下了大功。

北京大学书法艺术研究所继承"北大书法研究会"的光荣传统，从象牙塔学术自赏中走出来，从单纯美学理论中走出来，让美育尤其是书法美育实践进入全国中小学美育教学中去，我们正在努力。北京大学书法所成立20年来，致力于教学和培养书法高端人才，共招博士生、硕士生数十名；招收硕士研究生班共四届将近200人；招收书法精英班共三届200多人；招收书法高研班80人；招收书法与美学访问学者百人，基本上是全国各地各学院的教授、院长、系主任和重要骨干，全部加起来共培养600名书法专业人才。学员中有近80名先后成为中国书法家协会会员，其中，中书协理事有近10名。为坚持北大美育传统和书法守正创新理念，北大书法所还致力于科研工作，出版书法研究著作《北京大学书法所"文化书法"丛书》7本（北京大学出版社），出版《北大书法研究生书法精品集》20本（荣宝斋出版社）；创办北大书法刊物《文化书法》六期；主编《书法》中小学教材30部；召开国际书法会议和举办国际书法展数十次（日本、韩国、马来西亚、新加坡等）；组织师生出访英国、德国、法国、美国、瑞士、捷克、印尼、古巴、牙买加、哥斯达黎加等国并举办书法展和书法文化讲座，传播中国文化和书法艺术。组织北大师生书法国内各省市巡展，传播文化书法理念。20年来，北大书法所坚持文化书法宗旨，以弘扬中国书法美丽精神为己任，积极推进书法创作研究等各项工作。坚持书法作品必须回归经典，走进魏晋，达到高水准，对王羲之王献之经典保持一种审美虔诚和价值认同。

但是，我们深感还很不够，因为全国有2.1亿中小学生，而现在美育教师、书法教师缺口是300多万。北大有培养中小学书法教师和美育教师的责任。书法所下一步工作除了正常的教学科研工作以外，还要积极推进中小学的师资培训工作，努力解决书法难以进课堂的问题。因为梁启超在

《少年中国说》中说："少年强则国强"。

现实生活中，我们却看到一些所谓书法家写怪书、诞书、脏书；一些影视肥皂剧和娱乐节目胡编乱造娱乐至死；一些影星制造一些花边新闻而形象受损。似乎美不再重要，美被恶俗丑怪所屏蔽。现在，国家空前强调美育的培根铸魂功能，而提升到国家意志层面。如果培养的一代人有丰富的知识，却是一个个知识发达的"美盲"——不懂审美、不懂艺术、不懂境界格调，这样的人当然不是"德、智、体、美、劳"的全面发展的人。

我们应该关注当下书法的重要问题，诸如：王羲之书法的美学精神何在？王羲之书法经典对当代的启示？王羲之书法对日韩等"汉字文化圈"的影响为何日益减弱？书法界有无知无畏的人提出 pass 王羲之，难道不应该反思一下吗？同时，我们还应反思 21 世纪书法怎样具有美育精神、审美精神、美学精神？

每个民族都有经典。季羡林先生认为经典是不可逾越的。国人应怎么样面对经典？我去了近 40 个国家，西方没有任何学者提出：打倒古希腊，打倒古罗马，打倒苏格拉底，打倒柏拉图，打倒亚里士多德、打倒莎士比亚，打倒歌德……，而中国胡适提出打倒孔家店，当代书法界一些不学无术之人提出"pass 王羲之"，等等。这其实是文化自卑到了顶点，文化虚无主义到了极点！

在书法界喧哗骚动之时，北大书法所应该如何看待书法美育的重要意义？应该如何对全国大中小学生的书法美育做哪些有效的工作？这些都需要书法界教育界一起来思考的前沿学术问题。值得注意的是，近 30 年来，中国文学、美学、书法学尽管有长足的进步，但是还不完美，还有不少文化泡沫和审丑杂音，我们需要守正创新——弘扬中国书法文化正脉。同样，面对国际上文化霸权主义，中国书法文化还应该有更多的文化自信，大可不必哈美哈日，更需要艰难地输出中国和谐文化。我们应该在文化上为大国文化自强自信喝彩，在精神上为大国艺术美学做清洁的工作，祛除崇洋媚外的污染，弘扬书法文化的正大气象，在大美大雅的书法风骨的熏染下，培养出具有文化自信艺术自信美学自信的一代代新人！

三、二王经典书法是中国书法之美育正脉

书法发展史是一部不断探索并创新的历史。王羲之书法是中国书法由"古质"审美范式转向"今妍"的重要里程碑。王羲之在前人的基础上融会贯通，在楷、行、草、隶、八分、飞白、章草等方面皆入神妙之境。《晋书·王羲之传》说："时议者以为羲之草隶，江左中朝莫有及者，献之骨力远不及父，而颇有媚趣"。但他不满足于汉魏书法用笔过于滞重，结体古拙厚朴的形态，独辟蹊径，精研书势，以坚实的传统技法和戛戛独造的守正创新姿态，将汉魏以来的质朴书风转型为自然洒脱、典雅流变的书风，推进了中国书法文化自觉时代的到来。

穿越历史的迷雾，可以看到，王羲之书法美的创新推进主要有三个方面。

其一，将汉魏拙朴书风转为自然流美书风，与东晋文人雅士风流倜傥的人生姿态和审美趣味相合拍。王羲之重视书法线条运行的自然流美。因为意在笔前使得线条——心画，将书家情感迹化而禀有宇宙精神和生命情思。这种宇宙精神和生命情思的流动不息，使得线条成为带有玄学意味的时间节律、大化流行道的光辉的写照。

其二，将魏晋崇尚的"不激不厉，风规自远"的"中和"之人格书法美，发挥到尽善尽美之境，形成传承古代精髓、独标新意的雅致飘逸、刚柔相济的书法美学理念，与中国文化精神中的多样统一的"中和之美""中庸之美"美学原则相合拍。王羲之手札是在实用中产生的书法，其篇篇不同、风格各异，说明王羲之书法极具包容性与丰富性，这种多样性的创新成为历代文人学士学习书法的圭臬，其根源与中国人内心"和谐"观相合鸣。正是这一深得中庸之神、刚柔相济的书法，获得"龙跳天门，虎卧凤阙"之美誉，并雄霸书坛 1600 多年，使得帖学的潇洒流美之风成为中国书法史的主流。孙过庭《书谱》所说的"违而不犯，和而不同"，恐怕是总结王书风貌之虚实、欹正、违和关系处理的最精练的表述。

其三，"尚韵书风"的完成。作为美学意义上的"韵"，最早用来品藻人物形态风度，其后才逐渐扩大到书画诗文中，并成为写意艺术流派的

风神卓然的理想美。韵在书法中，是超越线条之上的精神意态。中国书法重视线条，一个伟大的书家追求的是忘掉线条，从线条中解放出来。书法得其"韵"，即达到自然随化、笔与冥合之境，反之，则意味尽失。笔意是生成书法独特气韵意味的关键，而点画虽断而笔势承续的整体势态的"笔断意连"是其根本的审美要求，"心手达情"是书法艺术魅力得以呈现的创作形式。

可以说，王羲之的书法美学精神代表了中国书法美学登高行远的大境界，到今天并没有过时。那些想"pass 王羲之"的那些故作姿态和虚无表演，其实应了韩愈的话："蚍蜉撼大树，可笑不自量"！

我们还可以往深里思考。哲学家冯友兰把人生分成四个境界：自然境界，功利境界，道德境界，天地境界。人就是这样不断地超越而往上升。同样，淘汰那些书法表演和书法杂技之后，真正的书法书写与生命联系也有几层美的境界。

其一，意在笔先，沉静心灵。我们拿毛笔在气定神闲地书写中，世界杂音消失了，内心的烦恼消失了。用这样全身的灌注力写书法，意念极为集中，心灵非常沉静。儒家才说"尊德性而道问学，致广大而尽精微，极高明而道中庸"。就书法而言，致广大，可以写很大的字，写摩崖石刻那么大的字；尽精微，写蝇头小楷，写蚕豆写黄豆那么一颗颗小字。换言之，把全部的身心瞬间聚焦到书写时，身体清除了所有的杂念，排空了喧嚣的人世噪声，淡然了所有的幸或者不幸、开心和悲伤，仅仅专注在书写这点上，呼吸开始放慢，变得深沉，协调了交感神经五脏六腑，协调了整个的人生。为什么书法家能长寿——心跳变慢，呼吸变深沉，五脏六腑被敞开被瞬间激活，生命的正能量激活了。书法之美能使人长寿绝非空穴来风，它是有现实的心理和医学的证据的。

其二，空故纳万境，心灵更澄澈。书法之美放平了人的心态，心理学已经注意到，宁静书写使得呼吸变得深沉。我们知道，"空故纳万境"，如果满腹满脑子都是些欲望杂念，什么也记不住。当内心沉静下来，才觉得宇宙如此地辉煌，天空如此地高远，生命如此地可贵。《大学》说："知止而后有定，定而后能静，静而后能安，安而后能虑，虑而后能得"，大学者王静安先生取《大学》里边的"静"和"安"，已然表明其国学高度！

其三，书写国学圣洁词，传播正能量：书写"厚德载物""自强不息""明月几时有""大江东去""心远地自偏"等，这些伟大的正能量的词，逐渐由春风化雨进入他的心和智，于是书家豁然感到"吾善养吾浩然之气"，达到心手合一畅神沉醉的最高境界，人会感觉到天地是如此美好，人间应如此地感恩。我经常在子夜时分书写，感觉到无比幸福——万籁俱寂，一灯独荧，兀自在灯下写着书法，听见笔和纸的摩擦声音，有如听见雅乐一般。我写的那些字词，千百年来在王羲之、王献之、孙过庭、王铎笔下出现过。在我们今天这个伟大的民族复兴的时候，又源源不断往下传承。于是我突然意识到，我们只是中国书法审美史上的一环，只要努力把这一环做更好做更大，就能代代传下去，因为我们这个环就叫作"汉字文化圈"。

其四，观天地大美，感悲欣交集。中国历朝历代的书法家，他们不追求炫技，而是追求更高远的审美境界。《兰亭序》记载 42 个诗人在上巳雅集，曲水流觞，大家饮酒吟诗，听着阳春三月风从竹林飞过，天高地阔，其乐也融融。但是王羲之，却写出了一篇生命哲学作品。为什么叫作生命哲学？《兰亭序》前是"可乐也"，中是"岂不痛哉"，后则"悲夫"。王羲之把人生的"生年不满百，常怀千岁忧"，叙说得入木三分，书写得淋漓尽致。中国古人不仅仅玩的是艺术和笔墨，他是把心目中的伟大情怀和生命思考都纳进来，使这幅字和内容完美合一，故而成为"天下第一行书"。

王羲之《兰亭序》的经典意义显示出惊鸿一瞥：他把隶书、章草、草书糅合为行书，使行书书写规范化和写意化，将其在艺术上发挥到出神入化的境界。同时强调线条的浑厚生动，以一种艺术感极强的随机态度对待提按、顿挫，绞转和行笔的力度、方向、节奏和空间切割，使书法作品通过线条的起伏流动，通过线条的粗细、曲直、干湿等变化，通过轻重坚柔、光润滞湿的墨痕，传达出人的心灵的焦灼、畅达、甜美、苦涩等情感意绪。王羲之美学上强调"意"，空前注重书家的心性情感对于书法创作的重要性，认为书法可以表现人的内心的悲喜哀乐和意绪情操。而且这"意"必须融入笔墨之中："若作一纸之书，须字字意别，勿使相同"，

"凡书贵乎沉静，令意在笔前，字居心后，未作之始，结思成矣"。(《书论》) 书"意"还指书法的意趣笔韵，讲求飞动美、错落美、中和美，使整幅作品"气韵生动"。好书法就像陈酿老酒，好酒需要搁存起来，老酒要过滤掉那些苦涩，好书法要过滤那些人为张扬和剑拔弩张，要沉淀下来才书写。而且书法对书写者的要求极高——书写两分钟，有可能会被历史盯视 2000 年！此谓不可不自重！

书法风格形成是一个水到渠成的生命过程，任何人为的揠苗助长、急功近利，可能适得其反。前提是要对中国书法经典了如指掌，其次要对自己的性格作出一个判断。比如说有些人是适宜温文尔雅的，却要去写剑拔弩张的东西跟性格相违背，有人本来是属于大江东去的豪迈草书，却去写江南春雨点秀丽小楷，终于成不了他自己的特色。我认为不要太着急去形成自己的风格。颜真卿 44 岁写的《多宝塔》，还没有大的气象，他晚岁写的《颜勤礼碑》《家庙碑》就有更宏大的气象，代表了盛唐大气磅礴的美学风格。孙过庭书谱说，"通会之际，人书俱老"。今天一些人违背规律甚至挑战规律，还未入门就想爆得大名，自标风格，自然会被规律所惩罚。那种有意违背自己天性去"做"风格，反倒拔苗助长，适得其反。坚持"道法自然"，然后"人书俱老"，风格会自然形成。

可以说，王羲之的风流儒雅，以素笺简牍为书，并以流美的行书作为主要书体，呈现出一种秀丽俊逸的书风。王羲之书法经典能够历千年而不衰，其关键在于创化出独特的书法境界。书法意境有观之不畅，思之有余的不确定性，重表现性而不重再现性，使真力弥漫、万象在旁的主体心灵超脱自在，于抟虚成实中领悟物态天趣，在造化和心灵的合一中创造意境。这是一个深层境界的创构。书法杰作都是一个独立的充满审美意味的线条世界。点线按字形结构进行全新的创构，使书法作品在空间构成中充盈着时间的动感，而成为有独立生命的运动着的时空境界。书法意境产生于文字线条墨象的无穷变化之中，产生于走笔运墨所诞生的笔意情性之中。因此，那种泯灭书法的线性特征而与绘画合流的做法，是违背书法本体特性的；同样，那种一味创新以致抛弃文字形态而走纯线条之路技法的"试验"，也是难以成功的。因为它们违背了书法"达其性情，形其哀乐"(孙过庭《书谱》) 的艺术规律，与书法造境背道而驰。

四、对待文化经典的态度
凸显一国之美育水准

在当今西方现代派丑学否定中国文化审美精神和中国古典书法精神的怪诞书法、世俗书法甚嚣尘上。我对这些现象写了系列批判文章，也遭到了一些小人的恶意报复和攻讦，但丝毫没有损伤我对"二王书法"的虔敬之情和对经典的致敬之意！对经典的文化态度是民族文化自信与自卑的分水岭，坚持文化美学和文化书法的自信，是我们这次师生临王羲之王献之书法展的策展初衷，是全民书法美育要旨之所在。

一部书法史告诉我们，真正的书法经典超越于技艺之上的"无法之法"。书法在中国文化体系中的位置处于核心层面。可以肯定地说，如果一个书法家在文化素养方面存在重大文化空洞，他的书法就是饾饤之学，丧失了灵魂和鲜活的生命。没有了中国文化精神张扬凌厉的奠基，所谓笔墨功夫也就不了了之，无可如何。唯此，正由于整体上缺失文化底气，一些书家的所谓创新充满了"怪力乱神"的旁门左道之气。有些人没有精读书法史，没有仔细琢磨每一家的笔法，对书法理论史同样非常陌生，这种没有理论也没有实践的随意看法很浅薄。谈论书法要尊重前人、尊重传统，而不是一味地恶意批评。道之不存，炫技之法必行之不远，虚幻热闹之后终将归于销声匿迹。

对古代经典应该有一种"虔敬之情"，这建立在二重体验的欣赏书法上。真正的审美欣赏是孟子说的"知人论世"。恰切书法欣赏是一个系统的文化工程，是一个人生不断修为不断提升的过程。蔡小石在《拜石房词》序里形容意境层次极为精妙："夫意以曲而善托，调以杳而弥深。始读之则万萼春深，百色妖露，积雪缟也，余霞绮天，一境也。再读之则烟涛浿洞，霜飙飞摇，骏马下坡，泳鳞出水，又一境也。卒读之而皎皎明月，悠悠白云，鸿雁高翔，坠叶如雨，不知其何以冲然而澹，翛然而远也。"最初看书法是平淡无奇，然后看出门道——内容和形式是否统一，然后看出这个人格境界高度，最终看出书法家是否有正大气象。正可谓：浅者不觉其深，深者不觉其浅！庄子《庄子·人世间》说："无听之以耳，而听之以心；无听之以心，而听之以气；听止于耳，心止于符。气也者，虚而待物者也，唯道集虚，虚者心斋也。"诚哉斯言！

坦率地讲，当代书坛最主要的方向是被西方拉走的，即受到西方后现代大杂烩虚无文化价值观的极端影响，而其背后则是一种中国书法的民族虚无主义。如果对这些现象坐视不管，很有可能是中国书法文化品格的逐渐消失，剩下的就是一些琐碎形式和人为炒作，个别所谓的创新，表征出来的却是"守怪创新""守西创新"，在数典忘祖中津津乐道。我们必须走出自己的道路，不能跟着欧美流行的后现代"波普文化"走。那种对中国传统文化"贬低是行不通的。不思超越就永远没有超越可能性，于是越写越差。我们可以在形式的现代性方面探索创新，在创新过程中使内容具有更多地整合传统的精神气韵。而西方绘画那种玩世不恭的行为派的艺术其实非常肤浅，甚至只是意义虚无的闹剧，但是它要成为真正的艺术还有待来日。

书法是具有广泛文化影响力的艺术形态。书法只要是张挂展览出来，就有其文化传播学的特点值得注意：社会共同体的公共领域的书法评价机制。今天挂在美术馆的书法作品是给千百人看的，它的价值有赖于社会共同体的基本评价机制，也有时代感和社会当下对这个作品共同营造的文化交流对话氛围。在公共空间的文化影响力增大的情况下，书法的境界提升不仅触及个体自由的行为，同时成为民族文化导向的重要方式。

五、书法美育提升中国文化软实力

对青少年书法教育而言，坚持文化书法经典和守正创新，正确处理书法与时代、书法与生活、书法与文化的关系，保证新世纪书法艺术事业沿着正确的轨道健康发展，尤为重要。因为，书法文化延伸着一代代新人的精神，书法美育提升着中国文化软实力！

我认为，国家对全民尤其是青少年一代的美育要求，非常重要非常及时，无形中是对北大"文化书法"的价值支持。因为文化书法重视人的审美教育，注重书法经典对人的正能量激发的重要意义。

其一，重在将书法变成人心中珍贵之境，变成人们日常生活的审美实践，变成生存环境中名家书写的大雅、优美、雄强的书法氛围。进而言之，文化书法强调书写的笔墨是其来有自、传承有序的，我们将用大美书法培养新时代的书法美育教师和学生。

其二，文化书法反对将书法文化丰富的文化内涵消解掉，而剩下形式结构，似乎除此之外一无所有。其实，书法的"书"就是文字，书法的"书"又是文字组成的内容，如果没有这一底线，就可以叫作画法抽象法或者刷法都行，唯独不能叫作书法——只要有"书"法这个"书"字，就必须书写"字"，这个"字"就必须有"意"，这个"意"必须有神韵地传达出来而成为"法"。

其三，文化书法是公共领域和公共空间的审美提倡，书法不是所谓个人自由闭门造车，更不是反文化反大众的反文化书法。书法是一种很重要的公共空间艺术，它不是小团体排外的一种利益驱动活动。书法是为了大众，为了提升大众审美趣味的艺术，所以是"文而化之"的高雅艺术。

其四，强调书写的内容尽可能地要达到一种文化的高度。书写内容上最好自己有足够的学养能够填词作诗甚至能作文写赋，如果达不到也要走进经典，坚持书写经、史、子、集。所以书法是国学的重要组成部分。如果我们将文化书法深入到基层，将北大学术和教育的热情投放到新一代的德智体美劳全面发展的培养上，力求通过国学教育、审美教育、书法美育，使他们"写好中国字，做好中国人"，成为胸怀祖国，关爱人类共同体的人。

我们应该大力促进国学、书法进入千家万户的家庭教育中，促进书法美育进入青少年学生群体中，让国家成为"硬实力软实力双重提升"的文化强国。少年强则国家强！文化强则民族兴！我们一定会在美育和书法教育中，使新时代国学和书法通过"书"——写字认字、书写书法、传承经典，让中华灿烂悠久的审美文化和国学书法美育正能量长久地一代一代传承下去。

新时代军工协同创新文化
建设问题与对策

邝宏达　　曹镇玺*

【摘要】军工协同创新文化为创造性解决军民融合过程中的融合问题带来新的治理思路。当前军工协同创新文化建设在顶层设计、组织保障、学术研究和传播行动四个方面存在不足。加强军工协同创新文化建设必须牢牢把握我国开创国防和军队现代化新局面的新要求，在习近平新时代中国特色社会主义思想指引下，通过强化一个指引、完善一个框架、打造三个平台等措施建设军工协同创新文化，厚植军民融合深度发展的文化土壤，助力实现新时代强国强军目标。

【关键词】军民融合　军工文化　协同创新文化

军工协同创新文化是军工文化的重要组成部分，是新时代中国特色社会主义文化的重要组成部分，是推进军民深度融合、国防科技工业协同创新应有的基础。我国国防科技工业孕育了以"两弹一星"精神和载人航天精神为核心内涵的先进军工文化①。党的二十大报告提出了实现建军一百年奋斗目标，开创国防和军队现代化新局面的新目标、新需求，科技强军理念不断加强。科技强军需要充分发挥人民的智慧，大力推进军民融合发

* 邝宏达，桂林电子科技大学马克思主义学院副教授；曹镇玺，北京理工大学人文与社会科学学院助理教授。
① 刘永谋，赵平. 谈军工文化先进性［J］. 北京理工大学学报（社会科学版），2007，9（5）：110－111.

展战略。然而，随着军民融合深度发展，国防科技工业的创新创造也面临挑战：跨领域、跨行业、跨主体协作随之带来军民融合多主体在目标、理念、利益等方面难以协同的问题①②。从文化层面考虑，既表现为军工文化的传承与发展问题，也表现为系统研究缺乏、先进文化传播力度不够、协同创新文化建设与体制改革发展不匹配的问题，如军转民过程中军工文化的传承问题、民参军过程中军工文化的认同问题。由此，旧文化、旧观念在一定程度上阻碍国防科技工业协同创新、阻碍军民融合深度发展③。在新时代全面推进国防和军队现代化建设背景下，更加凸显了加强军工协同创新文化建设的紧迫性。

思想文化是一个国家、一个民族的灵魂。人民军工近百年的发展历程蕴含着丰富的协同创新文化，具有丰富的提炼价值和创新意蕴。党的二十大报告指出："人民军队体制一新、结构一新、格局一新、面貌一新，现代化水平和实战能力显著提升，中国特色强军之路越走越宽广。"建设中国特色的军工协同创新文化体系，正是国防科技工业紧跟军民融合协同创新的时代步伐，勇于变革、勇于创新，以文化创新推动军民融合深度发展的重大举措，为推进国防建设和军队建设的现代化，实现建军一百年奋斗目标提供文化保障。

一、军工协同创新文化建设的背景与意义

（一）军工协同创新文化建设的背景

孙子曰：兵者，国之大事，死生之地，存亡之道，不可不察也。当前开展军工协同创新文化建设，符合国家实施文化强国战略、军民融合发展

---

① 杨云芳，杨向卫. 陕西军工企业文化建设中的问题及对策 [J]. 人文杂志，2011（6）：182 – 185.
② 司光武，佟仁城. 军工企业文化对发展民品的障碍研究 [J]. 科技进步与对策，2004，21（8）：62 – 64.
③ 张于喆. 新时期推进军工行业加强军民融合发展的对策建议 [J]. 宏观经济研究，2017，（09）：56 – 69.

战略和新时代国防和军队现代化建设的需求。

1. 开展军工协同创新文化建设是践行文化强国战略的必然要求

文化兴，则国兴，习近平总书记提出"铸就社会主义文化新辉煌"的重要论断，充分彰显国家对文化自信自强的高度重视。随着军民融合战略的实施，军政军民团结不断深入，推进协同创新文化建设的需求更为迫切。民族复兴，九秩征程。国防科技工业协同创新文化是在实际发展过程中逐渐形成和积淀下来的历史传统，是中华优秀传统文化的深邃体现。中华人民共和国成立后，在与国防科技工业同成长、共成熟的漫长过程中经历了洗礼与淬炼，成为集优良传统和与时俱进于一体的先进文化。作为蕴含丰富价值的精神财富，应对其加强研究、总结提升，为社会主义先进文化引航，应深入挖掘、培育和建设具有中国特色的先进国防科技工业协同创新文化，推进国防科技工业协同创新。

2. 开展军工协同创新文化建设是建设军民深度融合创新体系的新要求

国防科技工业发展进入新时期，深入实施军民融合发展战略和发展高新武器装备已经成为当前发展的重要方向，建立国防科技工业协同创新体系已是大势所趋①。当前我国的国防科技工业发展水平已经从跟踪模仿阶段迈入并行阶段，国防科技事业的发展越来越多地融进了新理念、新战略、新技术，承载了更多的不同以往的新内容，国防科技战线的工作方式、状态发生巨大改变。国家竞争力与社会生产力、军队战斗力深度耦合，军用技术与民用技术互融互补，国防科技工业领域军工集团资产证券化稳步推进、混合所有制改革逐步开展，越来越展现出多领域全方位协同的特点。国防科技工业需要根据我国工业基础，按照战争形态需求，建设新国防科技工业体系以适应武器装备体系发展的新需求。与此相对应，军工协同创新文化也应当围绕新军事变革而展开研究，进行新思考、施以新举措。

3. 开展军工协同创新文化建设是新时代国防和军队建设的新需求

军威盛，国力强，站在新的历史起点上，国防和军队建设面临国家安

---

① 张纪海，李冰. 国防科技协同创新体系的系统分析［J］. 北京理工大学学报（社会科学版），2017，19（05）：113－120.

全环境的深刻变化和国际时局环境的重大变动。世界新军事革命发展如火如荼，国防和军队机械化、信息化建设是大势所趋，科技是核心战斗力已经成为共识。国防科技工业在自身发展的同时博采众长，不断吸纳人民的智慧，不断推进军民融合战略。从人民兵工到国防科技工业，军工文化在我党领导下不负使命与初心，形成了以"两弹一星"精神和载人航天精神为代表的军工文化核心内涵，是渗透到全行业思想观念、价值取向、法规体系和行为规范等的体现①。"两弹一星"精神和载人航天精神中蕴含丰富的协同创新精神，为军民协同科技攻关提供价值指引。

（二）军工协同创新文化建设的意义

党的二十大报告提出实现建军一百年奋斗目标必须坚持政治建军、改革强军、科技强军、人才强军、依法治军。加强军工协同创新文化建设是推动中国特色强军之路越走越宽广的重要举措，传承与弘扬军工精神，共筑新时代强军强国的历史伟业。

早期军工协同创新精神为强军兴军打下坚实基础，为赢得革命战争胜利、为我国屹立世界东方作出了重大贡献。以官田兵工厂、黄崖洞兵工厂、陕甘宁边区军工局为代表的中国共产党领导下的人民军工，在当时极端艰苦的环境下，与人民一同创建军工体系，在从无到有、从小到大、从弱到强的艰辛过程中成长壮大，同时形成了军民结合、大力协同的文化底蕴，其中发源于黄崖洞兵工厂的"以集体攻关为实践的科技创新精神"正是早期军工协同创新文化的体现。中华人民共和国成立后，我国国防科技工业在国际国内面临严峻形势，军工人在全国上下一条心的积极态势下奋发有为、积极开拓，使我国国防科技工业体系逐步完善，为今后国防军工发展奠定坚实基础。改革开放后，一代军工人继续弘扬军工精神特别是协同攻关精神，突破技术封锁，发展航母等一系列国防重器。"热爱祖国、无私奉献、自力更生、艰苦奋斗、大力协同、勇于登攀"的"两弹一星"精神，正是国防科技工业协同创新文化的深厚凝练。强国必须强军，先进

---

① 刘永谋，赵平．论军工文化核心价值体系［J］．北京理工大学学报（社会科学版），2007，9（2）：96－98.

的军工协同创新文化为强军梦、强国梦筑牢文化之基。

新时代军工协同创新文化为国家深入实施军民融合战略奠定群众基础，以文化创新引领强军新局面，助力中华民族伟大复兴。首先，加强军工协同创新文化建设有助于新军事变革时期的武器装备体系建设。国防科技工业协同创新文化是深入实施国家安全战略和军民融合发展战略的重要动力和重要途径，符合先进文化的发展方向。其次，加强协同创新文化建设有助于军工企业体制改革与军工文化传承与发展。加强国防科技工业协同创新文化建设是推进军民融合发展战略不可或缺的文化基础。文化凝聚共识，文化积聚厚力，推进国防科技民用转化，打消民参军企业的顾虑，促进资源共享，实现军民融合利益最大化。再次，加强军工协同创新文化建设有助于推动中华民族传统文化和红色革命文化的传承、创新和发展。做好军工协同创新文化这个新课题，有助于用文化汇聚人心、强化参与者的事业信念；有助于用文化凝聚力量、保持国防科技工业改革发展动力。坚持推进军工协同文化创新，牢牢把握正确政治方向，引领中国创新文化发展，在提升文化自信的同时助力实现强军梦、中国梦，稳步推进中华民族伟大复兴。

二、军工协同创新文化的内涵实质

锻铸大国军工，挺起民族脊梁。军工协同创新文化是指在国家战略指引下各生产主体联合创新创造过程中凝聚的物质文化、制度文化和精神文化，既来源于客观实践，又凸显出时代精神。

（一）军工协同创新精神文化

国防科技工业协同创新精神文化是在从事国防科技工业的实践中形成的意识形态、共同追求、共同认识和行动指南，是军工事业之魂。军工协同创新精神文化的主要内涵有五个方面。

1. 爱国主义的价值取向

爱国主义是国防科技工业的优良传统，热爱祖国是军工精神文化的核心。1931年10月20日，中央革命军事委员会兵工厂在江西省兴国县官田村建立，人民军工在此诞生。从那时起，爱国主义便融入人民军工血脉之中，成为军工文化去不掉、打不破、灭不了的强大精神动力。

2. 艰苦奋斗的拼搏精神

从人民兵工到国防科技工业，这项伟大事业经历了条件异常艰苦、装备技术薄弱的凛冽寒冬，在一次次攻克难关中，国防科技工业协同创新事业形成了艰苦奋斗的拼搏精神。唯有反复淬火才能百炼成钢，唯有经受磨砺才能收获良机，唯有永不言弃才能续写新的璀璨华章。

3. 求真务实的科学精神

我国国防科技工业在中国共产党的坚强领导下，成长于血与火的战争中，锤炼出军工协同创新文化中注重科学、追求真理、严谨认真、脚踏实地的特殊品格。大道至简，实干为要，国防科技工业在实际工作中充分发扬实干精神，磨炼斗争本领，脚踏实地，笃实好学，不停留于空想，不推诿于表面。

4. 大力协同的合作意识

大力协同指所有参与国防科技工业事业的单位或个人团结一致、服从整体，通过密切地支持与配合共同完成目标。大力协同的合作意识是全局意识、集体意识、民主意识的有机统一，团结就是力量，团结才能胜利，在优势互补中团结协作，在深度交流中协同共赢。

5. 锐意进取的创新意识

国防科技工业的发展离不开基础科学的发展，通过组织专家组对相关科技领域进行群体性原始创新和集成创新，获得新发展，实现新突破。在新变化和新冲击的时代背景下，谋创新就是谋未来，在坚持"四个面向"中推动创新发展，实现高水平科技自立自强，让创新成为国防科技工业建设中的拼搏常态。

（二）军工协同创新制度文化

军工协同创新制度文化是指独具国防科技工业协同创新特色的规则系

统，包括法律体系、组织体系、管理制度、道德规范、行为准则和作风习惯等，是在长期军工实践活动中积累形成的实践经验的总结，是不断取得胜利的重要保障。它规范着军工人的行为，使整个军工队伍围绕着一个目标，朝着一个方向齐头并进。军工协同创新制度文化是切实有效的行为文化，主要内涵有五个方面。

1. 健全完善的法律体系

依法保障军民融合健康发展，必须全面提升依法治理的能力，保障军民融合过程中人民享有的合法利益，体现以人民为中心的发展理念。厘清法律边界，细化监管规则，让法治精神浸润军工事业，在法治护航中推进事业发展，在法治保障中承担时代重任。

2. 系统科学的组织体系

国防科技工业在不同的历史时期，始终受国家最高决策层的决策和直接领导，经历不断改革调整，围绕国家国防建设需要，按照系统工程思想与方法，在实践中不断解决出现的各种矛盾，形成了系统科学的组织文化，建立了系统科学的组织体系。

3. 行之有效的管理制度

国防科技工业在长期生产实践活动中形成了颇具军工特色的管理制度，以这些管理制度为代表的国防工业管理体系有机组合、协同共存，成为国防科技工业协同创新制度文化的重要组成部分。聚焦国家战略需求，借鉴先进经验智慧，多方发力让管理制度更适合国防科技工业发展。

4. 正向引领的道德规范与行为准则

深入细致的思想政治工作是搞好国防科技工业协同创新的生命线，国防科技工业协同创新制度文化以党的思想政治工作为源头、为引领，坚持党对国防科技工业的绝对领导，使整个军工队伍紧紧围绕正确目标，朝着正确的政治方向前进。

5. 优良的工作作风与习惯

国防科技工业协同创新制度文化最终落实到军工人日常工作生活等非制度形态的作风、习惯当中，良好的工作作风和习惯养成直接影响物质产品的生产。军工人形成了严慎细实、科学求实、肯干务实等优良作风与生活习惯，体现了军工人高度的责任感和强烈的事业心。

（三）军工协同创新物质文化

军工协同创新物质文化是指为了满足国防科技工业创新发展的需要，军工人在协同生产中创造的产品及设施的综合。物质文化处在军工协同创新文化的表层，以客观实在物质为主，是军工协同创新制度文化与精神文化的结晶，与制度文化、精神文化相互影响、相互促进。高精尖技术引领科技进步、国防重器守护国家安全、军工产业促进经济社会发展、先进军工人塑造社会精神榜样，均为军工协同创新物质文化的丰富体现。军工协同创新物质文化主要内涵有三个方面。

1. 制造精良的军工产品

以物载道，以物传神，人们了解和认识国防科技工业协同创新是从追求卓越的军工产品开始的。新时代的军工品牌具有鲜明的中国气派和中国风格，军工产品在生产的过程中秉承一如既往的精细化制作风格，生产效率高，产品质量佳，受到一致认可和广泛欢迎。

2. 富有先进文化意蕴的军工器物标识

各种器物和标识富有文化魅力，极具纪念价值，其中包括邮品、纪念币、纪念钞、徽章、模型等形式的军工题材文化产品，电影、话剧、音乐剧、图书、音乐、绘画等军工题材文艺作品等，主题纪念馆、博物馆、爱国主义教育基地等文化场所也颇显军工风范。

3. 国之栋梁的军工人形象

一代又一代军工人在一定时代背景和物质条件下从事军工实践活动，即作为文化的传承者和发扬者在自觉或不自觉中继承前人创造的物质文化，并创造新的物质文化，从而使军工事业不断创新、发展壮大。风云际会，英杰辈出，在承载光荣与梦想的不断拼搏中，军工人的优秀形象越来越得到党和人民群众的一致认可，一代榜样，民族脊梁。

三、军工协同创新文化建设的问题

国之大事，在祀与戎。在军工事业砥砺奋进的历程中，军工协同创新文化建设面临顶层设计的前瞻性挑战、制度保障的协同性挑战、学术研究的系统性挑战、传播行动的丰富性挑战，在继往开来的接续奋斗中，务必引起重视，迈古超今。

（一）顶层设计的前瞻性问题

军工协同创新文化建设存在顶层设计前瞻性不足的问题，具体表现在两方面。

1. 军工协同创新精神文化建设落后于制度文化建设和物质文化建设

军工协同创新文化由外向内看，首先诞生物质文化，其次是制度文化，最后才衍生出精神文化。在理论和实践双向互动的过程中，军工协同创新文化应当助力实践发展，然而，这种先发展后总结的文化生成模式导致文化总是滞后于物质生产和行为实践，军工文化理论的前瞻性和指导性不足。亟须加大研究力度，在军工文化的基础上提出具有前瞻性和指导意义的军工协同创新文化。

2. 传统军工精神如何继承和发展的问题

随着经济发展和创新环境氛围变化，国防科技工业呈现出主体、制度、文化、选择等逐步多元化的显著变化，国防科技工业协同创新精神文化的继承在了解、接受、认同、践行、丰富和发展等方面遇到新挑战。在国防科技工业协同创新精神文化如何正确发展上，协同创新的使命与利益存在矛盾，如何正确处理好这个矛盾亟待形成共识。在国防科技工业协同创新精神文化如何丰富上，如何处理传统与现代相结合、文化多元与观念冲突等方面需要深入研究，与时俱进，融入开放、包容、互鉴等时代新内涵。

（二） 制度保障的协同性问题

军工协同创新文化建设的落地需要强有力的组织保障。军工文化示范单位建设的评估①把组织保障列入首要位置，在组织领导、运行机制和人力财物投入等方面需要进一步加强以下方面。

1. 组织方式、制度体系建设还需改善

制度建设需要制度文化引领，完善国防科技工业协同创新制度需要国防科技工业协同创新制度文化引领，国防科技工业协同创新制度文化需要进一步融入制度体系建设中，打破制度壁垒，实现开放同创。特别是在武器装备体系发展和国家重大工程实施中，应该将国防科技工业协同创新文化建设进一步融入其制度体系建设中，同规划、同部署、同安排、同落实，在取得武器装备体系和国家重大工程成就的同时，总结一套行之有效的组织管理制度等制度文化，取得军工协同创新制度文化发展新成果。

2. 军工企业之间、军工企业与其他行业文化之间的交流沟通机制不通畅

各大军工集团的文化建设工作自成体系，在自成一派的同时也阻碍了各军工集团公司间、军工企业与民口企业间以及各相关行业间的文化交流沟通，缺乏协同和共融，阻碍军工协同创新文化的实施。在沟通交流中取其精华、借鉴经验，在互助协作中取长补短、纵深发展。

（三） 学术研究的系统性问题

中华文化在贯穿上下五千年的时间维度中荟萃百家，但人民军工文化的历史却起步甚晚、相对短暂，系统研究军工文化特别是军工协同创新文化的时间维度不够深远，研究系统性不足。

1. 组织建设和载体建设历程较短

2006 年，军工文化建设协调小组的成立标志着军工文化建设迈入实

---

① 贺亚兰，刘存福，张波. 军工文化建设示范单位评估指标体系的构建 [J]. 北京理工大学学报（社会科学版），2008，（03）：118－120.

质性研究阶段，同年12月北京理工大学成立了军工文化教育研究中心，将军工文化与学校文化有机融合，将军工文化融入学生培养和学科建设中。2008年，《军工文化》杂志创刊，成为军工文化宣传的有力载体。

2. 研究著作逐渐丰富，但研究深度和广度不足

2006年12月，军工文化建设协调小组通过举办学术会议汇集并出版了《军工文化论文集》一书，是军工文化研究领域公认的开山之作，此外在2008年还出版了《军工旗》一书。2016年北京理工大学军工文化教育研究中心刘存福编著的《论军工文化》收集了研究中心军工文化研究成果，在军工文化研究中形成较大的影响。此外，还有《国魂 助中国傲立世界的钱学森》《哈军工将军画传》等军工人物传记及《军工记忆 航天六十年》等影视纪实作品。

3. 研究论文逐渐增加，但高质量论文较少

以中国知网收录文献为例，以军工文化为主题的研究文献总数量超过600篇，其中博士论文6篇、硕士论文30篇，核心期刊论文不足20篇。军工文化研究日益完备的成果，为系统深入挖掘军工协同创新文化奠定了基础。在军民融合深度发展的新时期，军工创新文化特别是军工协同创新文化的研究更需系统化，提升文化影响力。

（四）传播行动的丰富性问题

军工行业高瞻远瞩，始终引领我国科技发展，"自力更生、艰苦奋斗、军工报国、甘于奉献、为国争光、勇攀高峰"的人民军工精神在传统媒体时代众口皆碑，但在日新月异的互联网时代，在多平台、多主体、强交互的融媒体时代，在以新媒体吸引受众的新文化环境中，不免受到冲击。舍小家顾大家、集中力量办大事、协同攻关等军工协同创新文化内涵亟待借助新的宣传方式呈现在世人面前。军工协同创新文化传播行动的丰富性不足表现在四个方面。

1. 传播平台单一

现有的军工文化宣传主体和范围仅仅在军工企业内部，不能满足军民融合深度发展后多元主体的需求，人民群众难以接触到全新面貌的军工

文化。

2. 传播方式落后

拓宽传播渠道，满足传播需求，新媒体时代需要拓展、创新国防科技工业协同创新文化载体与传播渠道。

3. 尚未适应不断变化的多元受众群体

当前军工行业员工更新换代后，年轻员工占比增多，他们是新时代的军工人。在现有工作成效的基础上，需要进一步结合青年军工人的独有特点和时代元素，有针对性地加强教育和引导。

4. 物质文化宣传占多数，但物质文化的宣传未与制度文化、精神文化同步

单方面强调物质生产和物质宣传而忽视制度文化和精神文化的传播，导致人文精神落后于物质文化的不良现象。

四、军工协同创新文化建设的对策

新时代完善军工协同创新文化建设任重道远，应在"一个指引""一个框架"和"三个平台"中群策群力，激发建设动力，实现良性跃迁，拓宽中国特色强军之路。

（一）强化一个指引

以习近平新时代中国特色社会主义思想为指导，加强国防建设和文化建设，以先进的文化助推军民融合深度发展，实现中华民族伟大复兴。正确把握富国和强军的关系，在统筹发展经济的同时努力加强国防和军队建设。正确把握军民融合发展这个伟大任务，发扬军工军民结合的优良传统，让军工优势技术造福社会，让社会智力助力军工科技发展。在国家统筹下，加大基础设施建设，不断扩大重要领域军民融合的深度。立足国情军情，走军民融合发展之路是坚持中国特色社会主义发展道路的必然要求。

（二）完善一个框架

军工协同创新文化建设遵循新时代中国特色社会主义文化建设的基本要求，融入军工特色文化，构建起"六个一"基本框架：一面伟大旗帜，高举马克思列宁主义、毛泽东思想和中国特色社会主义伟大旗帜；一个价值引领，培育和践行社会主义核心价值观，将其确立为军工协同创新文化的引领源头；一个文化根基，弘扬中华民族优秀的传统文化、继承人民军工的光荣传统和优良作风，努力实现军工精神的创造性转化、创新性发展；一项战略任务，加强军工协同创新文化建设，建立军民深度融合的军工协同创新意识形态和文化体系；一条发展道路，坚持走中国特色、先进有效的军工协同创新文化发展道路；一个奋斗目标，建成有中国特色的先进军工协同创新文化体系。

（三）打造三个平台

一是组织保障平台。加强顶层设计，完善组织领导，既实现管理扁平化提升效率，又强化党的领导体现军工特色。需要做到：进一步推进军工文化建设的组织机构建设，进一步完善军工协同创新文化建设的协调机制与激励机制；进一步加强军工协同创新文化建设的财政支持力度，设置军工协同创新文化建设专项经费；进一步坚持发展以人民为中心，加大军民融合的法律保障建设，提升依法治理能力，依法规范军民融合各主体行为；进一步加大军工文化专业人才培养力度，重点打造若干基地，强化人才培养的合作，以点带面、培育更多协同创新文化建设人才。

二是系统研究平台。搭建系统化的研究平台，支持军工文化教育研究中心等机构建设，统筹协调、协同研究，尽快形成若干高质量的研究成果。加大军工文化与军工协同创新文化的发展历程研究；加大国防科技工业协同创新文化的理论、作用机理和实践研究；加强国防科技工业协同创新精神文化研究、制度文化研究和物质文化研究；加大国防科技工业协同创新文化的人才培养与队伍建设、人才支撑体系研究；加大国防科技工业协同创新文化建设效能的评价机制研究；加大国防科技工业协同创新文的法律保障研究。

三是宣传推广平台。打造宣传推广平台，实施军工协同创新文化传播行动，继承、发展和传播军工协同创新文化。通过建设一批军工文化教育基地、抓好国防科技工业协同创新文化题材规划和实施、完善国防科技工业协同创新文化传播的专业媒体技术手段、吸纳更多社会力量讲好国防科技工业协同创新的新故事、利用线上和线下信息推送等，进一步增强国防科技工业协同创新文化的影响力和社会辐射力，厚植国防科技工业协同创新的社会文化土壤。

五、结论

军工协同创新文化建设是继续弘扬中华优秀文化、创新发展军工文化，推动军民融合深度发展的新举措。军工协同创新文化建设坚持以人民为中心的发展思想，坚持科技和文化协同发展，通过宣传爱国主义、军民融合、协同创新等文化理念加强文化建设，把国防科技工业建设聚焦到服务国家国防和军队发展需求上，夯实军民融合深度发展的社会文化基础，促进我国国防科技工业事业取得新成果、达成新目标。

社会脆弱性视角下
社区应急文化建设探讨[*]

张广文[**]

【摘要】党的二十大报告强调要完善国家应急管理体系，建立大安全大应急框架，健全城乡社区治理体系。风险社会背景及社会脆弱性视角下，亟待加强社区应急管理能力、提升社区应急文化建设水平。本文基于ASD模型，通过对社会系统互动中社区面临灾害时的应急案例进行实证分析，探讨减轻灾害对居民造成的影响和损失，增强社区应急文化在风险预警和灾后恢复中的作用，并从三个方面提出加强社区应急文化建设的策略与路径。

【关键词】社会脆弱性　应急文化　社区治理

一、问题提出

1. 风险社会社区应急管理的必要性

当前，风险社会突发事件频发，各级应急管理体系不断完善，单纯依靠"一案三制"制度层面的规范，显然无法满足复杂繁复的基层实际情

---

　* 本文系国家社科基金项目"统筹文化发展和安全的理论建构、风险评估及防范机制研究"（项目编号：22VRC059）的阶段性成果。
　** 张广文，北京航空航天大学人文社会科学学院（公共管理学院）助理研究员。

况。坚持"总体国家安全观"被提高到坚持发展中国特色社会主义基本方略之一，坚持统筹发展和安全两件大事，坚持人民安全、政治安全、国家利益至上的有机统一，是要依靠全社会应急意识的觉醒和高度警觉性，特别是基于社区生活载体的居民的共同努力，将增强风险意识和应急能力融入社区治理应急处突能力建设中，上升到社区文化建设，着力构建出符合人民利益的集体性的文化资本，形成良性的注重安全的观念和自觉的生产生活方式。2023年6月全国安全生产日提出"人人懂安全，个个会应急"，是对应急文化普适性重要程度和培育积极向上的应急文化的最好解释和宣传，对社区而言，易于接受便于理解。

中国传统哲学思想中的福祸相依、居安思危等预防灾害的文化和理念在脆弱的环境中直接起到了非常积极的作用，但也存在着坐以待毙等侥幸心理，因而处理和应对日渐复杂多元的局势显得不够完善。党的二十大报告指出，"我们要坚持把实现人民对美好生活的向往作为现代化建设的出发点和落脚点"，推动应急能力的提升核心要义要推动社区应急治理能力的提高，是推进应急管理协同的重要环节。

2. 社区应急文化建设的客观要求和意义

基于建设韧性城市的目标，随着生活水平的提升，居民对公共安全的需求尤为明显，社区应急文化培育是社区在面对常态与非常态（突发）事件，难免会造成的损失重、伤亡大、影响深远的复杂、难防难控的问题。如何在常态的日常社区治理中融入适当的应急文化成了客观需求。目前，各级政府、社区等已制定了相应的应急预案和措施，提高社区和城市的应急响应能力和自救互救能力，减少灾害风险和增强社区应急能力的策略和方法。社区文化，尤其是社区应急文化的培育关乎预防突发事件及突发事件中及时有效的处理，乃至事后处理、救援、安置等全过程。

二、相关概念及文献回顾

1. 社会脆弱性及其相关研究

学界普遍认为，社会脆弱性是指社会系统在面临灾害或其他外部压力时，难以承受冲击而发生崩溃或损失的能力。社会脆弱性视角下的研究强调了社区和城市在面临灾害时的脆弱性和风险，专家学者们多数以评价指标体系等方法进行研究。

社会脆弱性涉及社会的各个维度，最早在生态系统中出现，各学科包括在社会治理中，专家学者尝试在其中寻找切入点，这决定了其研究体系建构具备多维特征。国内学者关于社会脆弱性的研究多数基于模型评价，研究表明，这些评价方法与指标都可用于测量社会韧性，可与社会韧性评价形成良好互动。社会脆弱性研究中，VSD（Vulnerability Scoping Diagram）模型应用最为广泛，即从暴露度、敏感性、适应能力三个维度进行，这一框架近年来继续发展完善，维度不断拓宽。

谭淑豪、黄晓君等专门从暴露度、敏感性和适应能力三个脆弱性的重要维度出发，对贫困人口相对集中的生态脆弱地区、城市高温等进行了社会脆弱性评估、建立指数。在一级指标中，采用气候变化情况和自然灾害情况测量暴露度；采用社会人口状况和自然资源依赖程度测量敏感性；采用适应意愿和适应资本情况测量适应能力①。何艳冰将社会脆弱性与生态脆弱性、适应性等纳入同一分析框架，将行动者所处的脆弱性情境与个体或群体做出适应性选择和行动应对外部冲击结合起来，从而精准地识别环境变化、社会结构与行动者之间的关系。

也有学者通过社会脆弱性时空变化研究城市空气污染、自然灾害产生的差异性。而对于多重扰动下的社会脆弱性评价仍处于起步阶段，尚需进一步挖掘能从机理上精准揭示社会系统与生态系统等外部扰动要素如何相互影响的分析方法和工具。与"脆弱性"相对应的"反脆弱性"也被社会日益重视，诚如黑天鹅之父塔勒布在《反脆弱》一书中指出②，当暴露在波动性、随机性、混乱和压力、风险和不确定性之中，反脆弱的事物不但能免受冲击，还能从冲击中受益，并在不确定中建立了一种超越"强韧性"的机制，能够见机行事、自我改造和自我进化，是与韧性理论并行、

---

① 王娜娜. 社会脆弱性研究增强社会韧性［N］，中国社会科学杂志社［EB/OL］，网址 http://sscp.cssn.cn/xkpd/shx_20166/202009/t20200902_5177664.html.
② 塔勒布. 反脆弱［M］. 北京：中信出版社，2008：12.

提出了减少灾害风险，增强社区应急能力的策略和方法。

2. 社区应急文化及相关研究

文化一词的词源来源于拉丁语，学术界较为认同泰勒的界定，即文化是一个复杂的整体，它包括了知识、信仰、艺术、法律、伦理道德、风俗和作为社会成员的人通过学习而获得的任何其他能力和习惯。费孝通先生曾指出，文化自觉是一个艰巨的过程，首先要认识自己的文化，理解所接触到的多种文化，才有条件在这个正在形成中的多元文化的世界里确立自己的位置①。应急文化作为一种亚文化，是指以个人或组织团体及社会在突发事件发生时防范为先、化解为主而呈现出的一系列思想观念、价值取向和行为导向的总和，可以理解为包括应急理念文化、应急物态文化、应急制度文化、应急行为文化及综合体现与反映。因而从对文化的界定角度出发，应急文化是应急管理不同阶段的不同反馈，融入应急管理过程的方方面面。人民至上、生命至上的理念，使得加强应急文化建设十分必要，既是国家安全观的内在要求，也是经济社会发展与安全的重要保障。习近平总书记指出，"社会治理的重心必须落到城乡社区，社区服务和管理能力强了，社会治理的基础就实了。"国家治理的重心落在基层，城乡社区作为城乡基层社会的重要组成部分，其治理问题既是社会治理的焦点问题，也是社会治理的难点问题。2015年1月，中共中央办公厅、国务院办公厅印发了《关于加快构建现代公共文化服务体系的意见》（以下简称《意见》），围绕推进均衡发展、增强发展动力、加强产品和服务供给、推进文化体制改革、建立健全财政保障机制等方面，对公共文化服务体系建设提出一系列新思路和新举措。推进基层治理是国家治理体系和治理能力现代化的重要内容。公共文化服务体系的夯实、有韧性，源自社会成员的自觉性、社区自我组织能力和自我管理能力的提升。

基层治理的活力源泉在基层，重点和难点也在基层。社区是城市的基层细胞，中国社会转型不只是发生在制度层面和精英文化中，更要深入到社会基层才能真正实现。中国的现代化，归根结底，是要实现普罗大众的现代化，是植根于社会基层的文化观念的转变，广大民众生活方式、行为

---

① 费孝通. 费孝通论文化与文化自觉 [M]. 北京：群言出版社，2007：131.

准则、伦理观念的转变，才是最根本的转变。

社区应急文化是依托在社区层面上，通过多元主体自觉自愿参与，建立应急意识、应急知识和应急技能的普及和推广，提高社区居民的应急响应能力和自救互救能力，从而在灾害发生时减轻灾害影响、促进社区恢复原有正常的生产生活。

三、基于 ASD 模型的社区应急文化分析

社会组织、公民以及政府之间既保持了自身独特的运动规律，同时彼此之间存在于既定的社会系统中，相互之间保持着频繁的互动，通过社会系统的互动反映出利益诉求的多样化，无论是社会制度还是社会规范与文化都镶嵌在社会系统中，在互动过程中同个体行为以及组织的社会行动共同作用，不断影响调整着社会稳定。

汤姆·R. 伯恩斯的行动者—系统—动态学（Actor-System-Dynamics）（简称 ASD）[1] 将"行动者进入场景"作为分析的话语基础，强调了行动和社会网络均由社会规范建立并受其限制，个人与社会组织的行动均是社会（尤其是社会文化方面）的产物，边燕杰（2004）[2] 认为社会资本的存在形式就是社会行动者之间的关系网络，实质上是这种关系网络所蕴含在行动者之间可转移的资源，社会资本中强调的非物质性特点与 ASD 模型分析的对象不谋而合。用伯恩斯的 ASD 模型能很好地解释，首先是行动者的互动与支持，其次协调的行动需要有良好的环境，在有效系统内行动者的行动更具目标性，第三行动者的互动需要有相应的利益驱动或安全驱动，三者之间的相互协调能确保良性互动，表达人民群众的根本利益，政策需要目标团体行为的调试要适当，从而利于人民群众对政策的服从和接受[3]。

伯恩斯认为，社会系统既能反映出社会紧张与社会失范，同样也可以将社会利益冲突、道德冲突以及社会网络与制度间的矛盾展现出来。对不

① 汤姆·R. 伯恩斯. 结构主义的视野：经济与社会的变迁［M］. 北京：社会科学文献出版社，2004：10 - 25.

② 边燕杰. 城市居民社会资本的来源及作用：网络观点与调查发现［J］. 中国社会科学，2004 (3).

③ 陈振明. 政策科学［M］. 北京：中国人民大学出版社，2003：12.

同层面的社会系统在互动中使得内生的结构性因素和条件以及社会行动者得以维系和变迁，如图1所示。

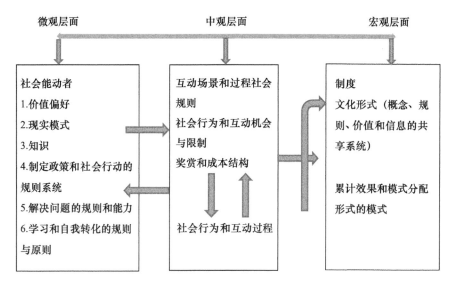

图1　不同层面社会系统的模式（表格来源：结构主义的视野，2004：172）

基于ASD模型，可见在制度、社会行动者以及环境、文化形成之间的互动，能够重构并转换。在这一系统理论中强化了系统、制度、组织以及社会关系的作用，在各社会行动者追求相应的价值与利益的时期，可以在开放的社会系统中不断地使外界环境与各社会行动者保持一致的同时，各系统要素保持内部的互动，继而可以不断地获取新的要素并发生相应的变化，使得社会行动者、相应的社会关系、社会组织等之间的运动并促使各社会要素在互动中形成改变。当作为基层的社会系统社区中发生或遭遇变化特别是遇到突发事件时，当社会能动者表现出在知识、认知以及解决问题能力暴露出脆弱时，如何通过行动者提升互动能力，增强系统韧性，提升宏观层面文化概念和理念显得十分必要。诚如学者们在研究探讨社会脆弱性和社会脆弱群体在应急过程中的不同反应，分析社会系统稳定与韧性对营造安全社会、安全社区的必要性，案例研究也是实现社会脆弱性研究与社会韧性研究相结合的有效途径。通过从不同视角观察同一案例，会更加清晰地看到社会运行中的脆弱性和韧性。例如，对社会脆弱性的个案研究充足，会为社会韧性研究提供有益的借鉴。现有较多社会脆弱性研究的案例局限于国家层面、省区市层面，基于地方尺度的实证案例相对较少，而这并不利于充分发挥社会脆弱性研究的应用优势和对社会脆弱性影响因素的深入探索。本文通过对社会层面近期发生的突发事件进行梳理，经初步比较，选取了具有典型代表性的在特定社区案例：东北地区齐齐哈尔市某中学体育馆坍塌和华北地区落坡岭大救援为例进行比较分析（见表1）。两个这两个典型案例，是因为案例同时发生在2023年7月，笔者通过对事件脉络的梳理，两个典型案例均发生在我国北方（东北和华北地区），地缘文化有相似之处，且社区类型属于社会功能强、区域范围小的特点。从发生时间、发生地点、脆弱群体、社区行动者行为以及事件结果进行比对，以表格的形式一目了然。

表1 典型案例对比分析表

案例名称	发生时间	地点	脆弱群体主体	社区行动者行为	事件结果
齐齐哈尔中学体育馆坍塌	7.23	东北地区	排球队队员教练及家属	1. 通报及时、但对体育馆场馆环境未提前告知遇难者 2. 施工企业未进行安全文化建设和必要的风险提示 3. 遇难者对周边情况不知晓	重大事件，11人遇难，国务院安委会挂牌督办
落坡岭大救援	7月底8月初	华北地区	落坡岭社区居民、K396列车滞留旅客	1. 有组织地动员 2. 基层干部责任感、沟通力及执行力到位 3. 有较为深厚的邻里互助社区文化基础	1000多名乘客妥善安置并安全返回

如上表所列，两个典型案例均属于在突发事件中社区应对的整个流程中处置方法不同，事件结果导致脆弱群体的身心感受不同、造成的社会影响截然不同。按照官方及权威媒体对事件整个过程的披露中发现，前者在中学这个特殊组织——教育社区中，关于事前风险告知的缺失，反映了在

施工企业、校方以及场馆的受众人群之间互动缺失，遇难者对突发的坍塌事件毫无防备，从社会学角度讲是应急文化场域的完全缺失（换言之没有任何关于风险防范的宣传、警示等），在完全不知临近楼宇维修需用到的材料放置体育馆楼顶的情况下，排球训练队队员及教练是最为脆弱的人群，导致最后坍塌后的悲剧出现，鲜有人生还，这样的悲剧出现在客观上反映出当地（中学）应急文化的薄弱，社会脆弱性也从而暴露出来，事件后续造成的社会影响也体现了这个系统中无法弥补因为前置安全告知通知缺失等所导致的灾难性的结果和社会影响不乐观。

而后者，落坡岭社区大救援之所以赢得社会广泛关注和好评，基于社会系统的互动分析，可以发现社区原有的地缘和业缘优势得到发挥，在自身受困大雨带来的洪涝风险之中处于脆弱群体的前提下，接纳比社区人数大三倍的人口数量，因突发洪水滞留的旅客人数，无疑是对社区韧性的重大考量，在落坡岭社区救援的整个过程中凸显了如何通过社区内最大限度调动资源将社区脆弱群体（社区居民普遍老龄化，50 岁以上；滞留的列车旅客已经经历了因大雨导致的停运、停电，受困在火车上，没有信号等困境）安顿好、施救好、妥善做好安抚和救援。结合 ASD 模型分析，当已有的制度或政策已经实施或深入人心时，社会行为和社会互动产生过程中，特别是突发事件发生之时，能调动人们积极性的是植根于互动行为主体心中、思想里的惯性思维和长久以来固化而成的行为准则发生了积极作用。费孝通先生在诠释中国社会结构的"差序格局"特征时，验证了在中国的非正式制度如习惯、道德准则及传统文化对社会制度的变迁产生了浸润性的作用，这种固有的、内生于社会结构中的非正式制度具有很强的非易特性。落坡岭社区大救援赢得点赞好评，深究其原因是背后强大、深厚、长期积淀的文化培育过程的证明。由此可见，社区等范围内概念、规则、价值和信息的共享系统的稳固对于应对突发事件具有很强的韧性。

四、加强社区应急文化建设的策略探讨

文化自信关乎我们国家和民族能否最大限度激发文化力量，应急文化是支撑应急管理事业发展的决定性"内因"，提升中国特色应急文化自信。

社区是社会系统运转的基底细胞，社区良性运转是良好的社会治理的基础，也是社会应急的关键所在。社区应急文化建设反映在社区应急文化意识理念、应急物资、应急行为方式等。基于社会各行为主体的互动，在充分考虑社会脆弱性的前提下，应急文化的培育和优化是社区应急治理中非常必要且重要的要素。构建社区日常（常态）安全，突发事件（非常态）能应急的社区治理模式显得意义十分重大。社区自治能力提升的同时，社区文化尤其是社区应急文化的培育和优化显得十分重要。在社区应急文化的培育和培育上可以基于如下几方面进行提升、完善。

（一）推进政策体系的规范与完善，构建充盈的制度信任

制度建设一方面通过提高人们未来的预见性减少行为的不确定性，维护社会的稳定，另一方面，降低人们对不良后果的负能量。社区应急文化建设前提要有强大的制度、政策及规范作为支撑，社区应急文化建设包括制度体系、网络安全、社会组织以及应急物资等。

1. 建立制度信任体系的需求

制度为应急文化培育建设提供了良好的保障空间，制度是信任的重要基石。一般意义的正式制度在处理机会主义行为和实行有效激励的措施上具有良好的体系保护作用，从而在增进公共利益的最大化行为的集体行动中起到引导作用。同时制度（或是可信任的规则）在社会的运行过程中会使复杂的人际交往变得易于理解，便于协调个人之间的相互关联，继而缓解个人间、群体间的冲突[1]。

中国社会中良好的公序良俗是我国政策规范体系完善的重要内容之一。滕尼斯曾说过"道德义务、道德律令或禁令等作为个体自由的对立面，能够约束现代社会个体建立在纯粹理性之上的活动。[2]""熟人社会"体系下，中国的政策与制度的完善不仅局限于正式制度的制定、执行或存在较强的阻碍，因而会产生政策不奏效的现象，而习惯法则对"共同体"（尤其是社区）的行为具有指导性作用。契约作为一种承担社会角色而同

①　张静. 基层政权：乡村制度诸问题 [M]. 杭州：浙江出版社，2000：69.
②　滕尼斯. 共同体与社会 [M]. 北京：北京大学出版社，2010：55.

时履行某一义务的表现和承诺，基于契约的信任关系逐渐深入人心，因而契约关系带来的因权利和义务的规定，使得预期行为确定性的加强，从而减弱了由于不确定性而带来的风险，可以节约寻求资源的费用的作用，地方文化、传统知识、价值、观念的协同性，也可是在应对突发公共事件时表现出的有效应对和心理成长恢复能力。

2. 网络社会中催生的新需求——网络社会的健全

《中国统计年鉴 2015》数据显示[8]，2014 年末，中国总人口为 13.6782亿，其中职业群体人数为 9.5606 亿（含就业人口 7.7253 亿和大中小学在校学生 1.8353 亿），职业群体人数占总人口 69.9%[①]。职业群体又同网民存在高度重合关系，换言之可以理解为，大部分网民都是职业群体成员，因此，职业群体也是网络空间的活动主体。在大量社会矛盾都同网络行为发生紧密联系的新形势下，开展社会治理就更应当注意职业群体的网络行为，尤其适用于具有"单位"共同体的社区。

随着信息时代中网络社会的日渐成熟，虚拟社会（网络社会）系统作为一个开放性的系统，开放是系统有序化的前提，是耗散结构形成、维持和发展的首要条件。一个良好的系统，必然是一个有序、开放的自组织系统，通过对外界开放，不断地与外界进行物质、能量和信息等的交流，从而保持具有适应环境的能力和旺盛的生命力。网络行为系统在虚拟空间中既是一个有着自组织特性的子系统，又是一个开放的子系统，是网格编织得再精细也无法囊括的脱域空间。社区活动中心具有成为限定范围内网络社会现实化的载体特质，通过信息流的持续输入与输出，使网络行为从无序走向有序，最终实现其安全的网络环境，也为出现突发事件奠定了基础，如落坡岭社区网络的发达，紧急情况下既需要网络（如微信群）的动员，更需要社区基层干部面对面的交流，让网络更轻盈、朝着更利于社区建设发展的目标推进。

3. 社会组织参与决策的必然要求

基于 ASD 模型，社会组织作为多元主体之一，在互动行为中发挥着

---

① 中国统计年鉴 2015. 中华人民共和国国家统计局编 [EB/OL]，网址：http://www.stats.gov.cn/tjsj/ndsj/2015/indexch.htm.

重要的作用。社区在处理应急问题的过程中，社会组织的有序参与是有效缓解救援压力的重要支撑，比如在 2023 年 7 月北京门头沟地区受台风影响而发生的洪水，蓝天救援队既发挥了先遣部队的作用，又赢得了救援最宝贵的时间。

由此可见，社区应急文化的塑造能规范居民在社区应急治理中的行为方式，引领大众树立正确的应急价值观。加强应急文化宣传教育可从危机防范意识的引领和网络意识的引领，构建局域较强韧性的社区社会网络。

（二）培育良好积极向上的公共精神，完善社会信任体系

1. 公共精神是保持公众参与良好的思想支柱

社区居民的公共生活领域中所维系、秉承并倡导的精神风貌即为公共精神的直接体现。公共精神体现在公共生活中则表现为共治。积极向上的公共精神，是对现代公民性的确立和倡扬，更是对社会现代化进程的吁求。社区公共精神的培育，也是周边居民参与公共事务、公共决策的思想前提，提升应急文化能力的实践要求。社会生态系统中，公民参与的有效性客观上对公共精神的培育提出了更高、更急迫的要求。

2. 适当的社区文化教育培训是培育良好应急文化的捷径

公共精神的培育是丰盈社会资本的有效途径，亦是社会信任增加的基石。公民素养是重要基础和前提，良好的社区居民素养促使社会系统的良性运作，同时，成熟的政策体系亦会促进社区居民教育培训的完善，培育出更加完善、对社会发展具有巨大推动力的居民素养，在二者的良性互动中，社会生态系统的衍生品——信任的增加。社区居民教育的过程是对自身"政治身份认同"和组织认同的过程，对社会秩序的重塑、引导正确地表达诉求具有温和的作用，通过居民教育提升公共精神的普适性，通过自我赋权实现参与热情的社区居民有更强烈的主人公意识和社会责任感，进而推进了社区应急文化的优化。

3. 行动者的自由裁量权是培育社区应急文化的重要组成部分

"责任行政与其说是由外力强制实施的，不如说是一种自然的流露"①，行政责任需要法律、社会、公众对行政主体的主观认同。乐善好施的道德精神，在"行政的过程是不是代表公共利益，就是通过这些政府雇员的具体表现而展露在百姓的面前。他们应该以有道德的行政行为来证明，他们是在为公共利益谋取福利。"② 特别是基层公务员、社区管理干部的行政自由裁量权的客观存在，对公共行政主体的道德自主性提出了更高的要求。自由裁量权本身就是应弥补法律局限的要求而产生的，其拓展与发展也体现了公共行政的必然要求。赋予社区干部足够的自由裁量权对社区应急文化建设起到了保驾护航的作用，同时为社区应急文化的培育和建设提供了组织保障，为形成有组织地开展应急工作奠定了基础。

（三）构建弱关系强参与的社会网络，发挥社会组织的韧性作用

帕特南指出"在一个拥有大量社会资本存量的共同体中，生活是比较顺心的。……公民参与的网络孕育了一般性交流的牢固准则，促进了社会信任的产生。这种网络有利于协调和交流，扩大声誉，因而有利于解决公共事务集体行动的困境"③。因而，政府信用与社会资本是构建信用政府的重要保障，社会网络中的互动中既有冲突亦有行动者互动中的利益均衡、社会资本均衡。换言之，社会中普遍存在"弱纽带"（或称弱联系），通过弱纽带可以使得人与人之间的距离变得非常"相近"，这种弱联系时常在社会系统中发挥强大的作用。克拉克哈特（Krackhardt 1992）讲在不稳定环境下强连带对于组织的重要性，因而在解释社区处理突发事件的过程中，冲突的扩展和井喷多是由于弱关系所引起的"同群效应"。从一个人扩展到另一些人甚至另一时空的民众其主要原因是虚拟与实际生活中各

---

① 弗雷德里克. 公共政策与行政责任的本质 [M]. 纽约：哈珀罗出版社，1997：333-334.

② James A. Stever. The End of Public Administration: Problems of the Profession in the Post Progressive Era [M]. New York: Transnational Publishers, 1988: 87.

③ 帕特南. 独自打保龄——美国社会资本的衰落与复兴 [M]. 刘波，等，译. 北京：人民出版社，2011：15-72.

类网络的逐渐发达和传播的畅通性，使得弱关系起到了重要作用。

1. 自媒体时代的社会网络参与便于社会组织信任的增加

众多学者研究表明，社交媒体的使用有助于维护弱关系和强关系（弱关系多指非血缘性的、通过工作或学习等方式结识的朋友、建立的关系），而且也有助于人们维持原有的社会关系。基于自媒体中的一种强参与，很好地佐证了弱关系比强关系具有更广的范畴，充分发挥社区居民在自媒体实践中的主体作用，通过相互信任的递增，当遇到突发事件时在制度范围内，以温和的方式予以解决。

2. 构建社区组织中的社会网络韧性，增进社区居民的信任

奥斯特罗姆在研究过程中试图通过自主组织和自主管理的方式消除个人理性和集体理性的鸿沟①，社区和社会组织是不二选择。格兰诺维特认为对于社区的凝聚力来说，强关系可能增长了小团体的凝聚力，但是对于整个社区来说反而可能导致破碎化②，不利于社会网络的广泛形成。因而，社区中弱关系的维系显得尤为重要，特别是转型时期的中国，城市化进程的不断推进，客观上促成社区弱关系的强化。同时，社会组织社会资本是构建社区空间的潜在力量，它以一定的物质和精神的形态为载体，并通过载体的综合，形成一种社区固有的特性，这个特性使生活在社区的居民有着对本社区的一种比较固定的感受。社区共同的认同感，是确保周边居民安居乐业的重要前提。社区成员在有序参与组织活动时，通过提供平等参与的活动服务，通过频繁互动能够增进彼此之间的信任感，进而修正或放弃自己的个人目标，有效地将个体利益整合为集体利益，最终满足自身需求并实现公共利益社区参与。社区参与有助于改善公众对社会态度，为社会稳定提供良好而持续的心理支持。提升居民社会资本、满足居民在公共产品和利益表达方面的需求，能够提升居民的安全感、信任感和公平感，减轻社会压力感和冲突感，进而获取主观幸福感，客观上推进了社区应急文化的构建。

---

① 奥斯特罗姆. 多中心体制与地方公共经济 ［M］. 上海：上海三联书店，2000：105.
② 廖亮，陈昊. 马克·格兰诺维特对新经济社会学的贡献 ［J］. 经济学动态，2011（9）：99－103.

经典与通识

以人民为中心的美术创作

——《在延安文艺座谈会上的讲话》与延安美术创作简论

张瑞田*

【摘要】毛泽东《在延安文艺座谈会上的讲话》发表80周年之际，进一步领会"讲话"所强调的文艺为人民服务的"功能"，具有一定的现实意义。"讲话"发表以后，延安美术家到人民中间去，到生活中去，看到了"最生动、最丰富、最基本的东西"，创作出一批有思想内涵和艺术价值的优秀美术作品，得到了广大人民群众的称赞。

【关键词】"讲话" 延安美术 现实生活 创作激情

80多年前，也就是1942年5月2日到23日，毛泽东在延安主持了有文学艺术工作者、中央各部门负责人参加的延安文艺座谈会。出席人数有一百多人，毛泽东在会议上发表了重要讲话。1943年10月19日，《解放日报》予以发表，成为延安整风运动的一个重要文件。毛泽东《在延安文艺座谈会上的讲话》是马克思主义文艺理论发展的划时代的经典文献，是马克思主义文艺理论与中国革命文艺实践相结合的重要成果，是中国共产党在中华人民共和国成立以后文艺政策的理论基石和艺术指南。毛泽东《在延安文艺座谈会上的讲话》发表后，对延安美术创作发生了重大影响，一批有思想深度和艺术才华的画家脱颖而出。

---

* 张瑞田，中国作家协会会员，中国书法家协会书法评论与文化传播委员会秘书长，中国作协作家书画院常务副院长。

　　文学艺术为什么人服务的问题，是毛泽东文艺功能观的重要环节。毛泽东论述文学艺术的社会作用简单、明了。他在"讲话"中强调："那么，什么是人民大众呢？最广大的人民，占全人口百分之九十以上的人民，是工人、农民、兵士和城市小资产阶级。所以我们的文艺，第一是为工人的，这是领导革命的阶级。第二是为农民的，他们是革命中最广大最坚决的同盟军。第三是为武装起来了的工人农民即八路军、新四军和其他人民武装队伍的，这是革命战争的主力。第四是为城市小资产阶级劳动群众和知识分子的，他们也是革命的同盟者，他们是能够长期地和我们合作的。这四种人，就是中华民族的最大部分，就是最广大的人民大众。"①

　　毛泽东的论述，是在特殊的历史阶段对文学艺术作品功能的把握和总结，他根据中国革命的现实，依据马克思列宁主义的文艺理论，引导文学艺术家到人民中间去，到生活中去，因为"人民生活中本来存在着文学艺术原料的矿藏，这是自然形态的东西，是粗糙的东西，但也是最生动、最丰富、最基本的东西；在这点上说，它们使一切文学艺术相形见绌，它们是一切文学艺术取之不尽、用之不竭的唯一源泉"。② 马克思主义文艺理论一直重视人民大众的历史创造力，对普通民众生活与艺术创作的内在关系有许多重要的理论阐述。马克思在《〈政治经济学批判〉序言》中清楚表达了对经济基础和上层建筑关系的认识，预言新的社会制度将无可避免地诞生新的文学，而新的文学又将给新的社会制度以重要的影响。恩格斯对19世纪德国杜塞尔多夫画派画家许布纳尔《西里西亚的织工》的推崇，给予我们极大的启迪。恩格斯用文字表现了这幅画的内容："一群向厂主交亚麻布的西里西亚织工：画面异常有力地把冷酷的富有和绝望的贫困作了鲜明的对比。厂主胖得像一头猪，红铜色的脸上露出一副冷酷相，他轻蔑地把一个妇人的一块麻布抛在一边，那妇人眼看出售无望，便昏倒了；她旁边围着两个小孩，一个老头吃力地扶着她；管事的在检验另外一块麻布，这块布的主人正在焦灼地等待检验的结果，一个青年正在把自己的劳动换来的可怜的收入给失望的母亲看；在石头的长凳上坐着一个老头、

---

① 毛泽东选集·第三卷［M］．北京：人民出版社，1991：855.
② 毛泽东选集·第三卷［M］．北京：人民出版社，1991：860.

一个姑娘和一个男孩，他们正等着轮到自己；两个男人，一个人背着一块没有验上的麻布，正从房子里出来，其中一个怒气冲冲地摇晃着拳头，另一个把手搁在他的同伴的肩上，指着天，好像在说名词解释：别生气，自有老天爷来惩罚他。"恩格斯对许布纳尔的作品评价极高，他说"从宣传社会主义这个角度来看，这幅画所起的作用要比一百本小册子大得多"。

国际社会主义妇女运动领袖之一，德国共产党创始人之一，克拉拉·蔡特金回忆列宁与她的谈话，列宁提出文艺应属于人民，"它必须深深地扎根于广大劳动群众中间。它必须为群众所了解和爱好。它必须从群众的感情、思想和愿望方面把他们团结起来并使他们得到提高。它必须唤醒群众中的艺术家并使之发展。"

作为伟大的马克思主义者，毛泽东在延安文艺座谈会上，他首先说明，文艺为什么人的问题，"本来是马克思主义者特别是列宁所早已解决了的"问题，我们的文艺就要"为千千万万劳动人民服务"（列宁语）。

延安，古已有之，曾有"延安""肤施"之名。清设延安府，治肤施县。1913年，废延安府，肤施县隶属陕西省榆林道，1928年，废榆林道，肤施县由陕西省直属。1937年1月，中共中央从保安进驻肤施，将肤施改为延安。美术理论家韩劲松把"'延安美术'定义为在1937年1月中共中央进驻延安至1945年抗战胜利这期间发生在延安及陕甘宁边区的，由中国共产党领导的新民主主义革命美术的总称。在时间上，这一段正是中华民族全面抗战时期，有特定的历史内涵和文化逻辑"。[①]

延安文艺座谈会以后，延安美术工作者对文艺为什么人服务的问题有了清醒、深刻的认识。他们不断重温"讲话"的政治意义、哲学深度和文化内涵，走向生活的第一线，与农民、士兵、手工业者等朝夕相处，以手中的画笔，描绘丰富多彩的现实生活，刻画英勇、智慧的人民群众。

著名画家、美术教育家莫朴，生于1915年，卒于1996年，江苏南京人。1933年毕业于上海美术专科学校，在中国共产党领导的"左翼"文

---

① 韩劲松. 艺术为人民——延安美术史[M]. 南昌：江西美术出版社，2021：4.

艺思想影响下，走上了革命的道路。在上海读书期间，17岁的莫朴和同学组织了"火柴画会"，联合青年画家们以画笔为武器反抗侵略，控诉黑暗。毕业后，他与同学们组织了中国美术界最早的抗日救亡团体"上海国难宣传团"，创作了一系列巨幅抗日宣传画在全国重要城市和地区展览。不久，莫朴加入中国共产党，到鲁迅艺术学院华中分院担任美术系主任，1942年到了延安，在延安鲁迅艺术学院任教。延安文艺座谈会刚刚结束，他反复阅读"讲话"，领会毛泽东对延安文艺创作的擘画，对自己的美术创作也有了新的要求。他在延安观看了秧歌剧《兄妹开荒》《夫妻识字》，耐人寻味的戏剧冲突，情真意切的表演，展现了延安农民群众真实的生活情感，执着的生活追求，让莫朴深深感动。与画家古元探讨美术创作，他看到古元从乡间带回来的民间美术作品，那种陕北独有的简约和热烈，引起了莫朴的共鸣。他有了顿悟，要画出好画，就要到人民中去，到生活中去，生活与艺术性是紧密相连的，从生活中汲取的艺术灵感，才能画出让人民喜闻乐见的好作品。晚年莫朴回忆起在延安时期的创作经历，意味深长地说道："我曾为劳动英雄孙万福画像，和他谈心，他谈到拾粪，在这平凡的劳动中，他有很质朴很美丽的理想。他是劳动英雄，但却总觉得自己没什么，他待同志那么热情，真纯。我很爱他，敬重他，愿意亲近他，在他和自己之间找到了相通的道路，和他成了亲密朋友。经过很复杂微妙又漫长的道路，终于发现了——不，是亲切地体会到人民生活和内心的丰富和美。回头看过去画的，虽然衣服是农民的，手拿镰刀，但只从外形找些特点来画，面孔、精神状态不是农民的。就这样，在看法上、感情上有了变化，也由此更深刻地理解了讲话，开始重视了'了解人、熟悉人'这'第一位的工作'，并且有意识地向民间年画和其他传统技法学习，追求群众喜闻乐见的形式，注意去反映人民的生活与斗争。此后，在延安搞的一些年画和连环画就比较受群众欢迎了。"[1]

莫朴对《延安文艺座谈会上的讲话》的核心思想有了自己的认识，这是一次思想观念、创作理念的超越。毛泽东在"讲话"中告诫文学艺术家要克服小资产阶级的陋习，不能把自己的作品当作小资产阶级的自我表现

---

① 韩劲松．艺术为人民——延安美术史[M]．南昌：江西美术出版社，2021：232.

来创作，真诚走向工农兵，真诚描写他们的生活状态和精神憧憬。莫朴和许许多多美术家做到了，他们也成为工农兵的一员，积极参加大生产运动、减租减息、拥政爱民活动，深入延安的现实生活，产生了极大的创作激情。

古元、彦涵、计桂森、赵泮滨、王流秋、石鲁、力群等人以实际行动践行毛泽东的"讲话"精神，创作了大量具有社会价值和艺术价值的木刻作品，如古元的《南泥湾驻军秋收图》《八路军习文练武》《来了亲人八路军》等，彦涵的《当敌人搜山的时候》，计桂森的《送别》《请抗属喝年酒》，赵泮滨的《欢送》，王流秋的《新年劳军》等，刀法细腻，构图别致，主题鲜明，生活气息浓郁，展现了延安朝气蓬勃的革命气象和延安军民坚定的抗日决心。与此同时，延安新年画创作得到重视。画家们认为，反映新生活，应该创作出新年画，在构思、图式上迈上一个新台阶。于是，延安鲁艺美术系的师生离开延安，去三边、绥德分区等地采风，体验生活，他们与当代群众倾心交谈，搜集创作素材，寻找创作灵感。经过论证，集思广益，根据画家的所长，进行创作。不久，一百多种新年画与观众见面了，经过评选，推出41种，印制了6万多幅。题材意识加强了，创作手段也有了创新，除石印套色印刷，还有水印套色的木刻，并与当地民间刻工、印工合作。这批有艺术追求，真实反映延安现实生活的新年画，得到广大人民群众的热烈欢迎。如莫朴的《平型关大捷》《火烧阳明堡》，力群的《丰衣足食》，彦涵的《移民到陕北》，古元的《拥护老百姓自己的军队》，江丰的《念书好》，王式廓的《延安农民读报组》，张晓非的《人兴财旺》《识一千字》等。为此，胡一川在《关于年画》一文里谈到了新年画轰动延安的必然性，他说："新年画也是符合边区老百姓在新的民主政权下对新生活的变革和对文化提高的需求，他们对那些陈旧的或带有迷信色彩的东西失去了信心，而对反映现实生活内容的新年画是充满浓厚的兴趣和爱好的。"①

一石激起千层浪，"讲话"发表以后，延安美术创作的思想基础和精神结构改变了，美术家的创作思想有了共识，领会了毛泽东所讲的"文艺

---

① 韩劲松. 艺术为人民——延安美术史[M]. 南昌：江西美术出版社，2021：280.

是从属于政治的，但又反转来给予伟大的影响于政治。革命文艺是整个革命事业的一部分，是齿轮和螺丝钉，和别的更重要的部分比较起来，自然有轻重缓急第一第二之分，但它是对于整个机器不可缺少的齿轮和螺丝钉，对于整个革命事业不可缺少的一部分。"①　此后，延安木刻、新年画、漫画、素描、连环画、雕塑、报刊插图等，步入了创作新时代，给中国革命史和中国艺术史留下了一大批优秀的美术作品，也为新中国培养了一大批优秀的美术工作者。

　　文学艺术的功能，一言以蔽之，就是文学艺术作品的价值与效能；文学艺术的功能论就是指对文学艺术作品价值与效能的看法。毛泽东在"讲话"中强调了文学艺术作品的社会作用，这也是毛泽东文艺思想的核心。不过，毛泽东并不赞成单方面强调"社会作用"而忽略"艺术作用"的文学艺术作品。他说："我们的要求则是政治和艺术的统一，内容和形式的统一，革命的政治内容和尽可能完美的艺术形式的统一。缺乏艺术性的艺术品，无论政治上怎样进步，也是没有力量的。因此，我们既反对政治观点错误的艺术品，也反对只有正确的政治观点而没有艺术力量的所谓'标语口号式'的倾向。"②　毛泽东的论述，是对马克思文艺理论的继承。马克思主义经典作家承认文学艺术作品的审美价值，肯定文学艺术作品真善美的品性。何为真，文学艺术作品的认识功用与艺术价值是为真，何为善，文学艺术作品的美育功能与思想启迪是为善，何为美，文学艺术作品内容与形式的完美结合所形成的审美魅力是为美。今天，在中华民族实现伟大复兴的历史时期，重新欣赏延安美术作品，不仅会看到那个时期中国革命的神圣使命，也看到了一代有梦想、有追求、有担当的美术家，用他们的生命和画笔，描绘的波澜壮阔的革命历史，塑造的一系列感人的、催人奋进的艺术形象，同时，对我们光辉灿烂的未来更有信心。

---

① 毛泽东选集·第三卷 [M]．北京：人民出版社，1991：866．
② 毛泽东选集·第三卷 [M]．北京：人民出版社，1991：870．

师法造化　调和中西

——中国美术教育现代化略论

姜殿坤　李英蜀　杨春雪*

【摘要】在中国美术教育的发展史上，20 世纪早期的美术教育发展取得的成绩可圈可点。这一时期在中西合璧的新美术诞生、在现代美术学校制式的教育模式初探、在复古为创新的新型美术人才培养等方面取得了巨大的成就，涌现出了一大批蜚声海内外的杰出美术人才。以林风眠、李可染、徐悲鸿、潘天寿、刘海粟、李苦禅、吴作人、叶浅予等大师为代表的这一批促进中国美术现代化转型的美术教育家，一生致力于以中国绘画传统精神为主题，吸收和融合西方艺术的有益给养，丰富和发展了我国的文化艺术，奠定了现代中国美术教育体系的基石，在中国美术教育发展史上发挥了承前启后，继往开来的作用，为今天美术教育的发展，尤其是创新型美术人才的培养提供了重要的参考和借鉴。

【关键词】中国美术教育　美术现代化　西学东渐

20 世纪上半叶，清末民初的中国面临着"数千年未有之变局"，随着封建王朝的解体与西学东渐，中国近代教育步入了由封闭走向开放的转型过程。中国美术的现代化发轫肇始于 19 世纪末至 20 世纪初，这一时期在

* 姜殿坤，深圳大学艺术学部"孔雀计划"全职特聘教授，博士生导师；李英蜀，深圳大学艺术学部教授；杨春雪，深圳市新安中学（集团）初中部教师，广东省美术家协会会员，深圳市宝安女画家协会副会长。

中国美术教育现代化的历史进程中是极为重要的，她成就斐然，承前启后，继往开来，值得研究，可资镜鉴。这一时期的美术教育发展既注重历史继承，又强调融合中西立意创新，自成一家画风的美术教育家和他们培养的一批又一批杰出的美术人才开始意识到美术的社会功能的强大潜力，也开始关注美术自身的发展方向，他们既有从兴邦治国的角度号召进行社会化的美术教育，培养从事纯美术创作和实用美术的专门人士，用以发展国家的实业，或者提高全民的审美素质，以培养健全的国民；① 也有美术界的专业人士，对美术教育的具体目标和方法提出适应社会发展的进步理念，倡导以写实主义完善美术在特殊时期的社会功能，以及变革中国传统美术，赋予国画新的活力。从他们积极的探讨和论争中，当时的美术教育理念与目标得以与社会的需求契合，为培养具有社会使命和专业素养的专门人才夯实了思想理论基础。从这一特殊的历史时期美术教育发生发展繁杂的历史事实中抽丝剥茧，总结其经验教训，探索其特殊规律，立足于为当下美术教育理念的创新和培养模式的创新提供经验和历史智慧，可以为当下美术教育从理念到实践的创新性变革与高质量发展，提供参考与镜鉴。

一、中国美术教育现代化转型期的理念

（一）观照传统，"以复古为更新"

清末以康有为为代表的政治思想家怀抱变革社会的政治理想来讨论美术和美术教育，将中国美术和美术教育与社会变革结合在一起，以振兴工商实业的理想来谈论中国画的改良。康有为从美术对器物质量的作用角度论及美术教育的重要性，康有为在《万木草堂藏画目》中提到："今工商百器皆藉于画，画不改进，工商无可言。此则鄙人藏画、论画之意'以复

---

① 蔡元培. 蔡元培在北京大学画法研究会第二次始业式演说词［N］. 北大日刊, 1918. 10. 25.

古为更新'"。^① 康有为在这一时期的重要著作《物质救国论》中，还对绘画与物质文明的关系作了进一步的阐发："绘画之学，为各学之本，中国人视为无用之物。岂知一切工商之品，文明之具，皆赖画以发明之。工商之品，实利之用资也；文明之具，虚声之所动也。若画不精，则工品拙劣，难于销流，而理财无从治矣。文明之具，亦立国所同竞，而不可以质野立于新世互争之时者也。故画学不可不致精也。今既欲竞争工艺物品，以为理财之本，更不能不师其画法，尤当遣派学生，往罗马及佛罗炼士诸画院学之，兼及刻石，师其画法，以更新全国，且令学校人人普习，然后制造工场，百物乃可与欧美竞销流也。"^② 1911 年以后，中国各地的许多师范学校都纷纷设立图画手工科，强调传统绘画技术和手工技艺的传授和练习。正是受"复古为更新"理念的影响，"图画手工"课程后改称"美术、劳作"课程，成为 20 世纪前期我国美术教育最主要的课程。^③ 如始创于 1902 年的两江师范学堂，开设图画手工科，课程兼顾传统与"西洋之技艺"，"学科以图画手工为主课，音乐为副科，此单一图画言之，西洋画，中国画，用器画（平面、立体），图案。"^④ 1905 年奉天体育美术专修科成立；1906 年南京两江优级师范学堂图画手工科创立，学习西方和日本艺术教育体制、设置美术专科；1907 年由直隶师范学堂升格的保定优级师范学堂开设了图画手工科；^⑤ 1907 年在天津开办的北洋师范学堂开设了图画手工科；1915 年国立北京高等师范学校开办三年制图画手工科；^⑥ 1920 年济南省立第一师范学校开办图画手工专修科；河北省立女子师范学院 1926 年设立美术科，增设西画、国画、图案等三个专业；图画手工科课程有竹工、木工、金工、黏土工、石膏工及刺绣（女生为限）等。^⑦

---

① 李伟铭. 康有为与陈独秀——20 世纪中国美术史的一桩"公案"及其相关问题 [J]. 美术研究，1997，87（03）.
② 李伟铭. 康有为与陈独秀——20 世纪中国美术史的一桩"公案"及其相关问题 [J]. 美术研究，1997，87（03）.
③ 陈宝泉. 中国近代学制变迁史 [M]. 北平：文化学社，1928.
④ 周于同. 中国学校制度（民国丛书第三编文化教育体育类）[M]. 上海：上海书店，1933.
⑤ 舒新城. 我和教育：三十五年来教育生活史 [M]. 上海：上海书局，1945.
⑥ 舒新城. 我和教育：三十五年来教育生活史 [M]. 上海：上海书局，1945.
⑦ 张杰. 民国时期美术教育发展模式研究分析 [J]. 西南农业大学学报（社会科学版），2008.12.15.

在"复古为更新"理念盛行之时，很多业者也不断在注释着，如彭友善认为简单甚至过激的"复古"、"摹古"与"仿洋"同样是开历史之倒车；纵观历史上的文化演进，中西文化既经沟通，是应该有一番新的转变和发展的。可惜中华民族精神太不振作了，前代的美术思想，固陷于"摹古"的绝境，现代的美术思想，又陷于"仿洋"的歧途，始终是患下了幼稚的浅薄的卑鄙的虚伪的毛病！还有许多人，只晓得骂"摹古"的是开倒车，殊不知"仿洋"的，也是出轨的行动。总之，美术是创造的，只有不断地创造，才有不断的生命，模仿都是死路！我们要创造新兴的美术，必须首先彻底地消灭以"模仿为目的"的劣根性，同时，要恢复民族自信的力量，发扬民族本位的文化，即以中国固有的文化思想为背景，一方面吸收欧西文化的精华，一方面光大民族艺术的特质。因为，民族精神为民族文化的灵魂，外来文化乃民族艺术的滋补，若本身太不健全，徒恃滋补，而且又没有消化滋补品的能力，那不但对本身无益，反为有害。所以，我们要想改进中国的美术教育，根本要从美术思想的纠正上着手，如思想走入正轨，一切技法和作风问题，都会跟着解决的。至于如何使中国今日之美术思想走入正轨？实言之，即如何使中国今日美术教育能够与目前的政治、军事、经济、生产、文化、建设诸方面的思想行动打成一片，庶不致与时代脱节，或与教育宗旨相违背？① 从彭友善的观点不难看出，他是既支持革新改良后的"摹古"，以继承中国绘画的优良传统，又支持兼收并蓄西洋文化的精华，以丰富、发展并提升美术的内涵，这与当时社会艺术界所倡导主流旋律是相适应的。

（二）兼容并包，"以美育代宗教"

"美育者，应用美学之理论于教育，以陶养感情为目的者也"② ——蔡元培。

美育起源于人类劳动创造美及其经验的物化传承。美育概念出现较

---

① 彭友善. 三民主义的美术教育 [J]. 活教育（一卷·五期，影印版）. 见：威斯康星大学民国时期期刊全文数据库.
② 中国蔡元培研究会. 蔡元培全集（第三卷）[M]. 杭州：浙江教育出版社，1997.

晚，但其实践已历经数千年。美育概念古今不一，但其表现形态（自然美育、社会美育、艺术美育）同一，方式和内容有别。中国近代首倡美育的蔡元培先生把美育定义为"美育者，应用美学之理论于教育，以陶养感情为目的者也。"① 现当代，如有学者指出"美育，又称审美教育或美感教育，是培养学生正确的审美观点以及感受美、鉴赏美和创造美能力的教育。"② 春秋战国之际的美育是广义的美育，可以称之为大美育，"广义美育是指把美学原则渗透于对人的影响，从而形成人们高尚审美素养的影响活动，包括高尚思想道德教养、政治艺术美学以及陶冶人们美好心灵的文学艺术教育。"③ 它包含今日的德、智、体、美四育，其以人为本，期求人格素养的尽美尽善，即追求心灵美，在道德文化上期望与人为善。④

在不同时期艺术一直在衍生变化着，然而直至辛亥革命之后，中国涉及艺术思想与观念的变化才逐渐充分地表现出来。⑤ 理解这个历史转折时期的背景可以从蔡元培入手，因为正是蔡元培的努力，深深影响着 20 世纪初的思想与文化界，这个时期的艺术家无疑被包括其中，艺术领域的新式教育、社团的产生以及将艺术作为一种能够对社会产生进步作用的学科观点都来源于蔡元培的影响，至少，蔡元培的思想与身体力行大大促进了这样的清新空气和时代气氛。⑥ 1901 年，蔡元培到上海南洋公学任特班总教习，给学生的印象是"盖在启发青年求知欲，使广其吸收，由小已观念进之于国家，而拓之为世界。又以邦本在民，而民犹蒙昧，使青年善自培其开发群众之才，一人自觉，而觉及人人，其所诏示，千言万法，一归之爱国。"⑦ 黄炎培回忆蔡元培时还提及了蔡鼓励学生学会演说，以便于走向社会更有效地开启民智，救国图存。

① 金雅．蔡元培美学文选［M］．北京：北京大学出版社，1983：174.
② 杨兆山，姚俊．教育学原理［M］．大连：辽宁师范大学出版社，2003：295.
③ 王凌皓，高英彤．孔子广义美育思想理论研究［J］．中国地质大学学报：社会科学版，2008（03）：51.
④ 姜殿坤，王凌皓．孔子原创性美育观理析［J］．东北师大学报（哲学社会科学版），2015（05）.
⑤ 蒋维乔．中国教育会之回忆［J］．东方杂志，1936，33（01）.
⑥ 刘海粟．忆蔡元培先生［J］．艺苑，1983（01）：11.
⑦ 黄炎培．敬悼吾师蔡孑民先生［J］．大公报，1940，03，23.

康德关于"审美判断不存在任何利害关系"的思想对蔡元培的确产生了明显的影响。蔡元培在回国从事教育工作后，对"美育"给予的高度重视贯穿了之后的一生。从大量的关于"美育"的文章和演说中我们可以看到，蔡元培理解康德的思想含义——关于美的教育——不是给学生以具体的人生方法，而是培养一种符合道德的理性条件，否则学生如何才能真正理解在一个新的时代里幸福的原则？蔡元培肯定从康德的哲学思想中得到了不仅仅是一般的美学思想，他通过一种知识的融合，将上帝至善原则的基督教精神与对境界的无为追求的中国思想很自然地结合起来。从任何一个文明的起始故事来看，对至善与境界的追求都是从最基本的工作开始的。现在，蔡元培希望通过一种新的教育方式，在并非没有文明历史的基础上开始新的人格培养。这种态度对于许多具有民族优越感的人来说，完全是革命性的，他等于同时告诉国人，西方人的文化是一种先进的文明与思想，而不是所谓的"蛮夷"的什么东西。然而，与很多激进主义思想家比较起来，蔡元培对西方思想的提倡，是从来没有绝对主义立场的，他最为希望的是让一种新的道德与伦理精神给中国人带来新的面貌，而不是一个简单的知识替代。①

1912 年 2 月，《民立报》连续三天刊载了蔡元培的重要教育论文《对于新教育之意见》（后改为《对于教育方针之意见》），文中将"美育"列为国民教育的五项基本内容之一。1917 年蔡元培做了题为"以美育代宗教"的演讲，强调"美育是一种重要的世界观教育。"② 1919 年提出"实施科学教育，尤其普及美术教育"③"以美育代宗教"，强调了美育对于人的情感、精神引领的作用优于宗教。蔡元培把美育放到维系民族精神的高度来论述，希望通过科学和美育两大支柱共同作用，来教育、感染、陶冶国民精神、振兴民族活力，并使美育最终成为改造国民性的手段。蔡元培认为，艺术鉴赏以及整个审美活动，固然要给人以娱乐、消遣、享受，但这不是美育的根本目的，他一再强调的美育是教育，是提高道德情操，培

---

① 吕澎. 20 世纪中国艺术史 [M]. 北京：北京大学出版社，2006：90.
② 蔡元培. 蔡元培在北京大学画法研究会第二次始业式演说词 [N]. 北大日刊，1918.10.25.
③ 蔡元培. 蔡元培全集 [M]. 宁波：浙江教育出版社，1989.

养创造性，以便为救国革命，为建设事业而献身①。

　　蔡元培的美育思想体系既包括对美育的本质和特征、美育的意义与功能、美育在教育结构和文化结构中的地位、作用的论述，也包括对美育实施的途径、方法，以及各类艺术活动在美育中承担的任务等的论述，其美育思想体系完备，对现代美育的奠基、发展影响深远。蔡元培强调通过视觉审美的感受来提高人们对美的感知，通过受教育主体的直接参与获得美的真切感悟，在不同的教育阶段有着明确的个体效应与社会意义。蔡元培在《对于新教育之意见》中提到："图画，美育也，而其内容得包含各种主义，如实物画之实利主义，历史画之于德育是也。其至美丽至尊严之对象，则可以得世界观。"② 1942 年舒石林在《国民教育指导月刊》上刊文《怎样推进美术教育》中为蔡元培的美育思想做了独到的注解：我国美术教育之提倡，始于蔡元培先生，当蔡先生任教育总长时，教育部于民元九月公布教育宗旨，为："注重道德教育，以实利教育，军国民教育辅之，更以美感教育完成其道德。" 自此美术教育逐渐发展，社会爱好美术的风气逐渐形成。爱美本是人类的天性，美术乃人类爱美天性的具体表现。文明民族之爱好美术是大家知道的，不必说了。野蛮民族常在他的简单生活方式里，完成他的美术工作，在他的身体上刻画着各种花纹，或戴上各种装饰品，或于帐幕上涂饰各种颜色图案，这些就是爱好美术的明证。爱美心境的形成，乃是由于情感的作用。当吾人欣赏自然界伟大美妙的景色时，常能给予吾人以一种内在的快感和情绪。这种快感和情绪，足以冲激吾人的内心而增加精神的活力，因此美术遂成为人类精神生活上一种最基本的需要。以上是说明人类因欣赏大自然而生的一种精神活力，为求满足美的爱好，人类常于饱餐自然美之外，并创造足供欣赏美的境界，这种美的境界之创造，便是人类超乎万物的一种特征。美术教育，就是以美术作为教育的一种工具。要发挥美术的感应力，必须建立美术教育，普遍培植美术教育的根芽，使大众接受美术教育的训练，以养成美的欣赏情绪与生

① 聂振斌. 中国现代美学名家文丛——蔡元培卷 [M]. 杭州：浙江大学出版社，2009：73 - 125.
② 蔡元培. 蔡元培在北京大学画法研究会第二次始业式演说词 [N]. 北大日刊，1918 - 10 - 25.

活谐和的意味，造就美的人生，提高人类的品格。①

　　蔡元培把美育的实施分为三个途径：家庭教育、学校教育、社会教育。其中学校机构是实施美育的重要途径，是由专职人员和专门机构承担的有目的、有系统、有组织的，以影响入学者的身心发展为直接目标的社会活动。作为具有重大影响力的开明务实的教育界领袖人物，蔡元培的美育理想大多是通过学校教育来实现的。在他的影响引领下，很多大学设置美术工艺与手工等课程，为美术的基础教育培养了大批合格、优秀师资，以滋养初、中级美术教育；在蔡元培的影响下，当时的许多高等学府还设立专门的美术研究机构，以期形成引导主流美育思想的意识形态；与此同时，蔡元培积极鼓励私立美术学校的发展，推进学校美术教育的多重性结构，以促进推动家庭与社会美育的发展。② 美术教育的实施主要通过美术教学来完成，因此，美术教学也就成为实施审美教育的关键。美术教学主要包括欣赏课教学和实践课教学两部分。其中，欣赏课教学主要侧重于培养学生感受美和鉴赏美的能力；实践课则侧重于培养学生创造美的能力。③蔡元培的美术教育实施方式还扩充了社会机构作为公民共享的资源，包括美术馆、美术展览会、影戏馆、历史博物馆、古物学陈列所、人类博物馆、博物学陈列所、植物园与动物园等，他认为美育的实施还得益于一种普遍物质环境、地理环境、人文环境对人的审美观念、审美理想和审美能力的影响。④ "美育之解释不一，然不离乎审美心之养成。进一步言之，即为美的情操之陶冶。情操有知的情操、艺的情操、美的情操三者之别。然美育实摄是三者而陶冶之，如判断、想象，为知的情操之陶冶。创作，鉴赏，为意的情操之陶冶。至美的情操之陶冶，乃美育必守之领域，此义不待词费而自明。唯愚以为美育不当从狭义之解释，仅以教育方法之一手段目之。当进一步，从广义之解释，以立美育之标准。美之种类不一，要皆足以操美育之能事。就美之对象以区别之，则有自然美、人类美、艺术

① 舒石林. 怎样推进美术教育 [J]. 江西地方教育（国民教育指导月刊），1942（06）.
② 蔡元培. 蔡元培全集 [M]. 宁波：浙江教育出版社，1989.
③ 常凤霞. 蔡元培的美术思想考略 [J]. 文教资料，2010.12.05.
④ 韩捷. 蔡元培美育思想对当代美术教育的意义 [J]. 陕西师范大学学报（哲学社会科学版），2009.07.25.

美。而三者复可细分，……知美之范围极广，即可知美育之意义，未可着眼于一部而遗其全体。吾人生活于此自然美、人类美、艺术美之中，岂能一刹那间不受美之刺激而生变化？如因美之刺激而生变化，是即美感足以潜移吾人之精神活动。换言之，即足以发展吾人之精神生活。更换言之，即为吾人人类本然性之要求。"①

综上可见蔡元培所提倡的新艺术活动，对中国近现代美术教育所作出的巨大贡献，并不是专业画家或仅仅从事美术教育的大师可以比拟的。蔡元培推动了新式美术学校的建立。他站在变革传统旧文化、创造新文化的立场上，与其他作为具有积极变革思想的中国先进知识分子达成共识。大致看来，20 世纪 20 年代末之前，蔡元培悉心于其美术教育思想体系的推导普及、新艺术运动的提倡、人才的提携发现和奖励，20世纪 20 年代末之后，他致力于国立高等美术院校的建立与扶植，并首倡的国家行为的美术展览。②

在蔡元培的影响下，1920 年 4 月 20 日中华美育会便在《美育》创刊号上发表宣言称"我们美育界的同志，就想趁这个时机，用'艺术教育'来建设一个'新人生观'……希望用美来代替神秘主义的宗教，'美育'是新时代必须尽力去做的一件事……区区的意思，无非想艺术教育有个大大的发展就是了。"③ 由此可见，这个时期私立美术学校的兴起，与蔡元培的美术教育思想的影响和他力倡美育有着密切关系。蔡元培提倡新艺术活动，推动了新式美术学校的建立。在变革传统旧文化、创造新文化的立场上，具有变革思想的中国知识分子又高度的一致。④ 当时中华美育会的主要成员就有上海美术专科学校校长刘海粟，上海艺术专科师范学校校长吴梦非、图画主任丰子恺，中华美术学校校长周湘等。1919 年，蔡元培即担任上海美专校董，后来又支持私立中华艺术大学的创建。⑤ 在 1918

① 李石岑. 美育之原理 [J]. 教育杂志，1922，14（01）：01-08.
② 蔡元培. 蔡元培全集 [M]. 宁波：浙江教育出版社，1989.
③ 苏迟.《美育》创刊号 [J]. 美育学刊，2010（01）.
④ 张杰. 民国时期美术教育发展模式研究分析 [J]. 西南农业大学学报（社会科学版），2008.12.15.
⑤ 蔡元培. 蔡元培全集 [M]. 宁波：浙江教育出版社，1989.

年，蔡元培任北大校长期间，他就参与了中国第一所国立美术学校——北京美术学校（今中央美术学院前身）的创办。在1918年4月15日该校开学仪式上，蔡元培发表演说指出因经费不敷之故，本校暂设绘画、图案二科，将来于经费扩张时增设书法、雕刻等，他对早期的校长郑锦、林风眠、徐悲鸿等给予大力支持。不仅如此，蔡元培还促成了徐悲鸿、刘开渠、陈士文等一批优秀青年赴海外留学，为中国现代美术教育的发展奠定了人才基础。早在1912年他任教育总长时，亲自主持教育部"夏期美术讲习会"，请北京美专校长郑锦作"西洋绘画的派别演讲"，鲁迅作"美术略论"的讲演，并聘请鲁迅主管教育部博物馆、美术馆事务，使鲁迅有机会深谙美术，为20世纪30年代中国新兴木刻运动的蓬勃发展奠定了前期基础，这对刚刚起步的中国近现代美术教育，无疑起到了重要的助推作用。蔡元培通过一系列举措极大地推动了美育在全国的发展与美育的实施，一大批美术专业院校和社会艺术教育机构的遍地开花，客观上促进了近现代美术教育由"图画"向"美术"的观念和实践转变。

（三）师法造化，追真理求自然

辛亥革命以后，随着东渡日本和欧美回来的思想家和美术留学生的不断倡导，引进西方的写实美术成为热潮，其中有李铁夫、李毅士、冯钢百、徐悲鸿、颜文樑、吴作人、常书鸿等人的呼吁号召与不断实践。[①] 尽管画家们所接受的师承和画派影响不同，但在肯定写实技术为造型基础，并作为在美术教育中的基本手段等方面大体一致的。他们的油画技法与理论基础大都源于欧洲古典画派与近代传统，也是倡导以写实性为基本的客观绘画体系。[②] 如颜文樑使用欧洲的透视法系统地消除了中国画家习惯的笔墨方法，关键是，他要求年轻的学生注意科学的观察方法："主干的四侧射出各式屈曲的树枝，虽然变化无定，但我们仍可应用透视圆伞的画法，把树枝从四周射出去，再在这个透视圆的范围内，根据对象，随意把

① 李超. 张充仁早期油画研究［J］. 南京艺术学院学报（美术与设计版），2009.08.15.
② 李超. 中国现代油画史［M］. 上海：上海书画出版社，2007：139.

树枝画成屈曲型。叶群的面成倾斜形四面射出，这些斜面相连起来便好像一个无形的圆锥体，它的底面是圆的，从锥身向上倾斜，集中在圆锥顶上。"① 1978 年颜文樑出版了他总结色彩经验的《色彩琐谈》一书，在这部关于色彩分析的书里，颜文樑将他数十年的绘画经验做了细致的介绍，任何一段关于色彩的分析与描述都像他的绘画作品那样，显得灿烂而富于感受性："月夜的色彩偏于冷色（如青、蓝、紫），但在月亮近旁往往偏于淡黄、淡红等暖色。因为在夜间，月亮在天上是最亮的，最亮而远就偏暖，但不要过分显现出红、黄色调，不然，这不像月亮而像夕阳了。邻近黑的一切暖色，特别觉得暖，邻近白的一切冷色则特别觉得冷。冷色邻近黑色则失去光明，邻近白色则增加光辉。黑可以增邻色的暖，白可以减邻色的暖，这是由于白色的感觉暖，而黑色的感觉冷的缘故，所以暖色衬以冷的背景，亦不觉其冷。"② 在师法自然的基础上，客观理性的观察成为其写实理论的坚实基础："如在炊烟后面衬以深暗的村舍树木，则炊烟呈青紫的白色；若后面衬以明亮的云空，则炊烟呈黄褐的暖色。这是由于炊烟中的碳素微粒，因光透过其间分离为二所形成。背景暗，反射的是青光；背景明，透过的是黄褐光。"③

在提倡师法造化、尊重自然、尊重科学的同时，颜文樑美术教育思想另一点就是重视实用美术（艺术设计）的发展。早在 20 世纪 30 年代，颜文樑发现西方各国美术教育中注重实用的趋向，看到由于工商业发展对美术的影响使很多院校开设了图案课以及印刷、动画等实用型美术课程。颜文樑敏锐地意识到实用美术的重要性并极力主张培养中国实用美术人才。颜文樑曾指出 "我们如果留心过去艺术教育的情况而加分析，则 18 世纪以前的艺术，其所教育是趋向于美的装饰的，而也是再现的。19 世纪后的艺术教育则趋于实用的、综合的，而也是创造的。前者是'模拟自然'以装饰社会美化人生。后者是'创造自然'以为用社会达人生于善。明乎此理则艺术教育今后之趋向与趋向之若何途径，我人已可了然心中。"④

① 尚辉．颜文樑研究［M］．南京：江苏美术出版社，1993：91．
② 颜文樑．色彩索谈［M］．上海：上海美术出版社，1978：10．
③ 颜文樑．色彩索谈［M］．上海：上海美术出版社，1978：111．
④ 陈传席．中国绘画理论史［M］．台北：台湾东大图书公司．1997．

颜文樑的美术教育思想主张"纯美术"与实用美术二者兼取，相辅相成，共同发展，这个观点说明绘画和艺术设计在观念上的区别虽有不同但又绝非对立的。艺术设计是科学与艺术相结合的交叉学科，因此设计与艺术是互相渗透影响的。颜文樑一生心无旁骛、终生不渝地坚守西画阵地的同时，他注重美术的实用性——美术社会功能的集中体现——"纯美术"与艺术设计所兼有的。颜文樑将自己的美术教育思想在其办学过程中做了大胆的尝试，如1922年创办的苏州美专，办学之初即遵循"纯美术"与实用美术并重的教育体系，设立了西画系、国画系、艺术教育系、实用美术系、艺术师范系、动画科等专业，为当时的中国培养了大批的实用美术人才，并为今天的实用美术教育打下了良好基础。苏州美专于1952年与上海美专、山东大学艺术系合并为华东艺专，后又改名为南京艺术学院。苏州美专的一部分延续为苏州工艺美术学校（现为苏州工艺美术职业技术学院），这两所学校所沿用的实用美术教育体系是颜文樑这批当时大师留给后人的宝贵财富。

随着"五四"新文化运动以来西画东渐进程的加速，写实主义画家作为新文化的重要推动力量，引起当时学界和美术界的广泛关注。以陈独秀的《美术革命——答吕澂》一文指出"王派留在画界最大的恶影响"是"临、摹、仿、悟"，而不注重自家创作。① 康有为主张的写实主义主要还是如何改良中国画，康有为认为画家必须用写实主义，才能够发挥自己的天才，画自己的画，不落古人窠臼。"中国画在宋代之处，描摹刻画人物禽兽楼台花木的功夫近似于西方绘画的写实主义，自从学士派鄙薄院画、专注写意，不尚肖物；这种风气，一倡于元末的倪黄、再倡于明代的文沈，到了清代的三王更是变本加厉；人家说王石谷的画是中国画的集大成，我说王石谷的画是倪黄文沈一派中国恶画的总结束。"② 从陈独秀对"三王"和倪瓒、黄公望、文徵明、沈周等传统画家激烈的批判态度可以看出他迫切变革中国画的立场。他认为改革中国画的主要办法就是改革因

---

① 陈独秀. 美术革命——答吕澂［J］. 新青年，1917（06）.
② 陈独秀. 美术革命——答吕澂［J］. 新青年，1917（06）.

袭程式化的弊端，而以"肖物"的写实风发挥画家个性和天才。① 陈独秀的主张代表了很多学者将写实或写实技法引入绘画中的主导观念：改良中国画。另外一位倡导写实主义，并将其从绘画技法拓展到造型法则，乃至绘画主张的代表人物是徐悲鸿。徐悲鸿无论是在教育主张还是在自己的绘画实践创作中都一直坚持写实主义。徐悲鸿一贯主张绘画的"惟妙惟肖"，他提倡以西方古典主义之"科学法则"——比例、解剖、透视的准确性，取代中国传统文人画的"似与不似之间"、"离形得神"的原则。②

　　1926 年，徐悲鸿在上海开洛公司发表演讲《美的解剖》中提到："美术上之二大派，曰理想，曰写实。写实主义重象，理想派则另立意境，唯以当时境物，供其假借使用而已……欲振中国之艺术，必须重倡吾国美术之古典主义，如尊宋人尚繁密平等，画材不专上山水。欲救目前之弊，必采欧洲之写实主义，如荷兰人体物之精，法国库尔贝、米勒、勒班习、德国莱伯尔等。"③ 徐悲鸿的上述观点结合当时的艺术实践活动，其中写实的"重象"和理想的"意境"是根据本土化的文化需求，而显现不同的理解方式和体现过程。以徐悲鸿、颜文樑为代表的美术教育构想和实践，是偏重写实中心的；而以林风眠、刘海粟为代表的美术教育构想和实践，偏重理想为中心。这里徐悲鸿所倡导的写实，既是一种绘画技法，也是一种绘画风格，通过美术教育加以移植，以恢复和形成具有中国唐宋绘画风范的"古典主义。"④

（四）艺为救国，调和中西

　　对于艺术的功能，不同时期不同艺术家有着不同的见解。而居于现代美术的大开阖的转型期，艺术被赋予的普遍意义与价值之一就是"艺为救国"。创新发展"新美术"，呼唤"美术革命"后的新生，而其主要的措

---

① 陈独秀. 美术革命——答吕澂 [J]. 新青年，1917 (06).
② 徐悲鸿. 新艺术运动之回顾与前瞻 [N]. 时事新报，1942.03.05.
③ 徐悲鸿. 美的解剖——在上海开洛公司的讲演辞. 徐悲鸿文集 [M]. 上海：上海书画出版社. 2005：13.
④ 孙邦正. 六十年来的中国教育 [M]. 台北：中正书局，1966.

施则包含"调和中西。"岭南画派创始人之一的高剑父是"艺为救国"思想的首倡者，他的"艺为救国"美术教育理念与思想是他一直推行并积极实践的美术教育主题，这一教育思想是特定历史环境下的产物，虽然最终收效甚微，但仍对全国的美术教育产生了积极的影响。[①] 自 1903 年至 1908 年期间，高剑父多次东渡日本。1906 年，28 岁的高剑父加入了太平洋画会等艺术团体，与此同时参加了孙中山领导的同盟会。他的社会与艺术的变革意识从孙中山的革命思想那里获得了动力，在《我的现代绘画观》中他曾写道："兄弟追随总理作政治革命以后，就感到我国艺术实有革新之必要。"[②] 除了受孙中山的影响外，康有为也对其艺术思想产生了深刻的影响。1917 年康有为写成《万木草堂画目》，文中康有为指出"中国画学至国朝而衰弊极矣"，"如仍守旧不变，则中国画学应遂灭绝。"[③] 此文对高剑父影响颇深。在他的《国画的辨证》中这样写道："有志之士感到国画的衰微，西洋画流行，而努力于合的工作。" 康有为曾感慨："墨井寡传，郎世宁乃出西法，他日当有合中西而成大家者，日本已力为之，当以郎世宁为太祖矣。如仍守旧不变，则中国画学应遂绝灭，国人岂无英绝之士，应运而生，合中西而为画学新纪元者，其在今乎？吾斯望之。""吾虽不敏，但穷毕生之精力，致力于此耳。""我之艺术思想，手段，不是要打倒古人，推翻古人，消灭古人，是欲取古人之长，舍古人之短——更吸收各国古今绘画之特长，作为自己之营养，使成为自己之血肉，造成我国现代绘画之新生命"[④]，在康梁艺术观的影响下，高剑父的折衷中西，中西融合的"艺为救国"的实用主义美术教育理论初步形成。[⑤]

汪子美认为在抗战这个"伟大时代"，美术教育要成为"文化动员力"的一环，"来解释作为文化发展一部门的美术教育，其意义是目前更为深刻更为广泛的。特别是配合在民族解放革命的抗战时代，抗战要求今

① 陈枫. 浅谈高剑父的"艺为救国"美术教育思想 [J]. 大众文艺，2011（14）.
② 刘太雷. 论岭南画派产生的思想文化背景 [J]. 美术大观. 2008（06）.
③ 康有为. 万木草堂藏画目 [N]. 中华美术报，1918.
④ 李伟铭. 高剑父诗文初编 [M]. 广州：广东高等教育出版社. 1999.
⑤ 陈枫. 浅谈高剑父的"艺为救国"美术教育思想 [J]. 大众文艺，2011（14）.

日的美术教育成为文化动员力的一环，建国要求今日的美术教育奠定新美术建设的基础。换言之，美术教育之立于今日面向着抗战的伟大时代，必须有两个角度的同时发展：一个角度是实践为现实的今日的文化工作，一个角度是建立着前进的明日的艺术科学。"① "……世界革命斗争未达到目的之前，一切文化所含的革命斗争精神，永不能停止。民族的解放革命未获得成功，民族的文化革命斗争便不能放手。文化是延顺着时代潮流所兴起的波澜而旋进的，想避开波澜的奔流而升空滑过是不可能的，不是站在潮头上升飞跃前进，便是被巨浪打在水里而沉沦下去。一切文化发展的姿态，正是在这样的定律下消长着的，不能例外，美术教育亦难以在顺流上扬帆逆驶。在革命巨浪汹涌的时期，民族生活各个部门都应当加强发挥同舟共济的力量来争取难关的度过。倘让军人、政治家、商人、工人、农民等前去革命，而独留下画家伴着灵感，那不是让他绘画，而是让他自杀！时代的艺术产生于社会生活，时代的社会生活产生于革命斗争，如果时代的艺术欲寻其生命于社会生活时，便必须寻其生命于革命斗争。文化的革命不支配于时代，而是先支配着时代，譬如没有革命文化产生，便没有某种革命时代到来；革命文化是被决于社会生活，社会生活是被决于经济基础，所以当社会生活受到经济基础的影响而要求革命的时候，革命的文化便应运而生了。中国的民族革命战爆发之前，由于社会生活被压迫的意识觉醒，便已经要求着民族革命而产生民族革命的文化了。在革命战争爆发之前，革命文化是为唤醒革命的意识与警告反革命的意识而发展着；革命战争爆发以后，革命文化是为鼓励与支持革命的情绪与证验革命的意识，打击反革命情绪与淘汰反革命的意识而继续发展着一直到革命成功的。所以，美术教育今日的发展，必须顺应前面的理论基础而形成革命的美术教育，就是必须做到成为革命文化动员力的一环。依着革命文化运动的法则，绘画从现实社会的革命生活中体验了新的教训而充实内容，培养了新的手法而改革形式，所创造出的艺术，便有条件地成为革命斗争的文化武器。"②

---

① 汪子美. 现阶段的美术教育 [J]. 抗战时代（三卷二期，影印版）. 见：威斯康星大学民国时期期刊全文数据库.

② 汪子美. 现阶段的美术教育 [J]. 抗战时代（三卷二期，影印版）. 见：威斯康星大学民国时期期刊全文数据库.

对于中西绘画艺术的各自特征，周鼎培在《世界艺术和国画》一文中作出了较为客观的评价："我们又看看世界艺术绘画方面的情状怎样？稍为在绘画学研究过的人们，都知道现世绘画，是分了东西两个表征，这两个表征，怎样分辨？我个人的私见，最简单的是：东方绘画的表征，是拿理性上的意识作表现，结果往往偏重在精神，什么骨骼、神韵、风致、笔意……都是这类的代语。抽象地来说一句，就是含有些人格化。西方绘画的表征，是拿实体上的征象作表现，结果往往偏重在形状，什么光影、距度、轻重、厚薄……都是这类的代语。抽象地来说一句，就是有些科学化。"① 而天津美术学院教授阎丽川则认为对于绘画上的中西区分应以"写意"与"写实"来进行，"也就是说在同一个现实主义的创作原则上，国画着重于'传神写意'，西画着重于'写生写实'。前者既不否定造型的真实，后者也不停留于现象的酷似。其区别只是道路不同，目的是一致的。如果把这两者作为指导创作的'画理'来看待，那么在形式的创造，技巧的运用，结合材料工具的特殊性能，在不同民族的传统艺术实践中，便会形成'画法'上的许多区别。而这诸种因素之综合，也就是它们之间赖以区别的基本特征。"②

20 世纪 20 年代至 30 年代的中国油画家们用了近 20 年的时间，几乎将西方主要的艺术潮流重演了一遍。当时活跃于油画画坛的画家，很多都成为中国美术史上举足轻重的历史人物，他们除了兴建了一批专业美术院校，在出版、展览、社团活动等方面形成了油画创作的强劲势头和氛围外，更由于他们的引领和助推，形成了当时上海油画艺术的繁盛局面，使得油画的本土化进入了实质性的吸收探讨阶段。在当时的中国具有绝对的领导领先地位，是为油画的"上海时代"，而上海也曾一度作为研究东西方美术交流史的重要之地。但是，到了 1937 年之后，由于日军发动侵华战争，洋画运动归于沉寂，当时持不同艺术流派主张的艺术家们在特殊时局下出现整体转型，陈抱一称之为"大震荡中渐次变形"，国难情境，艺术家的社会责任超越了艺术选择，即他们逐渐脱离了现代艺术的各种主张

① 周鼎培. 世界艺术和国画 [J]. 国画特刊. 1926 (01)：03－07.
② 阎丽川. 国画和西画的比较研究 [J]. 美术，1957 (07).

而整体为战时宣传需要而倾向性转为写实，写实主义在战时得到了迅速发展。正如徐悲鸿所言："抗战改变吾人一切观念，审美在中国而得无限之开拓，当日束吾人之一些成见既已扫除，于初尚彷徨，今则坦然接受，无所顾忌者，写实主义是也。……战争兼能扫荡艺魔，诚为可喜，不佞目击其亡，尤感痛快。"① 写实主义的应用性和时效性在战时变成以笔从戎的有力武器，因此，在战时辗转流徙的学校也将战时宣传画引入课堂，以下是当时国立艺专的学生、艺术大师吴冠中先生的回忆："正当学校筹备建校十年大庆的时候，七·七事变爆发，日本帝国主义悍然发动了侵华战争，宁静的艺苑里也掀起了抗日宣传活动。从来都不重视宣传画，这回连老师教授们也动手画大幅宣传画了，而且都是用油彩在布上画的，我记得李超士老师画的是一个人正在撕毁日旗，提名'日旗休矣'；方干民老师画一个穿木屐的日本人被赶下大海；吴大羽老师画一只血染的巨手并提款写道：我们的国防不在北方的山岗，不在东方的海疆，……而在我们的血手上。"②

　　19 世纪末至 20 世纪初，中国近代美术教育开始萌芽，中国美术教育开始了由传统形态向现代形态的艰难转型。在激烈动荡的历史时代，代表不同阶级阶层，具有不同发展诉求的美术教育的创办者和开拓者们在人才培养上皆进行了各有所长、各有所用的积极探索，这些探索至今已经成为极为丰赡，弥足珍贵的历史财富。尤其是五四运动前后，正值世纪初开，新风若炽的历史条件下，加之政府的提倡，一大批开明务实的教育家、美术家的领袖人物办学，许多出类拔萃、富于开拓进取精神的美术人才在其麾下一展风姿，尽展其专业才思，更凸显其育人本色，取得了极为丰硕的教育成果，留下了中国美术教育史上浓墨重彩的一笔。这一时期的美术教育既表现为人才辈出，又表现为画派林立，佳作丰厚，对中国现当代美术教育影响至深至远。以蔡元培、康有为、徐悲鸿、林风眠等文化界和艺术界的杰出人物为代表，他们提出的美术对国家、对社会、对公民教育的特殊意义与价值，他们对美术教育的高屋建瓴的重视皆开时代之先河。这一

---

① 徐悲鸿．新艺术运动之回顾与前瞻 [J]．时事新报，1942．
② 吴冠中．我负丹青 [M]．北京：人民文学出版社．2004．

时期对中国传统美术教育传统的继承、弘扬和改造，对传统教育的突破创新，特别是强调美术人才培养应着重解决美术的社会功能问题等在当时的美术教育界皆具有大胆革新的开拓性。这一时期的美术教育以开放、融合的观念将西方油画的风格主张和造型训练等有价值内容广泛、深入地引进到我国的美术教育体系中，将公立、私立相补充的专业院校的办学体制移植到中国美术教育的沃土之中，生根、发芽、开花、结果，这在政局动荡、经费紧张、战乱等的重重困难下是极为难能可贵的。

这一时期又是一个大师层出不穷的历史时期，中国美术不断探索寻找新的发展空间和模式，在继承中国传统美术教育优长的过程中，西方培养体系中有借鉴意义的部分也被成功移植和本土化。在人才培养理念与目标、培养体系、师资队伍建设、课程结构、培养模式等方面以开放的思路兼容并蓄、多方借鉴吸收，摸索出来符合当时时代需要的一套模式。特别是在抗战期间，美术教育根据社会需要适时调整教育理念，将写实主义作为主要的教学主张，美术的社会功能和意义得以实现。这一时期的美术教育无论是对于中国美术的现代转型还是美术在当时所承担的社会作用都有重要贡献。这一时期是中国美术教育继往开来，取得重大突破性成果的黄金时期。进入新时代以来，尽管中国美术教育的环境、条件与百年前已经迥然相异，但当前美术教育中所面临的问题，所要迎接的挑战却与该时期有着诸多的相同点，东西思想文化激烈碰撞之后沉淀下来的美术教育中所体现的历史智慧和历史经验，值得今天的我们深思和学习。

长无师友则愚

——周子《通书》中的师友之道*

李丽珠**

【摘要】周敦颐以孔子为圣人榜样，推崇颜渊之德，圣贤之人作为先觉之师对普通人产生榜样教化的价值引领作用。《通书》重视师友之道，通篇以诚为本，圣贤之人修身立德完满展现天道至诚方为先觉之师，自立而后立人。"圣希天，贤希圣，士希贤"，周子为普通人成就圣贤境界提供了一条渐进之路，不同资质之人的成圣之路变得切实可期。普通人于修身工夫的过程中则应积极效法学习圣贤，其心专一无欲，有过必改。《通书》对何为圣贤、成圣之路、修身之方进行了详细阐述，向我们生动诠释了何为教学相长，对我们今天教育教学过程中如何引导教育学生深有启发。

【关键词】周敦颐 《通书》 诚 师友之道 圣贤

周敦颐重视师友之道，"人生而蒙，长无师友则愚"，人在成长过程中修身养性需要师友的引导与启发。至于何人可为师友，《通书》中圣贤的形象被多次阐述，之所以如此是因为圣贤作为榜样肩负教化重任，先觉之圣贤身有道义展现天道至诚，自立方可立人，普通人效法、学习圣贤以惩忿窒欲，迁善改过。《通书》对何为圣贤、成圣之路、修身之方进行了详细阐述，为普通人成就圣贤指出一条切实可期之路。

* 本文系北京航空航天大学教改项目"中国经典研读课程的现代化实践"的阶段性成果。
** 李丽珠，北京航空航天大学人文与社会科学高等研究院副教授。

一、何为圣贤

《通书》通篇以诚为本，至诚之实理人人禀有，但具体表现出来则有圣人、贤人和普通人的差别。濂溪以孔子为圣人榜样，《孔子上》《孔子下》两章中表彰孔子之道德高厚实可与天地参四时同，朱熹以《太极图说》内容释之，曰："道高如天者，阳也；德厚如地者，阴也；教化无穷如四时者，五行也。孔子其太极乎。"① 圣人之道德高厚，教化无穷，实可比之太极生化万物。堪比太极之圣人具体有什么样的特质，《通书》对圣贤之质进行了详细阐述。

《圣》第四章以"诚、神、几"描述了何为圣人。至诚之实理无丝毫杂质，通透至善，圣人完满的禀有此实理，禀有此诚使圣人心地清明。圣人遇事能够自然而然地将诚顺畅发用出来，诚之发用微妙不可见，周遍而不可穷尽，圣人之德妙而不可测即谓之神。至于"几"，朱熹认为："'几善恶'，言众人者也。'动而未形，有无之间也'，言圣人毫厘发动处，此理无不见。''寂然不动'者诚也。'至其微动处，即是几。几在诚神之间。"② "几"则在寂然不动之诚体与妙不可测之神用之间，意谓一念初动之时，圣人因完备禀有诚之实理故而能洞察幽微。综上，"诚是存主处，发用处是神，几是抉择处"①。圣人安于诚这个本性，遇事发用时自然妙不可测，于一念初动的幽微之时亦能洞察先机。根据以上几章所释，《通书》中数次言"几"，并且朱熹认为这正是濂溪说的好的日用亲切工夫，有人曾就此有疑问曰："《通书》多说'几'。《太极图》上却无此意。"对此朱熹答之曰："'五性感动'，动而未分者，便是。"①朱熹认为《太极图说》中的"五性感动而善恶分"一句即说的遇事方感之初，一念初动之时，即为"几"。《太极图》与《通书》思想一脉相承。

《思》第九章亦以思、通、几描述圣人，犹《圣》第四章中"诚、

---

① 朱熹. 通书注，朱子全书（第十三册）[M]. 上海：上海古籍出版社，合肥：安徽教育出版社，2003.

② 朱熹. 周子之书，朱子语类（卷九十四），朱子全书（第十七册）[M]. 上海：上海古籍出版社，合肥：安徽教育出版社，2003.

神、几，曰圣人”之意。"思"犹如"诚"，"无思"犹如"诚无为"，为寂然不动之体；睿者，通也，"思通"为感而遂通之用，犹神。曾有人就圣人思还是不思的问题向朱熹提问。

> 问：'"无思，本也；思通，用也，无思而无不通为圣人。"不知圣人是有思耶？无思耶？'曰：'无思而无不通是圣人，必思而后无不通是睿。'时举云：'圣人"寂然不动"，是无思；才感便通，特应之耳。'曰：'圣人也不是块然由人拨后方动，如庄子云"推而行，曳而止"之类。只是才思便通，不待大故地思索耳。'时举因云：'如此，则是无事时都无所思，事至时才思而便通耳。'①
>
> 睿有思，有不通；圣无思，无不通。又曰："圣人时思便通，非是块然无思，拨著便转。恁地时，圣人只是个瓠子！"说"无思本也"。①

圣人完满的禀有诚，所以如诚体无为一般，圣人不遇事时寂然不动，一遇事时便会主动思索，了解事物细微之几，以至于无所不通。圣人寂然不动之无思与不思不同，圣人平时无思无为，遇事则思而无所不通，而不思则是放弃思索，这是无法达至无所不通的圣人境界的。与圣人无事时无思无为、遇事时一思便通不同，常人不能安然完满地展现出诚这个本体，所以不能如"诚无为"一般无思无为，常人必须时刻保持思的状态，而且遇事而思，有可能通，有可能不通，必须思索以至于无所不通。如此看来，思才能了解吉凶之几，及时对治凶咎，才能无所不通，所以思为成就圣人之功的关键。

圣贤之质已明，《通书》中对于圣贤的先觉之师形象有诸多描述。《师》《师友上》《师友下》几章阐述了修身过程中师友的重要性。天地间至尊至贵、可爱可求者是道、是德，最为难得的便是人全具此道、此德，这是圣人之境界。濂溪十分重视人成就圣贤的过程中师友的作用。圣人作为"先觉"之师，身有道义贵且尊，自立而后立人，他们作为道德领袖引领"后觉"之人自觉地惩忿窒欲，迁善改过，以致中和。朱熹认为周子之所以一再强调先觉之师的重要性，表明其叮咛之意甚切。"周先生是见世间愚辈为外物所摇动，如堕在火坑中，不忍见他，故如是说'不一'。

世人心不在壳子里，如发狂相似，只是自不觉。浙间只是权谲功利之渊薮。三二十年後，其风必炽，为害不小。"① 不仅濂溪所处之世愚辈为私欲蒙蔽，朱熹之时亦有浙东功利之学日盛，所以道之至尊至贵被反复申明。

《师》第七章则引入《中庸》"中和"之说深入阐述心性层面上先觉如何觉后觉。《通书》中有言"性者，刚柔善恶中而已矣"，朱熹认为濂溪此处所讲为气质之性，此气质之性可分为刚善、刚恶、柔善、柔恶几种。"问：'人有刚果过于中，如何?'曰：'只为见彼善于此，刚果胜柔，故一向刚'。周子曰：'刚善为义，为直，为断，为严毅，为干固；恶为猛，为隘，为强梁。'须如此别，方可。"璘录云："问：'孙吉甫说，性刚未免有失，如何?'先生举通书云：'刚善、刚恶。''固是刚比之暗弱之人为胜，然只是彼善于此而已。毕竟未是。'"问："'何以制之使归于善?'曰：'须于中求之。'"② 不仅刚恶、柔恶不得正而为非，刚善、柔善亦有可能偏于一端而不合于中。有人认为刚胜于中，朱熹认为这只是于现实生活中看到刚强之人胜过暗弱之人，所以以刚为是，其实不论是刚善、柔善皆应使之归于中。关于中的含义，朱熹认为濂溪以和释中是就"已发无过不及者而言之"，这看似与《中庸》"喜怒哀乐未发谓之中"的以未发言中不相合，但其实《中庸》并非专以中为未发之体。朱熹曾言："'中庸'之'中'，是兼已发而中节、无过不及者得名。故周子曰：'惟中者，和也，中节也，天下之达道也。'若不识得此理，则周子之言更解不得。所以伊川谓'中者，天下之正道'。《中庸章句》以'中庸'之'中'，实兼'中和'之义，《论语集注》以'中者，不偏不倚，无过不及之名'，皆此意也。"③ "中庸"中的"中"是兼有已发而中节之意。朱熹解濂溪的"太极""诚"时倾向去从本体论角度以"理"释之，这里的

---

① 朱熹．周子之书，朱子语类（卷九十四），朱子全书（第十七册）［M］．上海：上海古籍出版社，合肥：安徽教育出版社，2003.
② 朱熹．朱子十五，朱子语类（卷一百一十八），朱子全书（第十八册）［M］．上海：上海古籍出版社，合肥：安徽教育出版社，2003.
③ 朱熹．中庸一，朱子语类（卷六十二），朱子全书（第十六册）［M］．上海：上海古籍出版社，合肥：安徽教育出版社，2003.

"中"为天下之达道，按《中庸》中的定义为未发之体。但周子既以"和"为"中"，朱熹为让周子之意与经典一以贯之，故作如上解释。

如何让刚柔善恶的气质之性至于中呢？"须知气禀之害，要力去用功克治，裁其胜而归于中乃可。"① 用力做工夫去克治气禀之害，这时候圣人作为完美典范的引导作用不可忽视。圣人自然完满的得性之正，作为先觉之人，立教以启发后觉之普通人。圣人立教首先使人明天理，去其恶，如此则刚柔皆善；然后不管刚善、柔善皆使其至于中，则无过无不及不会偏于一端。有人曾将学者治气明性的过程比作人治病，朱熹不甚赞同，他认为："亦不同。须是明天理，天理明，则去。《通书》'刚柔'一段，亦须著且先易其恶，既易其恶，则致其中在人。"① "不明于理而徒欲救其偏，亦恐矫枉之过，而反失夫中也。故古人之学虽莫急于自修，而读书讲学之功有所不废，盖不如是无以见夫道体之全，而审其是非邪正之端也。"② 所以先明天理是首务，明天理才能判断是非邪正，去其恶，然后至其中。《中庸》中有"致中和"的工夫，关于此一问题朱熹曾与人有过讨论。"又问：'看见工夫先须致中？'曰：'这个也大段著脚手不得。若大段著脚手，便是已发了。'子思说'戒慎不睹，恐惧不闻'，已自是多了，但不得不恁地说，要人会得。只是略略地约住在这里。又问：'发须中节，亦是倚于一偏否？'曰：'固是。'因说：周子云：'中也者，和也，天下之达道也。'别人也不敢恁地说。'君子而时中'，便是恁地看。"① 别人未到濂溪境界，不敢像周子这样以"和"释"中"。关于"致中和"的工夫，不应该只偏于已发，也不应该大量详细地给出具体方法，这样反而会束手缚脚，而是应该有个大略的方向，随时应事因时而变。

二、成圣之路

圣人作为先觉之人，其榜样教化作用在普通人成就圣贤的修身过程中

① 朱熹. 性理一，朱子语类（卷四），朱子全书（第十四册）［M］. 上海：上海古籍出版社，合肥：安徽教育出版社，2003.

② 朱熹. 答孙吉甫，晦庵先生朱文公文集（卷六十四），朱子全书（第二十三册）［M］. 上海：上海古籍出版社，合肥：安徽教育出版社，2003.

如此重要，那普通人如何向圣贤学习呢？《志学》第十章中，周子给出了不同资质之人的成圣之路以及他心目中的理想价值。周子强调"圣希天，贤希圣，士希贤"，即人应该不断进取，不断地确立价值目标并去实现它，人生境界的提升是无止境的过程。这为普通人成就圣贤境界提供了一条渐进之路，使不同资质之人的成圣之路变得切实可期。普通人应该确立价值追求，向圣人学习，如能学得精髓超过他们就可成圣，赶上他们就可成为贤人，即使达不到圣贤境界也不失其美名。朱熹释"希"为"望"，意即效法、敬仰、以之为榜样。"贤希圣，士希贤"即士人效法贤人，贤人效法圣人，至于"圣希天"，圣人已是天性完满与天相通之人，是人生的最高境界，为何还需作工夫法天？"问：'"圣希天。"若论圣人，自是与天相似了。得非圣人未尝自以为圣，虽已至圣处，而犹戒慎恐惧，未尝顷刻忘所法则否？'曰：'不消如此说。天自是天，人自是人，终是如何得似天？自是用法天。"明王奉若天道，建邦设都"，无非法天者。大事大法天，小事小法天。'"① 朱熹对此的解释是人与天终是不同，所以仍需事事效法天，只不过效法程度随事件轻重缓急不同而不同，大事如定国安邦需全面地效法天。

圣人效法天，至于君子则应该效法贤人，濂溪给出了两个典范人物，"志伊尹之所志，学颜子之所学"。伊尹是商朝贤相，辅佐商汤王代夏而立，建立商朝，作为帝王之师，以尧舜之道要汤，以万民之所安为己任，这是儒家所推崇的外王型的理想人格。颜渊不迁怒于人，犯过错绝不再犯，长时间的践行仁，这是内圣型的理想人格。学者为学第一天就要树立如伊尹一般的天下意识，以家国天下为担当；同时也要以颜子之为学进路要己，树立德性根基。内圣外王是自孔子起确立的儒家的理想人格，后成为儒者一贯的人生追求。周敦颐对人生价值的追求也是兼具这两个方面的，学颜子之所学，引领人内圣成德，以此为成就外王事功的基础。"志伊尹之所志"追求外王事功还涉及时运等外部因素，所以并不是一味以天下为己任而不理其他事。"窦又问：'志伊尹之志，乃是志于行。'曰：只

---

① 朱熹．周子之书，朱子语类（卷九十四），朱子全书（第十七册）[M]．上海：上海古籍出版社，合肥：安徽教育出版社，2003．

是不志于私。今人仕宦只为禄，伊尹却'禄之天下弗顾，系马千驷弗视也。'又云：'虽志于行道，若自家所学元未有本领，如何便能举而措之天下？又须有那地位。若身处贫贱，又如何行？然亦必自修身始，修身齐家，然后达诸天下也。'又曰：'此个道理，缘为家家分得一分，不是一人所独得而专者。经世济物，古人有这个心。若只是我自会得，自卷而怀之，却是私。'"① 朱熹认为，与其说"志伊尹之所志"是有志于行道天下，不如说只是不以私人利禄为志向。大抵古人为学，虽有志于行道天下，但若身处贫贱也不敢言所学必能用于天下，而且有时自家所学未到精进处也不能行诸天下。所以朱熹认为不管是学未精进还是时运不济皆应以修身为始，身修才可家齐而天下平。

内圣修身的理想人格颜渊是"士希贤"的榜样。《颜子》第二十三章进一步阐发颜子之德。周子为二程之师时，常要二程寻颜子所乐何事。问：'颜子不改其乐，是私欲既去，一心之中浑是天理流行，无有止息。此乃至富至贵之理，举天下之物无以尚之，岂不大有可乐！'曰：'周子所谓至富至贵，乃是对贫贱而言。今引此说，恐浅。只是私欲未去，如口之于味，耳之于声，皆是欲。得其欲，即是私欲，反为所累，何足乐！若不得其欲，只管求之，于心亦不乐。惟是私欲既去，天理流行，动静语默日用之间无非天理，胸中廓然，岂不可乐！此与贫窭自不相干，故不以此而害其乐。'"② 声色嗅味的私欲得其实现，则心为其所累；不得实现，一味追求，则心亦不得其乐。唯心中无一毫私欲，全是天理，动静日用之间无非是天理流行，这便是颜子之乐。这与贫贱的环境不相干，所以贫穷困苦不能妨碍这种快乐。所以人之不得其乐是因其心中有私欲，克去己私则乐矣。克去己私，心中全是理、是道并不等同于颜子以道为乐。"问：'程子谓：使颜子以道为乐，则非颜子。《通书·颜子》章又却似言以道为乐。'曰：'颜子之乐，非是自家有个道，至富至贵，只管把来弄后乐。见得这道理后，自然乐。故曰见其大，则心泰；心泰，则无不足；无不足，则富

① 朱熹. 周子之书，朱子语类（卷九十四），朱子全书（第十七册）[M]. 上海：上海古籍出版社，合肥：安徽教育出版社，2003.

② 朱熹. 论语十三，朱子语类（卷三十一），朱子全书（第十五册）[M]. 上海：上海古籍出版社，合肥：安徽教育出版社，2003.

贵贱贫贱处之一也。'"② "也不要说得似有一个物事样。道是个公共底道理，不成真个有一个物事在那里，被我见得！只是这个道理，万事万物皆是理，但是安顿不能得恰好。而今颜子便是向前见不得底，今见得；向前做不得底，今做得，所以乐。不是说把这一个物事来恁地快活。"②说颜子所乐在于乐道则好似道是一个物在那里，颜子把捉道则乐，如此颜子与道为二物，道是万事万物皆全具的理，安顿的恰好胸中全是天理所以能乐，并非心外有个道人去把捉它。学者如何去寻孔颜乐处呢？"先贤到乐处，已自成就向上去了，非初学所能求。况今之师，非濂溪之师，所谓友者，非二程之友，所以说此事却似莽广，不如且就圣贤著实用工处求之。如'克己复礼'，致谨于视听言动之间，久久自当纯熟，充达向上去。"① 圣贤之乐已是私意尽去，天理照融的境界了，初学者乍然求之茫然不知下手处。而且今之师不似濂溪，今之友不似二程，学者不如于圣贤为学用力处，实下克己复礼工夫，如此用力之久则有以得之。

人之为学应有志于天下，时运不济时则应以修身为本，曾有人以《论语·述而》中"用之则行，舍之则藏，惟我与尔有是夫"解之曰："此非专为用舍行藏，凡所谓治国平天下之具，惟夫子颜子有之，用之则抱持而往，不用则卷而怀之"，朱熹对此答之曰："某不敢如此说。若如此说，即是孔颜胸次全无些洒落底气象，只是学得许多骨董，将去治天下。又如龟山说，伊尹乐尧舜之道，只是出作入息，饥食渴饮而已。即是伊尹在莘郊时，全无些能解，及至伐夏救民，逐旋叫唤起来，皆说得一边事。今世又有一般人，只道饱食暖衣无外慕，便如此涵养去，亦不是，须是一一理会去。"② 耿守向将《论语》中的用舍行藏解为只有夫子颜渊具有经世治国之才，见用时行诸天下，时运不济时则退藏于身。朱熹认为这样的解释使圣贤看起来全无洒落气象，这个道理并不是自心中自然而然地流出。首先，修身齐家治国平天下，这个道理适用于所有人，并不是只有夫子颜渊独得，若如耿守向所说夫子颜渊独得卷而怀之，则是气象促狭。其次，

---

① 朱熹.论语十三，朱子语类（卷三十一），朱子全书（第十五册）[M].上海：上海古籍出版社，合肥：安徽教育出版社，2003.

② 朱熹.周子之书，朱子语类（卷九十四），朱子全书（第十七册）[M].上海：上海古籍出版社，合肥：安徽教育出版社，2003.

"修身养性与致君泽民只是一理"①，伊尹处田亩之时日用常行间与见用于世经世济民之时道理只是一般，道理虽相同但也不可如某些人只是饥食渴饮再无他求。"志固是要立得大，然其中又自有先后缓急之序，'致广大而尽精微'……便是怕人倒向一边去。今人若不块然不以天下为志，便又切切然理会不干己事。如世间一样学问，专理会典故世务，便是如此。'古之欲明明德于天下者'，合下学，便是学此事。既曰'欲明明德于天下'，不成只恁地空说！里面有几多工夫。"②志向立得大但工夫需尽精微，未到伊尹境界不能定国安邦时需记得修身养性与致君泽民只是一个道理，日用常行中做工夫亦可，切不可无所事事。周子给出了颜渊与伊尹两个贤人作为君子的人格典范，"过则圣，及则贤"，能够超过颜渊则工夫更为细密，超过伊尹的则更加从容，便与孔子一般，这就是达到了圣人境界。

三、修身之方

人人禀受至诚之实理，诚表现于人有圣人、贤人、普通人的差异，以圣贤为榜样是普通人修养自身的重要准则。除此希圣、希贤之外，《通书》中还详细列举了普通人具体的修身之方。

（一）无欲慎动

《圣学》第二十章指出了成就圣学的关键所在，所以朱熹认为"此章之指最为要切"②。在周子看来，成就圣学的关键就是要专一，纯一，即无欲。此章辞意明白，所以朱熹在《通书注》中并未多加注解，而只是强调成就圣学的关键不外乎心，学者需于此心处用力。"'一者，无欲'，一便是无欲。今试看无欲之时，心岂不一？……无欲之与敬，二字分明。要之，持敬颇似费力，不如无欲撒脱。人只为有欲，此心便千头万绪。此章

① 朱熹. 本朝六，朱子语类（卷一百三十二），朱子全书（第十八册）［M］. 上海：上海古籍出版社，合肥：安徽教育出版社，2003.

② 朱熹. 通书注，朱子全书（第十三册）［M］. 上海：上海古籍出版社，合肥：安徽教育出版社，2003.

之言，甚为紧切，学者不可不知。"① 圣学关键在一，心中无一毫私欲便能主一；心中有私欲，便千头万绪，无法专一，所以关键是于此心处用力。此处寡则又寡以至于无的是私欲："此寡欲，则是合不当如此者，如私欲之类。若是饥而欲食，渴而欲饮，则此欲亦岂能无？但亦是合当如此者。"② 所以这里所需克治的并不是饥食渴饮的生理欲求，而是不合理的私欲。朱熹以《太极图》合释此章的内容。"《通书·圣学章》，'一'便是太极，'静虚动直'便是阴阳，'明通公溥'，便是五行。大抵周子之书才说起，便都贯穿太极许多道理。"② 主一无欲之心浑然似太极，因其无一毫私欲且主于一故曰静虚，静虚则邪不能入，此如太极之阴静；无一毫私欲当其发用之时则无所碍，此曰动直，如太极之阳动。明通公溥便似四时五行，虽然关于明通公溥与四象相配的具体情形朱熹有时所讲不同，但总括言之："明是万物收敛醒定在这里，通是万物初发达，公是万物齐盛，溥是秋来万物溥遍成遂。"② 明通公溥便似春夏秋冬四时，便似万物之生长成遂，有一个阴了又阳，阳了又阴，进了又退，退了又进的循环道理在。明通公溥在人言之则表现为："明是晓得事物，通是透彻无窒碍，公是正无偏颇，溥是溥遍万事，便各有个理去。"② 通是明之极致，溥是公之极致，只有保持此心专一无欲才能静虚动直，明通公溥。

朱熹以道释《慎动》章。"动而正曰道，用而合曰德"是自动用处言，是就人身上说。人得道于身，遇事发用时能够合乎道、依凭道而不待于外，则曰正、曰合；若偏离道，则发用为邪，其用不合。有鉴于发用时的这种可正可邪的情况，君子应该慎动，应物而动时谨慎小心，务必时时合于道。其实合于道即合于理。"正是理，虽动而得其正理，便是道；若动而不正，则不是道。和亦只是顺理，用而和顺，便是得此理于身；若用而不和顺，则此理不得于身。故下云：'匪仁，匪义，匪礼，匪智，匪信，

① 朱熹．周子之书，朱子语类（卷九十四），朱子全书（第十七册）［M］．上海：上海古籍出版社，合肥：安徽教育出版社，2003．

② 朱熹．周子之书，朱子语类（卷九十四），朱子全书（第十七册）［M］．上海：上海古籍出版社，合肥：安徽教育出版社，2003．

悉邪也。'只是此理。故又云：'君子慎动。'"① 朱熹以理释道，在下章《道》第六章中，濂溪以为圣人之道即为仁义中正，正如《太极图说解》中朱熹已经说过的，仁义中正即为仁义礼智，礼之合宜为中，真见得是非为正。仁义中正之道得于身，人所固有，故可说易知；需平时好好持守，发用时顺理而行，并时时扩充之。所以说去守、去行、去廓则是，不去做则是自失其几。

君子应物时应慎动，但不是不动，于善恶之几做工夫时应该果敢敏捷。《诚几德》第三章和《思》第九章中已经阐述了于善恶萌芽之几作为善去恶工夫的重要性，《势》第二十七章的内容与以上两章一以贯之，进一步阐述了人修身要注意从善恶萌芽处作为善去恶之工，之所以要于善恶萌芽处做工夫是因为势趋于重，极重则不可反。"是说天下之势，如秦至始皇强大，六国便不可敌。东汉之末，宦官权重，便不可除。绍兴初，只斩陈少阳，便成江左之势。重极，则反之也难；识其重之机而反之，则易。"①天下之势，一轻一重，此重则彼轻，势趋于重，所以重愈重而轻愈轻。重到极处则不可反，所以应识其重之几而亟反之。扭转情势要靠人力，识之早则用力少反之易，识之晚则反之不易，到极重之势则不可反。如此看来，能不能扭转情势在人识之早晚，无所归罪于天。

（二）闻过必改

《务实》第十四章中阐述了君子名实相符的重要性。处理名实关系的正确态度应是，君子自强不息，进德修业以使实胜于名，如此便无名胜实之耻，便可休息。至于小人，则是名胜于实，无实质内涵而徒有虚名，如此必然日夜忧虑。君子需使自己所作所为配得上君子之名，过则勿惮改，知耻而后勇。朱熹认为知耻与闻过是有关联的。"'人之生，不幸不闻过。大不幸无耻。'此两句只是一项事。知耻是由内心以生，闻过是得之于外。人须知耻，方能过而改，故耻为重。"② 心中知道荣辱是非，有正确的价

---

① 朱熹．程子之书一，朱子语类（卷九十五），朱子全书（第十七册）［M］．上海：上海古籍出版社，合肥：安徽教育出版社，2003.

② 朱熹．周子之书，朱子语类（卷九十四），朱子全书（第十七册）［M］．上海：上海古籍出版社，合肥：安徽教育出版社，2003.

值判断，如此表现于外才能知道自己的过失何在，进而才能付诸行动去改过。如果心中没有羞耻观，闻过也不一定能改，所以知耻为首务。

《爱敬》章中则进一步阐述了君子面对他人善恶时应有的态度。人是善恶杂于一身的，君子见人之善则学之，见人有不善则应告知其不善之处并劝其改之。君子学人之善所以能具众善于身，劝人改过也就意味着不放弃任何一个恶人，对所有人无不用其爱敬之心。朱熹在《孟子集注·公孙丑章句上》中还提到了君子有不善而人有其善的情况，"己未善，则无所系吝而舍以从人；人有善，则不待勉强而取之于己，此善与人同之目也。……取彼之善而为之于我，则彼益劝于为善矣，是我助其为善也。能使天下之人皆劝于为善，君子之善，孰大于此。此章言圣贤乐善之诚，初无彼此之闲。故其在人者有以裕于己，在己者有以及于人"①。人有善而己未善，则不待勉强舍己之不善取人之善而从之，此之谓"与人为善"。如此不但我之不善日去、为善日进，取彼之善为我一定程度上亦可谓之彼为善。以人之善补己，以己之善及人，如此正可谓之"君子悉有众善，无弗爱且敬焉"②。

四、结论

濂溪重视师友之道，就像杨柱才教授所指出的，师友之道与"孔颜乐处"密切相关，超越而持久的道德精神境界及此境界之乐不是空中楼阁，在师友的辅弼之下，积极主动去除消极的杂染因素，确保人的价值生命朝向最高境界。③濂溪以孔子为圣人榜样，推崇颜渊之德，圣贤之人修身立德展现天道至诚才可算先觉之师，继而对普通人产生榜样教化的价值引领作用，自立方可立人。《通书》通篇以诚为本，以"诚、神、几"描述何为圣人，至诚之实理无丝毫杂质，通透至善，圣人完满禀有此实理，遇事

---

① 朱熹. 孟子集注（卷第三），朱子全书（第六册）［M］. 上海：上海古籍出版社，合肥：安徽教育出版社，2003.

② 朱熹. 通书注，朱子全书（第十三册），［M］. 上海：上海古籍出版社，合肥：安徽教育出版社，2003.

③ 杨柱才. 道学宗主：周敦颐哲学思想研究［M］. 北京：人民出版社，2004.

则能自然而然地将诚顺畅发用出来。周子为普通人成就圣贤境界提供了一条渐进之路，"圣希天，贤希圣，士希贤"，士人效法贤人，贤人效法圣人，圣人法天，渐进之路使不同资质之人的成圣之路变得切实可期。圣人作为"先觉"之师，身有道义贵且尊，普通人做修身工夫的过程中应积极以圣贤为师友，效法、学习圣贤，保持此心专一无欲，应物而动务必时时合于道，于善恶之几做工夫时应果敢敏捷，有过必改。濂溪《通书》中的师友之道并不是僵化的榜样教化，而是教学相长的互动过程。这对我们今天的教育教学很有启发价值，教师在教学过程中吸收同学们的反馈，不断完善教学内容，向同学们传授日新之知；同学们在教师教授的基础上积极践行，将课堂所学联系实际，加深对知识的理解。《通书》中的师友之道向我们生动诠释了何为教学相长，对教师教学、同学为学均有启发价值。

"本事"的追溯与书写

——宋代乐府诗创作的重"义"特质*

罗 旻**

【摘要】唐宋之际的文人观察到乐府古题传写逐渐本义漫漶的现象，开始考辨古题主旨，并着重阐发其义理，这一趋势始于唐而盛于宋。宋人将乐府源流上溯《诗经》，重视乐府诗创作本事与义理的结合，强调其言志崇德的特质；同时又全面梳理前朝乐府诗，关注其本事源流与道德指归。在乐府诗创作中，他们或革正古题，探原其中政教德化之义理，或依托《诗经》美刺传统即事名篇，以寄托治平天下的士大夫之志，令宋代文人乐府诗创作呈现出超越前代的雅正之风。

【关键词】宋代 乐府诗 古题 本事 本义

作为音乐文学的乐府诗发展到晋宋之时，随着历代旧乐散佚与新乐更迭，后世文人所创作的旧题乐府诗与先代古乐不断脱节，原本由题目、本事与音乐共同建构的乐府诗文体特质缺失了音乐这重要的一环。于是自南朝以下，一些乐府古题在徒诗化创作的趋势中，旧有题材与本事丧失其约束力，而后世拟作者们根据古题的名目内容，在不断书写中形成某种约定俗成的题材取向，使得文人乐府诗逐渐本义漫漶。乐府古题的漫漶与题材

---

* 本文系 2020 年度国家社会科学基金项目"宋代乐府诗的转型与《全宋乐府诗》汇编"（项目编号：20BZW062）的阶段性成果。

** 罗旻，北京航空航天大学人文与社会科学高等研究院副教授。

的流变，使得唐宋之际的文人开始关注乐府诗的"本事"以及其中所蕴含的"本义"这两个要素，遂在宋代形成了注重阐发乐府诗义理的创作观念。

一、唐宋之际对古题本事的关注

唐代吴兢《乐府古题要解》较早地正视了乐府古题在传写中本义漫漶的现象，其序中即提出，后世文人拟汉魏乐府旧题时，"或不睹于本章，便断题取义。赠夫利涉，则述《公无度河》；庆彼载诞，乃引《乌生八九子》；赋雉斑者，但美绣锦臆；歌天马者，唯叙骄驰乱蹋"①②。这种现象广见于南朝以降的乐府诗当中。如《度关山》，本为汉相和曲，曹操之作多见"立君牧民，为之轨则"、"劳民为君，役赋其力"之句，"言人君当自勤劳，省方黜陟，省刑薄赋也"，后世传写如梁简文帝"凯还归旧里，非是衒功名"，戴暠"昔听陇头吟，平居已流涕"等，则但取题义，写边关战事、行役之思；至唐代，由此衍生出《关山曲》一题，亦只书边塞之事。又如《陌上桑》，古辞重在罗敷自明其志不可夺，而梁吴均"蚕饥妾复思，拭泪且提筐"，唐常建"非但畏蚕饥，盈盈娇路傍"，陆龟蒙"邻娃尽著绣裌襦，独自提筐采蚕叶"等，均只写女子采桑之妆容情态，不及其志；此外如与之本事相同的《采桑》《艳歌行》《罗敷行》等题，后世诗人亦多仅写美人丽情，不及古义。

元稹《乐府古题序》则提出，汉魏以下的乐府诗既然具有徒诗化的趋势，后世乐府拟作若不通乐理，一味沿袭古题，便有"唱和重复，于文或有短长，于义咸为赘剩"③之弊，故他与白居易、李公垂等人作乐府诗，便不复拟赋古题。而他所欣赏的刘猛、李余等时人之作，也不为旧题所囿，"其有虽用古题全无古义者，若《出门行》不言离别，《将进酒》特书列女之类"，刻意避开古题之义，以求出新。元稹之论，看似是扬弃古

---

① （唐）吴兢.乐府古题要解［M］.北京：中华书局，2010.
② （清）丁福保.历代诗话续编（上册）［M］.北京：中华书局，1983.
③ （唐）元稹.乐府古题序，冀勤.元稹集（上册）［M］.北京：中华书局，1982.

题，反过来却也否定了后世部分乐府诗作者一味沿袭古题字面意义，唱和重复，略无新意的做法，亦即吴兢所批评的"断题取义"。而元稹所欣赏的乐府诗，则是"寓意古题，刺美见事，犹有诗人引古以讽之义焉"之类重视其寓意主旨的作品。

宋人较为广泛地接受了唐人对古题本义的关注，并将这一观念予以全面深化。首先，宋人对乐府题材的普遍关注成为他们关注题目本事的重要根基。宋初编纂《文苑英华》与《唐文粹》两部总集时，对乐府诗一类多以其题材区分，并不强调其音乐传承。《文苑英华》虽未在乐府诗一类下作出明确的题材区分，却已经将内容题材相近者归并罗列，如《京洛篇》《帝京篇》等写帝京气象者，《神仙篇》《升天行》等写神仙事迹者，《双燕离》《燕燕于飞》等写禽鸟者，各自排列，隐然有序；《唐文粹》则明确将乐府诗题材分为功成作乐、古乐、感慨、兴亡等十六类。这两部总集虽只作了较为简单的题材罗列，收录乐府诗亦远不够全面，但已可在题材相同或相近的作品间形成内容与旨趣的对比观照。至北宋后期，郭茂倩《乐府诗集》对前代旧题进行解题时，更详加关注其本义，于解题中列举历代诗句，以明传写中的诗义之变。如《将进酒》一题，"古词曰：'将进酒，乘大白。'大略以饮酒放歌为言。宋何承天《将进酒篇》曰：'将进酒，庆三朝。备繁礼，荐嘉肴。'则言朝会进酒，且以濡首荒志为戒。若梁昭明太子云'洛阳轻薄子'，但叙游乐饮酒而已"①。《乐府诗集》以音乐传承为纲目，梳理旧题渊源，直观地呈现了同一旧题传写之中的文本意义变化，凸显了对古题本事及其德性意义的关注。

在文论层面，宋人持续构建乐府诗题目与本义之间的关系，赋予乐府诗更加明确的文体意义。如北宋蔡居厚批评前代乐府诗创作，认为"辞人例用事，语言不复详研考"②，南宋周紫芝《古今诸家乐府序》提出"后人之作，其不与古乐府题意相协者十八九，此盖不可得而考者"，曹勋批评韩愈《琴操》"词存而义不复概见……是故悲思怨刺，抑扬折中，皆不

---

① （宋）郭茂倩. 乐府诗集（第一册）[M]. 北京：中华书局，1979.
② （宋）蔡居厚. 蔡宽夫诗话，胡仔. 苕溪渔隐丛话（前集）[M]. 北京：人民文学出版社，1981.

切其言"①, 王灼认为, "先世乐府, 有其名者尚多。其义存者十之三"②等。这些论点与吴兢、元稹等的批评一脉相承, 而他们致力于强调"义"这一特质, 也影响到宋代乐府诗的整体创作。

在创作层面, 宋代拥有数量远超之前任何朝代的乐府诗作者群, 乐府诗的题材得到进一步开拓, 诗篇数量相当可观。在乐府徒诗化的整体趋势下, 宋代文人一方面试图追索古题本事, 还原其旨趣, 另一方面又希望诗作旨趣不落窠臼, 因此乐于考辨前代作品, 探索其源。如刘次庄认为, "《将进酒》, 魏谓之《平关中》, 吴谓之《章洪德》……李白所拟, 直劝岑夫子、丹丘生饮耳。李贺深于乐府, 至于此作, 其辞亦曰'琉璃钟, 琥珀浓, 小槽酒滴真珠红。'嗟乎! 作诗者摆落鄙近以得意外趣者, 古今难矣"③。按《将进酒》本为汉鼓吹铙歌, 魏晋南朝之作亦均为赞颂武德之作, 至唐人则多写饮酒之乐, 不及其余。刘次庄所谓"鄙近", 即批评唐人仅以题名的字面含义破题创作, 而所谓"意外趣", 便指向对本义的追索, 以及在切合本题的叙事中尚蕴有不尽之意的情志抒写。

在追正古题本义时, 对乐府诗的内容与视角皆有贴合其事其人的要求。如唐庚提出, "古乐府命题皆有主意, 后之人用乐府为题者, 直代其人而措辞。如《公无渡河》, 须作妻止其夫之辞。太白辈或失之, 惟退之《琴操》得体"④, 主张代入古人心境, 拟古人之语, 以发题目本义。苏轼曾作《野鹰来歌》, 写刘表登台弄鹰故事, 亦被南宋赵文批评"东坡作《野鹰来》曲, 宜拟表语, 今云'嗟尔公子归无劳, 使鹰可呼亦凡曹', 此非表语也"(《全宋诗》, 第六十八册, 第43237页), 同样强调对本事情境的复原与代入。

而宋人更加关注的, 是乐府诗中是否具备"义"的寄托。他们将乐府源流上溯至《诗经》, 认为"乐府之作, 宛同风雅"⑤, 在其乐府观中奠定

① (宋) 曹勋. 琴操序, 全宋诗 (第三十三册) [M]. 北京: 北京大学出版社, 1998.
② (宋) 王灼. 碧鸡漫志, 全宋笔记 (第四编, 第二册) [M]. 郑州: 大象出版社, 2008.
③ (宋) 刘次庄. 乐府集, 阮阅. 诗话总龟 (前集) [M]. 北京: 人民文学出版社, 1987.
④ (宋) 唐庚. 唐子西文录, 胡仔. 苕溪渔隐丛话 (前集) [M]. 北京: 人民文学出版社, 1981.
⑤ (宋) 郑樵. 通志·乐略, 王树民. 通志二十略 [M]. 北京: 中华书局, 1992.

了乐府诗言志崇德的本质。如《复雅歌词序》讨论乐府渊源，开篇即言，"《诗》三百五篇，商周之歌词也，其言止乎礼义"，从根源上肯定了乐府诗的义理依托与其政教功能。周紫芝"独恨其历世既久，事失本真，至其弊也，则变为淫言，流为亵语，大抵以艳丽之词，更相祖述，至使父子兄弟不可同席而闻，无复有补于世教。……至于古人规箴训诲之意，伤今思古之作，与夫感创时物、纪述节义，使后人歌咏其言，而有悲愁感慨之意，则为之扫地矣"，则批评南朝乐府徒作丽语，无益于民生世教。这种植根于宋代儒学土壤中的乐府观，提振了宋代乐府诗的气骨。宋人在发明古题本事时，并不一味重复前人的立意，而是凭借其学养与思致，使诗篇主旨获得符合儒学教化的升华，亦即他们所谓的"本义"。这种名为复古，实则继续开拓的创作格局，令宋代乐府诗前所未有地呈现出崇尚雅正的特质。

二、宋人对古题本事之义的追溯革正

宋诗本就具备现实主义的特质，宋人论诗，多见"率以治世为本，随事刺美，直在其中"，"观虞夏之纯，则可见王道之正，观南朝之丽，则知国风之衰"一类强调雅正风化的观点。他们在总结前代乐府诗的过程中，亦依循"诗言志"的传统，重新建构起崇尚诗篇道德意义的乐府观。于是，宋代文人开始自觉探究乐府诗的古题本义，以变齐梁乃至晚唐乐府之风，同时也梳理乐府诗传承，对有题亡辞、有曲无歌的古题及其本事进行补遗式创作。这种创作自觉主要表现在如下三个方面。

其一，古题与前作乐府诗均存世，宋人溯源前人之作，考辨题意本事并予以传写。这便涉及部分作者对乐府诗旨趣的评判，他们不满东晋南朝以来的乐府诗创作局限于古题的字面含义，令诗意流于庸常，而不能发扬其旨趣寄托，故而在创作中推重有本事源流的汉晋古题，如汉铙歌、相和歌辞、《琴操》诸题等，在发原其本义时着重凸显其道德指归。

如张载"近观汉魏而下有名正而意调卒卑者，尝革旧辞而追正题意，作乐府九篇"（《全宋诗》，第九册，第6284页），其中《短歌行》《燕歌行》《鞠歌行》属平调曲，《日重光》属瑟调曲，《度关山》《鸡鸣》《东门行》属相和曲，均为汉魏时乐府古题，各有本事寄托，可谓"名正"。然而南朝以下拟作，多有不顾本义，因题命意者，如《度关山》本为明主省刑薄赋之虑，后人但书边塞羁旅之情，《鸡鸣》本喻兄弟当互为表里，后人但咏鸡或写玉堂富贵之态等。张载之拟作则纯然致力于追溯古意，或效法古诗之气象，或阐明其中所蕴义理。如《日重光》，本为"群臣为汉明帝所作也。明帝为太子，乐人作歌诗四章，以赞太子之德。其一曰《日重光》，其二曰《月重轮》，其三曰《星重辉》，其四曰《海重润》"①，汉末丧乱后，星、海二章亡佚，魏晋之际仅日、月二章尚存拟作。张载之作言"日重光，天际翔，愿言贞明永瞻望。月重轮，淡溟渊。愿犹月之恒，协帝仪中天"（《全宋诗》，第九册，第6284页），即糅合《日重光》与《月重轮》之古义。又如《短歌行》，《乐府古题要解》总结其旨在于及时行乐，"魏武帝'对酒当歌，人生几何'，晋陆士衡'置酒高堂，悲歌临觞'，皆言当及时为乐"。然而按曹操"对酒当歌"一章末云"周公吐哺，天下归心"，实为卒章显志；其次一章开篇即言"周西伯昌，怀此圣德"，其下分述齐桓、晋文功业，亦有"正而不谲，其德传称"之句，述明主功业，有心怀天下之思，这两章《短歌行》的立意无疑较余人作品但具及时行乐之意要来得高明宏远。张载之作本于此义，而更强调君主之明德，故有"明廷万年，继明重光。曾孙稼，如茨梁。嘉与万邦，纯嘏有常"（《全宋诗》，第九册，第6284页）之句。

此外如朱熹《招隐操》序，"淮南小山作《招隐》，极道山中穷苦之状，以风切遁世之士使无退心，其旨深矣。其后左太冲、陆士衡相继有作，虽极清丽，顾乃自为隐遁之辞，遂与本题不合。故王康琚作诗以反之，虽正左、陆之误，而所述乃老氏之言，又非小山本意也"②。朱熹认为，淮南小山《招隐士》并非隐逸之辞，而是铺叙山中之幽森险恶，使隐者知返，其末句"王孙兮归来，山中兮不可以久留"即属卒章显志；后人传写，多述隐逸之情，便与题旨不合。朱熹之《招隐》言"君独胡为自聊，岁云暮矣将焉求"，则见劝归之旨，与淮南小山本意相合。杨冠卿以

---

① （晋）崔豹.古今注，汉魏六朝笔记小说大观［M］.上海：上海古籍出版社，1999.
② （宋）朱熹.招隐操序，朱杰人，等.朱子全书［M］.上海：上海古籍出版社，2002.

"古乐府有《公无渡河》篇，从昔诗人赋咏，俱与本意不相侔"（《全宋诗》，第四十七册，第29632页），他认为古题故事中老翁恃勇强渡，为轻忽玩险之举，不可效法，反当为后世之鉴，故作"一壶势莫支，千金沦其躯"之句以警世人。这类乐府诗创作，正反映了宋代文人立足儒学传统，"追正题意"，以古诗寓意美刺之旨风化天下的创作意图。

其二，古题存留而乐府古辞亡佚，宋人探原古题本事中的政教德化意味，并将其立为题目之本义。这是宋人"补乐府"观念在旧题乐府领域的反映，部分作者注意到前代乐府辞的亡佚，试图在考辨古题义理的基础上拟作新辞，以补其阙漏，正其名义。如苏轼《襄阳古乐府》三首中有《野鹰来》《上堵吟》二题，其辞亡佚，仅《水经注》存其名目，苏轼便借之考察旧典故实，臧否古史。而这种创作形式集中体现在宋人对三代古乐、琴曲古题与前代乐曲的追溯中，他们或考辨有题无辞的琴曲古题，或将前代乐曲题名作为诗题，在阐发本事中升华其义理。

曹勋作《补乐府》十篇，所选《网罟》《丰年》《云门》《九渊》《五茎》《六英》《咸池》《大韶》《大夏》《大濩》诸题，皆为古籍中所载上古三代之乐歌题名，"自宓羲以至于商，皆有其名而亡其词"（《全宋诗》，第三十三册，第21033页），而曹勋皆称为"帝某某氏之乐歌"，在小序与拟作中分别强调这些乐歌风化下民的德性意义。其中如《帝伏羲氏之乐歌》即古《网罟》题，《周易·系辞下》言伏羲氏"作结绳而为网罟，以佃以渔"，曹勋之作"罔兮罟兮惟田渔，时兮食兮民之须，以享以祀兮燔祭有余"，发其利民之意；《帝神农氏之乐歌》即古《丰年》题，曹勋之作"丰年告成，百谷用登。匏笾既盈，黍稷既馨，昭假是膺"，颂其教民种植谷物之功，诸如此类。而郑刚中作《南陔》五章，则是秉《诗经》雅乐之传统。其序言"南陔，补亡也。念劬劳之恩重，痛逮事之无日，故作是诗以慕焉"（《全宋诗》，第三十册，第19062页），《南陔》为《诗经》六笙诗之一，附于《鹿鸣之什》后，有目无诗，《毛诗》序其义为"孝子相戒以养也"。郑刚中明言其为补亡之作，即为阐其义而补其辞，其诗言"陟彼南陔，有风惟熏。曷念劬劳，华发盈巾。彼发之华，尚可蔫也。嗟嗟吾亲，不可见也"，固是以熏风起兴，以明慈亲之仁爱，又暗合于《邶风·凯风》篇"凯风自南，吹彼棘心"，深追《诗经》之旨。

古代琴乐之题也是这类创作的一个重要来源。汉晋之间的琴曲，其命题与本事大多源自上古至春秋时的圣贤故事，符合宋人对乐府诗之义的追求，故而更易被他们所选择。如《琴操》诸曲中，《水仙操》《襄陵操》《箕山操》《采芝操》等皆有题无辞，宋人撷取其题目与本事，在拟作中探求政治理想与道德教化之义。如薛季宣作《襄陵操》，"汤汤淫水兮，怀山襄陵。浩浩滔天兮，昏垫生灵。导之人于海兮，王事有程"（《全宋诗》，第四十六册，第 28710 页），赞禹治水之功业；曹勋作《箕山操》，"草可以为衣兮，木可以为庐。水清石白兮，渴饮有时而饥食有余"（《全宋诗》，第三十三册，第 21044 页），述许由隐遁之高洁。而曹勋《白雪歌》序言，"乐府有题而亡词，今补之"（《全宋诗》，第三十三册，第 21044 页）。此题齐徐孝嗣、梁朱孝廉、唐贯休等皆有拟作，但仅为咏雪之作，故曹勋试图还原其古义。《琴集》认为《白雪》为师旷所作商调曲，《唐书·乐志》以为是周曲，张华《博物志》认为是黄帝时瑟曲，而曹勋从张华之说，其辞言"白雪如玉，皇人寿谷。白雪如霜，皇人乐康。还余驾兮归来，覃威德于八荒"，正是借黄帝之名突出此题的道德意义。如《圣人出》《三峡流泉歌》《锦石捣流黄》《乐未央》等题，也同样因为齐梁至唐人所拟作已失古意，故被曹勋视为古辞不存或是有题无辞之类，加以拟作。此外，尚有一部分主要阐发琴曲本事的拟作，如曹勋《孔子泣颜回》，用琴曲《忆颜回操》本事，《孔子泣麟歌》用琴曲《获麟操》本事等，皆不以琴曲本题命名其诗，也体现了重本事之义而不重音乐渊源的创作倾向。

至于曹勋《临碣石》序云"魏武作四章为乐府，今亡。沈约作五言，但叙登临感遇之旨。今为四言三章。一章言圣人在上，物遂其性；二章言乐不可极，居安虑危；三章言思圣人君子以永成功云"（《全宋诗》，第三十三册，第 21077 页），同样是不满后世拟作，故有赋诗崇德之举。虽然序中提及"魏武作四章为乐府"应即《步出夏门行》四章，曹勋言其亡佚，不知何故，但这种追正题义、述而为诗的手笔，也正与宋人崇古重德的乐府观相合。

其三，宋人依凭前代故事，自立乐府诗题目，以明其志趣。除了广泛考辨乐府旧题的本事之外，宋人在自立新题时，也表现出对古史传说、典籍轶事的空前关注，于记述人事的古乐府旧题之外又发掘出不少新的题材，并以乐府诗叙写其事。在选取前代史事轶闻时，部分作者同样钟爱有所寄托，能发言外之意的题材。

相当一部分新题乐府诗的选材鉴诸前代，以刺美见事。如徐积作《舞马诗》，以唐玄宗时教舞马数百，穷欢极侈之况为本事，其自序言"余读《唐书》，感天宝之乱，于是作《舞马诗》云"（《全宋诗》，第十一册，第 7691 页），诗之卒章"明日梨园翻旧曲，范阳戈甲满西来"，便是以开元盛世的陨落，为北宋王朝敲响警钟。诗中并未铺陈安史之乱景象，只于末句轻描一笔，然而不尽之意皆在言外，深得古乐府风人之旨。其后唐庚作《舞马行》，释居简作《续舞马行》，也都述此事，唐作终言"谓之不祥适得所"，同属对逸乐误国的批评，而释居简作卒章之"於戏唐虞全盛时，百兽率舞凤鸟仪。雍熙之和乃其效，何用区区教坊教"（《全宋诗》，第五十三册，第 33102 页），则彰显真正的礼乐之化，寓意更形敦厚。再如郭祥正《白玉笙》，以唐宫中一具白玉笙的辗转流传为线索，同时贯穿了"以蛊惑之侈言，乱骄淫之方寸"的唐懿宗与南唐后主李煜的误国之行，以托古寓今，其末收束以"兴亡不系白玉笙，但看君王政若何"（《全宋诗》，第十三册，第 8785 页），更见德政之理。

至靖康难后，这类托古以讽的新题乐府诗展露出更明确的针对性。如曹勋作《细君》，自称是因乐府古题《明妃怨》《昭君怨》等均写昭君出塞本事，更古时汉武帝遣嫁乌孙公主一事却无人歌咏，"独细君最远，而悲思尤甚，又世人无有哀感之作"，于是"迹而新之，抑亦摅昔人之幽愤，为来者之深戒云"（《全宋诗》，第三十三册，第 21080 页）。曹勋曾随二帝北行，亲历奇辱，其诗实是以乌孙公主的宗室身份影射靖康之难中北宋宗室女子的遭遇，如"毛卉袭衣服，蒜薤为馨香。呜呜当歌舞，跳跃纷低昂""喜怒不可测，贪戾过豺狼"等句，均极力铺陈北人之粗鄙与凶戾，以刺金人，其末言"结亲徒自辱，掩泣羞汉皇"，更是借千年前的细君之口，为被掳北去的北宋宗室女子发声，控诉当今朝廷的怯懦。又如周麟之作《望秦川歌》，自序言"明皇幸蜀，一日登高山望秦川，谓高力士曰：'吾听张九龄言，不至此。'马上吹笛为曲，号《谪仙怨》，今亡焉。因为八章，以申其念旧之意"（《全宋诗》，第三十八册，第 23549 页），诗题即源于唐玄宗遥望秦川之事。其诗八章，虽以明皇太真事为全局线索，然而如 "长安回首战尘中，马背行吹一笛风" "为问玉京何日复，伤心黄屋几时回" 等句，亦纯是描写帝王被迫南行后的伤感，以此影射宋室南渡，更得其中悔不当初之意。这类乐府诗虽叙写旧典，其深意却指向南渡之后的社会政治现实，可谓深得寄托讽喻之义。

此外，宋代文人所作的祠祀乐歌也大多在追述神明与古贤事迹的同时，关注其礼乐教化意义。如张载作《虞帝庙乐歌辞》，便是依托于舜这一形象成诗，诗篇除了描绘庄重的祭祀场面之外，也对舜的功业德行有所追思。而崔敦礼《九序》更明言其赋诗之目的，"歌乐鼓舞，独无楚人凄惋之词以侑祀事。因访其地，作为《九序》之歌，上以陈事神之敬，下以见修身行己之志云"（《全宋诗》，第三十八册，第 23778 页），敬与修身，皆是儒家思想的重要范畴，以此为本的乐府诗创作，同样具备道德追求，符合宋代乐府诗重义的特质。

三、宋人对本朝故事的选择性书写

乐府诗即事立题，讽兴时事的特点也在宋代得到普遍传承。宋人关注本朝时事轶闻，并对其予以故事性的叙写，形成更为广阔的创作视野。在题材的选取方面，他们深受唐人现实主义诗歌的影响。宋人推崇杜诗所继承的古乐府怨刺讽喻的传统，认为 "惟老杜《兵车行》、《悲青坂》、《无家别》等数篇，皆因事自出己意，立题略不更蹈前人陈迹，真豪杰也"[1]，也看重元白新乐府诸作、元结《系乐府》十二首、皮日休《正乐府》十篇等关怀民生疾苦之作，强调其美刺寄托之旨。故宋人在选取本事时，同样关注它是否能够切合乐府诗寓意寄托的特质。

一方面，对亲历亲闻的民生疾苦的描写贯穿于两宋士大夫即事立题的乐府诗中，深得古乐府的怨刺传统。如梅尧臣《汝坟贫女》、欧阳修《食糟民》、李觏《哀老妇》、徐积《闵灾词》、李复《兵馈行》、刘敞《田家

---

[1] （宋）蔡居厚. 蔡宽夫诗话，胡仔. 苕溪渔隐丛话（前集）[M]. 北京：人民文学出版社，1981.

行》、王安石《叹息行》、苏轼《吴中田妇叹》、刘攽《关西行》、晁补之《豆叶黄》、周紫芝《输粟行》、苏洞《鲁墟行》、华岳《邻女搔绵吟》、郑大惠《哀夏孝女》、赵文《猎户叹》、谢翱《废居行》等新题乐府篇章，不能尽举。而《食糟民》《吴中田妇叹》《邻女搔绵吟》等题均有同时唱和或后世传写，也反映了宋人对本朝乐府新题及其本事寓意的关注。宋代士大夫在这类诗篇中描叙天灾人祸之惨痛，呼吁朝廷予以关注，进而表达自己的政治观点或反思自身职责，试图匡正时弊，使国家臻于郅治，正是其政治理想的体现。

进入南宋后，对南渡之辱的反思与光复旧都的志向成为这类篇章的重要部分。如周麟之《中原民谣》十首，均为使金途中因所见闻，指事而成，故各以小序详述其故事，以明兴复之志。其《迎送亭》序中录北地父老"迎送者，迎宋也。此地殆将迎宋乎"之语，民心所向一目了然，《金澜酒》序则言"金澜者，金运其将阑乎"（《全宋诗》，第三十八册，第23559—23560），表意更加直白。曾季狸《秦女行》序云，"靖康间，有女子为金人所掠，自称秦学士女，在道中题诗云：'眼前虽有还乡路，马上曾无放我情。'……壬辰岁九月，因读蔡琰《胡笳十八拍》，慨然有感于心，乃为之追赋其事"（《全宋诗》，北京大学出版社1998，第三十八册，24245页），更是以秦女之遭遇比附蔡琰《胡笳十八拍》故事，将古今之悲慨融为一体。

另一方面，宋人将乐府诗源流上溯至《诗经》，而《诗经》之义"不独讽咏而已"，于刺过之外尚有褒善的一面。他们关注雅颂二体的政治意义，其乐府诗创作中也不乏以本朝历代帝王之文治武功为本事，赞颂功业明德，"以待乐府之采焉"[①] 的篇章。如石介作《宋颂》，下分《皇祖》《圣神》《汤汤》《莫丑》《金陵》《圣文》《六合雷声》《圣武》《明道》九题，分别赞美宋初三朝之武功及仁宗朝之文治，各章前均以小序见其本事，如《皇祖》述"太祖皇帝初用师"，《六合雷声》述"太宗皇帝亲征太原"，《圣武》述"真宗皇帝亲临六师"，《明道》述仁宗"睿谟圣政，赫然日新"（《宋颂》）等。诸题下各自分章，在陈述史事的同时，也赋予

---

① （宋）石介. 庆历圣德颂序，陈植锷. 徂徕石先生文集 [M]. 北京：中华书局，1984.

其德性含义，如《皇祖》篇，既有"元年四月，筠叛于潞。皇祖跃马，至潞城下"的白描，也有"予亦即阼，涵濡养抚。罔有失所，予德其裕"之类对太祖之德的赞美。尹洙作《皇雅》，亦分《天监》《西师》《耆武》《宪古》《大卤》《帝籍》《庶工》《帝制》《皇治》《太平》十题，同以小序罗列其事，由太祖征伐四方写至真宗封禅告成。而如张方平《宋颂》、石介《庆历圣德颂》、周紫芝《大宋中兴颂》、曹勋《乾道圣德颂》等，也都在宋代主要政事中选取题材，形成宋人独特的雅颂体乐府篇章。宋代士大夫多具备"歌诗赞颂，乃其职业"（《庆历圣德颂》序）的态度，这类创作，均选取国朝文武大事为本事，不独歌颂时政，阐明治平事功之道，也可见他们对自己所处朝代的归属感与期许。

此外，姜夔《皇朝铙歌鼓吹曲》、谢翱《宋铙歌鼓吹曲》等，虽然属于鼓吹曲辞一类，但其篇章格局乃至本事选取亦与石介《宋颂》、尹洙《皇雅》等雅颂体乐府相似。姜夔之作首章《上帝命》述"五季乱极，人心戴宋，太祖无心而得天下"，其后《河之表》述太祖破泽州，《淮海浊》述定维扬，历数开国大事，直至《帝临澶》述真宗亲征澶渊，《维四叶》赞仁宗文德致治，而终之以《炎精复》，赞美南宋中兴。谢翱之作则全述太祖开国故事，以《日离海》述"太祖尝微时，歌日出，其后卒平僭乱证于日"，《天马黄》述太祖"惩五季乱，誓将整师，秋毫无所犯"，直至终章《上之回》述"太祖征河东，班师，以伐功遗太宗，卒成其志"（《全宋诗》，第七十册，第44283—44286页）。谢翱尚有《宋骑吹曲》，分《亲征曲》《回銮曲》《遣将曲》《归朝曲》等题，同述太祖故事。这类篇章的出现，同属宋人由于关怀王朝政治，故特选取本朝军政诸事，以励后人之志的产物。而宋人在选择乐府题材时，通过考辨阐发，使本事与义理相得益彰的创作态度亦得到始终如一的贯彻。

专题研讨：文化育人

中华优秀传统文化融入马克思主义中国化时代化理论成果教学研究

彭付芝[*]

【摘要】 对中华优秀传统文化融入马克思主义中国化时代化理论成果如何进行教学的思考与探索，基于教学研究视角的重要意义有：马克思主义中国化时代化理论成果涵盖的课程和教学内容彰显其重要性，对中华优秀传统文化融入课程的教学研究具有重要理论价值，中华优秀传统文化融入课程对教学目标的达成具有重要作用。基于学与教视角的状态研究包括：大学生对中华优秀传统文化融入马克思主义中国化时代化理论成果的学习状态，教师对中华优秀传统文化融入马克思主义中国化时代化理论成果的理解状态。从融入的方式方法探索：要善用教学方式方法，让融入教学的研究氛围浓厚；要巧搭融入途径，使融入教学的实践进路清晰。

【关键词】 中华优秀传统文化　马克思主义中国化时代化　教学研究

马克思主义传入中国之后，在中国大地传播发展、落地生根、开花结果，其间，中国共产党坚持把马克思主义基本原理同中国具体实际相结合、同中华优秀传统文化相结合，在"两个结合"中创立和形成了毛泽东思想、中国特色社会主义理论体系、习近平新时代中国特色社会主义思想，实现了马克思主义中国化的三次飞跃。对此中共十九届六中全会通过的《中共中央关于党的百年奋斗重大成就和历史经验的决议》（以下简称

＊ 彭付芝，北京航空航天大学马克思主义学院教授。

《历史决议》）中进行了深刻总结：马克思主义之所以能够在中国广泛传播发展，并得到中国人民的认同成为中国共产党的指导思想，一方面是由于马克思主义能够指导中国解决近代以来所面临的各种问题，能够为中国的发展指明方向，另一方面还在于中国共产党"坚持把马克思主义基本原理同中国具体实际相结合、同中华优秀传统文化相结合"①。"两个结合"是习近平总书记的重大理论创新，习近平新时代中国特色社会主义思想是"两个结合"的重要成果。在思想政治理论课教学中，要充分讲授"两个结合"的重大创新价值。本人在高校主要从事"毛泽东思想和中国特色社会主义理论体系概论"（以下简称"毛中特概论"）"习近平新时代中国特色社会主义思想概论"（以下简称"习概论"）"中国传统文化概论"等课程的教学工作，因此本文主要探讨中华优秀传统文化融入马克思主义中国化时代化理论成果如何进行教学的思考与探索。

一、基于教学研究视角将中华优秀传统文化融入马克思主义中国化时代化理论成果的重要意义

中华优秀传统文化是中华民族的"根"、是中华民族的"魂"，是中华民族的精神命脉，是中国特色社会主义植根的文化沃土。中华优秀传统文化不仅为马克思主义在中国的传播、发展、生根、开花、结果创造了条件，而且还为马克思主义中国化提供了源头提供了活水，使马克思主义不仅是一种意识形态，甚至已然成为中国现代文化的组成部分，并深刻地影响和改变了中国社会的历史进程、社会生活和文化风貌。中国特色社会主义进入新时代，中华优秀传统文化已经成为一种重要的话语体系，马克思主义与中华优秀传统文化相结合被视为推动马克思主义中国化时代化的重要力量。因此，基于教学研究视角将中华优秀传统文化融入马克思主义中国化理论成果具有重要意义。

---

① 中共中央关于党的百年奋斗重大成就和历史经验的决议 [M]．北京：人民出版社，2021：67．

（一）马克思主义中国化时代化理论成果涵盖的课程和教学内容彰显其重要性

马克思主义与中华优秀传统文化相结合的理论创新源泉，意味着中华优秀传统文化必然要融入高校的思想政治理论课之中。马克思主义中国化的三次飞跃创立和形成的毛泽东思想、中国特色社会主义理论体系、习近平新时代中国特色社会主义思想，在高校主要由"毛中特概论"和"习概论"这两门高校的思想政治理论课（为便于论述，后简称"这两门课程"）重点讲授。"两个结合"是党的理论创新取得的重要成果和显著标识，是党在探索中国特色社会主义道路中得出的规律性认识，是这两门程课需要讲深讲透讲活的重点内容。充分认识"两个结合"的重大创新价值，必须深刻把握"第二个结合"，即"把马克思主义基本原理同中华优秀传统文化相结合"的独特而重大的意义。在 2023 年 6 月 2 日召开的文化传承发展座谈会上，习近平总书记对中华文明和中华优秀传统文化做了系统论述，深刻揭示了"把马克思主义基本原理同中华优秀传统文化相结合"的科学内涵和重大意义，明确指出："在五千多年中华文明深厚基础上开辟和发展中国特色社会主义，把马克思主义基本原理同中国具体实际、同中华优秀传统文化相结合是必由之路。这是我们在探索中国特色社会主义道路中得出的规律性认识，是我们取得成功的最大法宝。"① 这就告诉我们，中国特色社会主义道路的开辟和发展，是以中华文明五千多年历史为深厚基础的。《历史决议》深化了对这条道路依据的认识，明确指出条道路不但符合马克思主义基本原理，而且"脚踏中华大地""传承中华文明""符合中国国情"，"具有无比深厚的历史底蕴"。如果没有这一基础或没有实现马克思主义与这一基础的结合，就不能开辟和发展中国特色社会主义这一伟大事业。"明确提出'第二个结合'，意味着中国共产党在马克思主义与中华优秀传统文化相结合的历程中，由不自觉到开始郑重审视再到高度自觉自信的思想演进，标志着马克思主义中国化时代化历

---

① 习近平在文化传承发展座谈会上强调 担负起新的文化使命 努力建设中华民族现代文明 ［N］. 人民日报，2023－06－03（01）.

程中的一大认识飞跃。"① 因此将中华优秀传统文化融入这两门课程之中，有利于大学生对中国共产党领导人民进行革命、建设、改革的历史进程、历史变革、历史成就有更加全面的了解，对"两个结合"有更加深刻的理解，对充分反映中国共产党不断推进马克思主义基本原理同中华优秀传统文化相结合的历史进程和基本经验有更加清晰的把握，对党在传承中华优秀传统文化中推进理论创新的自觉性达到了新的高度有更为深刻的认知。

历史和现实充分证明，一个民族要走在时代前列，任何时刻都需要理论指引。毛泽东思想是马克思主义中国化时代化的第一次历史性飞跃，是指导中国人民站起来的理论；1978年后形成的邓小平理论、"三个代表"重要思想和科学发展观，是党和人民在改革开放和社会主义现代化建设新时期形成的中国特色社会主义理论体系，实现了马克思主义中国化时代化新的飞跃，这一理论成为指导中国人民富起来的理论；党的十八大以来，中国特色社会主义进入新时代，以习近平同志为主要代表的中国共产党人，提出一系列原创性的治国理政新理念新思想新战略，创立了习近平新时代中国特色社会主义思想，实现了马克思主义中国化时代化新的飞跃，这一理论是指导中国人民强起来的理论。因此，这两门课程的重要任务之一就是要深入研究并讲清楚党坚持把马克思主义基本原理同中国具体实际相结合、同中华优秀传统文化相结合，不断推进马克思主义中国化的百年历程，深化对马克思主义中国化三次飞跃的理解，对马克思主义中国化时代化的理论成果有更为深刻的认识；有利于系统把握马克思主义中国化时代理论成果所蕴含的马克思主义立场、观点和方法，坚定"四个自信"，增进政治、思想和情感认同，成为中国特色社会主义事业的合格建设者。

（二）对中华优秀传统文化融入课程的教学研究具有重要理论价值

对中华优秀传统文化融入"毛中特概论"和"习概课"的教学研究，具有重要的理论价值。

---

① 杨凤城. 大历史观视域下马克思主义中国化时代化的百年演进［J］. 山东社会科学. 2023.04：15.

首先，这一价值在于探寻中华优秀传统文化与马克思主义中国化理论成果之间的联系，二者的有机结合，为高校思想政治理论课教师的授课提供重要启迪，从而使中华优秀传统文化所蕴含的思想观念、人文精神、道德规范通过融入教学得以继承和发扬。

其次，这一价值在于实现了这两门课程的政治功能和思想政治教育功能的有机统一。这两门课程的政治定位决定了政治功能的首要地位，因此中华优秀传统文化融入教学的过程必须以马克思主义、毛泽东思想和中国特色社会主义理论体系特别是习近平新时代中国特色社会主义思想为指导，牢固树立对中国特色社会主义的"四个自信"，特别是坚定文化自信。关于文化自信，习近平总书记指出："文化自信，是更基础、更广泛、更深厚的自信，是更基本、更深沉、更持久的力量。坚定文化自信，是事关国运兴衰、事关文化安全、事关民族精神独立性的大问题。"[1] 大学生在文化自信的基础上，更好地发展社会主义先进文化，弘扬革命文化，推动中华优秀传统文化创造性转化、创新性发展，最终使中华优秀传统文化和马克思主义中国化时代化理论成果能内化于心，外化于行，促使大学生思想政治素质和文化素质全面发展。

最后，这一价值在于符合新时代立德树人所倡导的德才兼备人才培养模式。中华优秀传统文化融入这两门课程的教学，实现中华优秀传统文化和课程教学相统一，将中华优秀传统文化升华为思想智慧，内化为学生的人格。培养大学生成为政治素质和人文素质相统一、专业素质和道德素质相统一的高素质人才，使他们能立大志、明大德、成大才、担大任。

（三）中华优秀传统文化融入课程对教学目标的达成具有重要作用

中华优秀传统文化融入这两门课程，在有益于传承、发扬与发展中华优秀传统文化的基础上，能够达成高校思想政治理论课特别是这两门课程的育人目标。

---

[1] 习近平著作选读（第一卷）[M]. 北京：人民出版社，2023：536.

　　首先，有利于培养大学生的理论思维和高阶思维能力。这两门课的教学目标都在于培养大学生思想政治素养和高阶思维能力。通过融入教学，培养学生的理论思维，培养提高学生的战略思维能力、历史思维能力、辩证思维能力、创新思维能力、法治思维能力、底线思维能力。这六大能力体现了习近平新时代中国特色社会主义思想的理论特质，是更好理解习近平新时代中国特色社会主义思想的重要切入点，也是培养大学生高阶思维能力的重要抓手。以下以创新思维能力和辩证思维能力为例。

　　大学生创新思维能力的培养，既要从理论上阐释，也要在实践中培养。第一，高校思想政治理论课教师要把"马克思主义基本原理同中华优秀传统文化相结合，开辟了广阔的理论和实践创新空间"作为重点问题进行阐释。在马克思主义中国化时代化的历史进程中，"两个结合"使中国共产党不断创新并走向成功。在新民主主义革命过程中，毛泽东提出必须把马克思主义基本原理同中国革命的具体实际相结合，走马克思主义中国化道路，从而使我们党克服了教条主义和经验主义的错误，找到了中国革命的正确道路并引领中国革命由胜利不断走向胜利。之后党的领导人带领中国共产党和中国人民始终坚持、一以贯之。"第二个结合"从马克思主义传入中国后就开始进行，可以说，马克思主义之所以在20世纪的中国得到广泛传播，并作为中国共产党的指导思想，是因为马克思主义与中华优秀传统文化有许多相通性。同时中国共产党人在推进马克思主义中国化时代化的过程中，不断从中华优秀传统文化中汲取养分。中国特色社会主义进入新时代后，习近平总书记明确提出必须把马克思主义基本原理同中华优秀传统文化相结合，正如习近平总书记指出"对历史文化特别是先人传承下来的道德规范，要坚持古为今用、推陈出新，有鉴别地加以对待，有扬弃地加以继承。"① 习近平总书记的明确强调和重要论断，使我们党摆脱了一度把马克思主义与中华优秀传统文化隔离开来甚至对立起来的错误倾向，在实现中华优秀传统文化的创造性转化和创新性发展上有了更多作为、更多创新，使理论创新的自觉性达到了新的高度。因此高校思想政

---

① 习近平在山东考察时强调：认真贯彻党的十八届三中全会精神 汇聚起全面深化改革的强 大正能量 [N]. 人民日报, 2013 – 11 – 29 (01).

治理论课教师不管是从历史逻辑、理论逻辑还是实践逻辑，都要引导学生更好地理解"这一创新空间"。这样的引导和教学本身就是在培养大学生的创新能力。第二，中华优秀传统文化融入这两门课程的教学，既要体现继承、发扬中华优秀传统文化的要求，又要体现与时俱进、不断创新的要求，在创新实践教学中不断增强课程教学的时代感和实效性。

辩证分析是马克思主义的基本方法，辩证思维能力就是善于抓住关键、找准重点、洞察事务发展规律的能力。高校思政课教师要让大学生认识到，中华优秀传统文化和这两门课程的教学融合也要从对立统一的矛盾关系中全面认识和把握融入的规律。第一，要充分肯定中华优秀传统文化的价值。中华优秀传统文化源远流长、博大精深，是中华文明的智慧结晶。大力弘扬中华优秀传统文化，充分发掘中华传统文化作为这两门课程教学的丰富资源。第二，对中华传统文化融入教学，既要将适合这两门课程的中华优秀传统文化的内容梳理清晰，将中国共产党百年历程中将马克思主义基本原理同中华优秀传统文化相结合的经验讲清楚，又要讲清楚任何文化形态的特定历史性，中国共产党在百年历程中对中国传统文化糟粕的否定和批判。比如在特定历史阶段、特定时代使命背景下，以儒学为代表的传统文化无法解决中华民族的独立、人民解放的历史课题，也无法为社会主义革命和社会主义建设提供直接的思想指导，因此在新民主主义革命、社会主义革命和社会主义建设过程中，党对传统文化中的封建糟粕如家长制、宗法制、小农意识等进行过批判。这就是马克思主义的辩证分析方法，这种教学本身就是在培养大学生的辩证思维的能力。

其次，有利于对大学生的价值观塑造。通过将中华优秀传统文化融入这两门课程，使学生更容易理解中国特色社会主义道路的成功探索本身就是马克思主义基本原理同中国具体实际相结合的产物，是马克思主义基本原理同中华优秀传统文化相结合的产物。对习近平总书记的以下阐释有更为深刻的体悟："这条道路来之不易，它是在改革开放30多年的伟大实践中走出来的，是在中华人民共和国成立60多年的持续探索中走出来的，是在对近代以来170多年中华民族发展历程的深刻总结中走出来的，是在对中华民族5000多年悠久文明的传承中走出来的，具有深厚的历史渊源和广泛的现实基础。中华民族是具有非凡创造力的民族，我们创造了伟大的中华文明，我们也能够继续拓展和走好适合中国国情的发展道路。"①
从而坚定走中国特色社会主义道路的决心和信心。

二、基于学与教视角将中华优秀传统文化
融入马克思主义中国化时代化
理论成果的状态研究

中华优秀传统文化与这两门课程的教学融合不是为融合而融合，而是
要服务于阐释马克思主义中国化理论成果的需要。对中华优秀传统文化融
入马克思主义中国化时代化理论成果的状态研究，需要从学生的学习视角
和教师的教学视角展开，有助于更好地实现中华优秀传统文化融入马克思
主义中国化时代化理论成果。

（一）学习状态研究：大学生对中华优秀传统文化融入马克
思主义中国化时代化理论成果的总体情况

首先，分析大学生对中华优秀传统文化的学习情况。目前许多高校都
或多或少地开设有与中国历史与传统文化相关的课程，这为将中华优秀传
统文化融入马克思主义中国化时代化理论成果奠定了一定的基础条件。但
据了解，部分高校是作为核心通识课程开设的，学生在若干门核心通识课
中选修1—2个学分即可；有的高校是作为选修课开设的，学生在若干门
选修课中选修一定的课程满足毕业所要求的学分即可；有的高校因为相应
的师资欠缺还没有开设相关课程。不管哪种情况，都无法满足所有学生了
解和学习中华优秀传统文化的需要。再加上有些大学生对学习传统文化缺
乏热情而较少关注中华优秀传统文化，有些理工科专业学生认为无用而几
乎不接触文化典籍和经典名著，有些大学生因为担心自己读书少、传统文
化底子薄不敢也不愿再进一步涉猎学习，有些高校不重视甚至在图书馆采
购中较少购买与此相关的图书等。所有这些都不利于高校传播、传承与

---

① 习近平谈治国理政（第1卷）[M]. 北京：外文出版社，2018：39 - 40.

创新中华优秀传统文化，不利于将中华优秀传统文化融入马克思主义中国化时代化理论成果的教学。

其次，评估在这两门课程中引入中华优秀传统文化的教育教学效果。一方面，中华优秀传统文化融入马克思主义中国化时代化理论成果由于中华优秀传统文化的缺位存在着融入不佳的情况。如前所述，基于教学研究视角将中华优秀传统文化融入马克思主义中国化时代化理论成果具有十分重要的意义。然而，在高校这两门课程的教学中却存在着融入缺位的现象，原因在于"第二个结合"尽管开始较早但作为重大的理论论断是习近平总书记在建党 100 周年的大会上首次提出来，部分老师没有认识到这一论断的重要性，还没有引起足够的重视；有的是因为教师自身的中华优秀传统文化底子薄弱，了解有限、理解不够，不敢融入讲授；有的是因为部分大学生对中华优秀传统文化认知的程度不高，对具体知识的掌握不多，对文化精神和文化价值的理解没有达到全新的高度，无法适应新时代高校思想政治理论课对大学生推动中华优秀传统文化创造性转化、创新性发展的目标要求。另一方面，大学生对中华优秀传统文化融入马克思主义中国化时代化理论成果存在着理解不到位的情况。原因在于：由于大学生对中华优秀传统文化底子薄弱，短时间内既要补足中华优秀传统文化的知识又要理解马克思主义中国化时代化理论成果同时又要理解融入的理论阐释与实践探索，确实有一定的难度；有的是因为部分大学生存在对中华优秀传统文化的信任淡化，这主要是受到了新自由主义、历史虚无主义、享乐主义的影响，对"民主社会主义""拜金主义"等的默认接受，外来文化和中国传统文化的碰撞无形中带来的一些思想困惑，影响了大学生对中华优秀传统文化融入马克思主义中国化时代化理论成果的学习和理解。

（二）教学状态研究：教师对中华优秀传统文化融入马克思主义中国化时代化理论成果的理解情况

中华优秀传统文化融入马克思主义中国化时代化理论成果的教学成功与否，教学实效性如何，关键还在于思政课教师自身的知识储备和理解。

首先，要充分利用资源进行自我研究。这些资源既包括教师自身在教学过程中积累的不管是有效的还是不成功的教学方式方法、课件的制作、板书的运用、学生的反应反馈等，也包括教师自身对中华优秀传统文化融入马克思主义中国化时代化所理解和掌握的资源，包括下载的论文、阅读的相关书籍典籍、梳理的思路、提出的思考问题、近几年教学的思考，等等。对高校思政课教师而言，充分利用有益的资源进行自我研究，能强化对教学方法研究的意识，增强对教学内容的研究能力，提升教学学术能力和课堂教学能力。比如，融入过程中学生的反馈能促使教师深入理解教学内容，促进教学相长。

其次，要讲透讲活讲实马克思主义中国化时代理论成果，就必须挖掘并精选出马克思主义中国化时代化理论所蕴含的中华优秀传统文化资源，讲出马克思主义中国化时代化之所以"中国化""时代化"的理论阐释。具体而言，就是要把中华优秀传统文化准确地用于授课之中，即要在马克思主义指导下对中华传统文化"去其糟粕，取其精华"，精练出"优秀"的中华传统文化用于这两门课程的建设，这就要求授课教师自身必须深刻领会与理解相应的中华优秀传统文化典籍并具备较高的马克思主义理论功底。不容争论的事实是，现阶段让高校所有这两门课程的授课老师都具有这种文化素养与理论功底是不现实的，因为在马克思主义指导下深刻理解中华优秀传统文化并非易事。因此，除了思政课教师努力学习、研究、理解、领悟，补齐这一短板之外，还需要主管部门和高校高度重视，给予相应的培训、辅导和引导等。

最后，增强学术研究意识，为中华优秀传统文化融入马克思主义中国化时代化理论成果的教学提供理论支撑。教师要先搭建学术框架，用学术逻辑支撑教学；再梳理资料，用史料支撑教学。同时思政课教师要在短时间内努力学习、研究、理解、领悟中华优秀传统文化融入马克思主义中国化时代化理论成果，就要不断追问和积累研究问题，如马克思主义中国化的科学内涵与精神实质是什么？这需要研究毛泽东在1938年扩大的六届六中全会上首次明确提出"马克思主义中国化"的科学命题；研究马克思主义中国化的两个方面的基本含义，即马克思主义的中国化和中国化的马克思主义的含义；研究在马克思主义中国化的历史过程中，中国的具体实际包括现实实际和历史文化实际，作为中国具体实际一部分的中华优秀传统文化在马克思主义中国化的过程中所起的具体作用。再如：马克思主义中国化的"两个结合"命题要解决什么问题？马克思主义基本原理同中国具体实际相结合主要是解决中国向何处去的问题，马克思主义基本原理同中华优秀传统文化相结合是要弄明白中国是从哪里来的。再如：马克思主义是如何同中华优秀传统文化相结合的？马克思主义之所以能被中国人接受，思政课教师要认真思考中国传统文化和马克思主义之间存在一种怎样的契合关系？马克思主义是怎样激活了中华文明的？要去研究毛泽东和习近平的深刻论述。毛泽东指出："自从中国人学会了马克思列宁主义以后，中国人在精神上就由被动转入主动。"[1] 毛泽东的这一评价，深刻表明了中华民族的文化觉醒与文明新生。习近平也深刻指出："在近代中国最危急的时刻，中国共产党人找到了马克思列宁主义，并坚持把马克思列宁主义同中国实际相结合，用马克思主义真理的力量激活了中华民族历经几千年创造的伟大文明，使中华文明再次迸发出强大精神力量。"[2] 总之，将研究内容进入教学内容，用教学过程中的碰撞激发研究灵感，实现教研相长。

三、中华优秀传统文化融入马克思主义中国化时代化理论成果的方式方法研究

对中华优秀传统文化融入"毛中特概论"和"习概课"的教学研究，具有重要的实践意义。实践意义主要在于通过对中华优秀传统文化与两门课程相通部分的研究，包括教学方式方法、教学途径内容、教学状态等，既能提高两门课程的文化底蕴，提高马克思主义中国化时代化理论成果教学的说服力、亲和力和感染力，又能发挥中华优秀传统文化的育人功能，使大学生更好地传承中华优秀传统文化。

---

[1] 毛泽东选集（第4卷）[M]. 北京：人民出版社，1991：1516.
[2] 习近平. 在党史学习教育动员大会上的讲话 [M]. 北京：人民出版社，2021：11.

（一）善用教学方式方法，让融入教学的研究氛围浓厚

其一，营造教学中的研究氛围，通过提问、研讨等方法，搅动整个课堂，让学生跟老师一起互动、思考。教师要根据不同的教学内容采用不同的教学手段和方法，积极引导学生把所学理论知识和中华优秀传统文化智慧结合起来。马克思主义与中华优秀传统文化具有诸多相通之处，中国人民在长期生产生活中积累的宇宙观、天下观、社会观、道德观同科学社会主义价值观主张具有高度契合性，① 如在讲述"马克思主义中国化的科学内涵"知识点时，给学生提出和设置相关问题："中华优秀传统文化和马克思主义之间有哪些相通之处"，组织学生进行分组讨论；再以"推动中华优秀传统文化的创造性转化和创新性发展"为主题，让学生查阅文献资料，以小组为单位进行探讨交流。在讲述毛泽东思想形成的内容时，设问：毛泽东是怎样认识中国的？然后讲述：毛泽东是从历史研究中国、以现实观察中国、用哲学分析中国、用调查了解中国，重点阐释"毛泽东从历史研究中国"的内容，给学生列出毛泽东喜爱的历史、传统文化典籍，阐明观点：毛泽东始终坚持历史唯物主义的观点，努力探求历史文本背后隐藏的真相，推动《二十四史》的普及；在此基础上采取研讨交流、毛泽东诗歌诵读等方式，引导学生理解毛泽东真切了解中国历史，其传统文化观的核心思想就是站在马列主义立场上，批判继承了中国古代优秀的文化遗产，所以毛泽东是中国传统文化的批判者、阐释者，更是最伟大的继承者。对这一问题的讲授，探究中华优秀传统文化与毛泽东思想形成之间的关系，可以使学生深入领会中华优秀传统文化对毛泽东个人成长的影响，启发大学生选择正确的人生道路。

其二，灵活运用思维导图和知识图谱讲活讲透讲实中华优秀传统文化融入马克思主义中国化时代化理论成果。例如，马克思主义中国化时代化的代表人物是如何把握中华优秀传统文化的发展逻辑的？这就可以用思维导图和知识图谱来引导讲授，把毛泽东、邓小平、江泽民、胡锦涛、习近平在马克思主义与中华优秀传统文化的有机结合方面的重要理论阐述、典型

---

① 中国共产党第二十次全国代表大会文件汇编［M］．北京：人民出版社，2022：14．

实践探索、重要转化创新用立体等方式呈现出来，通过诵读经典、释读经文、今读经义等，让大学生参与到课堂教学中来。增强教学效果，需要思政课教师不断进行创新和探索。

（二）巧搭融入途径，使融入教学的实践进路清晰

中华优秀传统文化融入"毛中特概论"和"习概课"教学，就是通过挖掘中华优秀传统文化中与中国化马克思主义理论中有价值的契合点，将中华优秀传统文化中的精髓内容与这两门课程的授课内容结合起来，使得大学生在了解和传承中华优秀传统文化的基础上更好理解中国特色社会主义理论的科学性、中国特色社会主义道路和制度的独特性。因此，教学过程中，融入的进路十分重要。

首先，宏观维度的课程融入。这主要是指从总体上将中华优秀传统文化融入"毛中特概论"和"习概课"教学。在两门课程中宏观融入的侧重点不同。"毛中特概论"课程中，要讲授第二个结合的重要意义和历史进程，以便使大学生更好地理解马克思主义同中华优秀传统文化在百年党史的发展历程中最终形成了互动共生的人类文明新形态。在"习概课"课程中，要讲清楚为什么"中华文化和中国精神的时代精华"是关于习近平新时代中国特色社会主义思想理论地位的一个全新论断，习近平新时代中国特色社会主义思想与中华优秀传统文化有着怎样的深刻关联？以便大学更好理解习近平新时代中国特色社会主义思想的重要地位和意义。

其次，中观维度的专题融入。一方面，要对照教材章节，挖掘中华优秀传统文化资源，梳理与这两门课程教材内容匹配度较高的资源。2023版的"毛中特概论"教材主要包括导论和八章内容，主要是毛泽东思想和中国特色社会主义理论体系，是马克思主义中国化时代化的前两次飞跃。比如导论部分，可以将毛泽东、邓小平、江泽民、胡锦涛论中国历史、中华民族以及中华优秀传统文化的资源用于教学，像前面论述过的用思维导图和知识图谱的讲授方法。首次出版的《习近平新时代中国特色社会主义思想概论》教材，主要包括导论和十七章内容，是给高校学生讲授习近平新时代中国特色社会主义思想的重要依据。梳理教材的章节内容发现，每

一章都可以精练出中华优秀传统文化在新时代的创造性转化和创新性发展，比如第十二章建设社会主义生态文明，习近平生态文明思想是绵延5000多年中华文明孕育的丰富生态文化在新时代的创造性转化和创新性发展，中华民族尊重自然、热爱自然，"天地与我并生，而万物与我为一"的"天人合一"思想是中华文明的鲜明特色和独特标识，在习近平生态文明思想的"十个坚持"中都有或多或少的体现。授课教师要梳理、思考和提炼，为中华优秀传统文化融入教学做好准备。另一方面，可以在具体的教学专题中进入融入。比如在"毛中特概论"课程中关于"科学发展观"教学专题中进行融入。作为马克思主义中国化时代化的理论成果，科学发展观的第一要义是发展、核心是以人为本、基本要求是全面协调可持续、根本方法是统筹兼顾。中华优秀传统文化为科学发展观提供了丰富的文化基础和思想基础，而科学发展观则包含着对中华优秀传统文化的创造性继承和创新性发展。所以，要给学生讲清楚以下几个关系的继承与发展：马克思主义发展观与中华传统富国富民思想、中华传统和谐思想与全面协调和统筹兼顾思想、以人为本与中华传统人文精神和人本思想等。

最后，微观维度的问题融入。这主要指具体问题和具体知识点的融入，这需要任课教师吃透教材，对具体问题和具体知识点进行研究。比如："毛泽东思想"中的"实事求是"，中国特色社会主义理论发展中的"小康"社会，社会主义核心价值观，继承了中华优秀传统法治思想的全面推进依法治国等。以"实事求是"为例，在授课过程中，第一步提取问题，在教材和相关文本中提取出关键问题，激发学生学习兴趣。如"实事求是"最早出自哪部文献？毛泽东什么时候最早提"实事求是"？毛泽东的"实事求是"思想对传统文化中的"实事求是"观点进行了怎样的创造性转化和创新性发展？"实事求是"作为党的思想路线在马克思主义中国化时代化进程中有哪些创新？第二步求解答案，在教材体系和知识体系中，教师帮助学生探寻问题求解的线索和思路，逐层剖析，与学生共同实现问题求解目标，让学生"知其然，更知其所以然"，实现思维方法的跃升。

总之，中华优秀传统文化融入马克思主义中国化时代化理论成果之教学研究方兴未艾，未来会有越来越多的思政课教师通过教学实践进行总结提炼。通过不断探索，提高这两门课程的教学效果，使学生学习把握理论背后的思想、思想中的战略、战略中蕴含的智慧，自觉投身于中国特色社会主义伟大事业中，为实现中华民族伟大复兴贡献力量。

网络育人视域下红色文化资源
融入高校思政课路径初探*

胡　俊**

【摘要】 思政课是高校落实立德树人根本任务的关键课程。既把红色文化资源融入思政课教学，又善于"运用新媒体新技术使思政课活起来"，是笔者思政课教学创新的课程观和方法论。其实践进路是：改革教学组织形式和考核评价方式；作为案例融入课堂教学；通过课程设计融入实践环节；创作视频作品通过网络传播。

【关键词】 思政课　红色文化　网络育人　教学改革

思政课是落实立德树人根本任务的关键课程，是培养社会主义建设者和接班人的重要保障。习近平总书记指出："教材给出的是教学的基本结论和简要论述，要让不同类型的学生都爱听爱学、听懂学会，需要做很多创造性工作。"① "我们党带领人民在革命、建设、改革过程中锻造的革命文化和社会主义先进文化，为思政课建设提供了深厚力量。"①2021 年 6 月 25 日，习近平总书记在主持十九届中央政治局第三十一次集体学习时强

---

* 本文系 2021 年甘肃省哲学社会科学规划基金项目"非遗民歌与红色基因融合思政课程教学理论与实践研究"（项目编号：2021YB003）、2021 年西北民族大学教育教学改革研究一般项目"马克思主义新闻观指导下的新时代大学生网络育人实施与探索"（项目编号：2021YJYBJG‒41）的阶段性成果。
** 胡俊，西北民族大学马克思主义学院讲师。

① 习近平．思政课是落实立德树人根本任务的关键课程 [J]．求是：2020 (17)：3‒9.

调，"要用心用情用力保护好、管理好、运用好红色资源。""设计符合青少年认知特点的教育活动，建设富有特色的革命传统教育、爱国主义教育、青少年思想道德教育基地，引导他们从小在心里树立红色理想。"①这些重要论述为我们进一步办好思政课、讲好思政课提供了根本遵循，也为"红色文化＋思政课"的改革创新提供了重要的方向指引。

一、网络时代思政课高质量发展的问题困境

思政课教学是铸魂育人的工作，要将思想政治理论内化为学生的思想观念、价值理念和行为规范，必须认真分析教育对象的特征做到因材施教。"离开特定的社会物质条件和社会关系状况抽象地分析教育对象，就会停留在表面现象和肤浅层次上""很难真正把握教育对象的本质特征"。② 我们正经历百年未有之大变局，世情国情民情都在发生深刻变化。作为教育对象的00后大学生高度依赖网络，他们"24小时在线""随时随地发现新鲜事"，更倾向于从社交媒体获取信息、输出观点、交流互动。如果教师施教理念落后、教学模式缺乏创新、教学方法单调乏味，会加剧学生的畏难情绪，其参与度和学习效果受到负面影响。在机器算法加持下，信息爆炸与信息茧房并存，网络的观念塑造和价值引领功能被进一步放大，教师"单向灌输"效果持续弱化。

思政课面临的问题困境，对构建网络环境下的思政课教学生态提出了更高要求，必须不断丰富教学手段，以更加鲜活、更加新颖、更加形象、更加互动的方式推进思政课教学改革。为此，学界开展了一些有益的研究和尝试，红色文化资源是其中的一个方向。在实践层面，要结合当地和本校具体实际具体分析，如何深入挖掘学校及属地的红色文化资源？又以何种方式融入思政课教学，切实增强学生的获得感？如何把思政小课堂与社会大课堂结合起来，提升实践教学对理论灌输的感性支撑？本文将围绕这

---

① 习近平. 习近平在中共中央政治局第三十一次集体学习时强调 用好红色资源赓续红色血脉 努力创造无愧于历史和人民的新业绩［N］. 人民日报，2021－06－27（01）.
② 陈万柏，张耀灿. 思想政治教育学原理［M］. 北京：高等教育出版社，2015.

些问题展开探讨。

二、着眼课程融合的
校地红色文化资源现状调查

甘肃是一片红色土地，在中国革命历史进程中发挥了不可替代的重要作用。土地革命战争时期，以刘志丹、谢子长、习仲勋等老一辈革命家为代表的共产党人，创建了红26军和陕甘边革命根据地，并于1934年11月建立了陕甘边区苏维埃政府，后来形成了陕甘革命根据地。陕甘革命根据地为党中央和各路长征红军提供了落脚点，为八路军主力奔赴抗日前线提供了出发点，成为土地革命战争后期全国"硕果仅存"的完整革命根据地。这片热土孕育了革命，为中国革命作出了历史性的贡献，形成了丰富独特的红色文化，留下了众多红色遗址遗迹和一座座精神"富矿"，为思政课教学提供了宝贵的资源和素材。

习近平总书记在中国人民大学考察时指出："要加强校史资料的挖掘、整理和研究，讲好中国共产党的故事，讲好党创办人民大学的故事，激励广大师生继承优良传统，赓续红色血脉。"[①] 作为共和国第一所民族高等院校，西北民族大学与中国人民大学、西北政法大学等同根同源，具有光荣的革命传统和鲜明的红色血脉。肇始于中国共产党1941年在延安创建的民族学院，后民族学院等8所院校一同并入延安大学，1949年更名为西北人民革命大学（简称"西北民大"）。根据毛泽东主席电报指示精神，彭德怀、习仲勋等老一辈无产阶级革命家在西北人民革命大学兰州分校第三部的基础上筹建西北民族学院，1950年8月正式成立，汪锋同志（原名王钧治）是首任校长。汪锋同志曾担任毛泽东同志的秘使促成并参与和平解决"西安事变"，为民族独立和人民解放作出了重要贡献。

通过充分挖掘校地蕴含的红色文化资源，创造性地转化为育人优势，能够更好发挥思政课的主渠道、主阵地作用，帮助学生近距离感受红色文

---

① 习近平在中国人民大学考察时强调：坚持党的领导传承红色基因扎根中国大地 走出一条建设中国特色世界一流大学新路 [N]. 人民日报，2022－04－26（01）.

化与初心使命，更直观感受党对民族工作、对教育工作的高度重视，更形象地认识和理解"马克思主义深刻改变了中国，中国也极大丰富了马克思主义"。

三、红色文化资源融入
思政课教学的实践路径

按照"大思政课"理念，笔者在教学组织形式、考核环节予以创新，积极推动思政小课堂与社会大课堂、实践新课堂、网络微课堂等结合起来，初步形成基于"课堂＋实践＋传播"的"三位一体"教学法。经教学实践和学情调查，发现有助于压实团队特别是组长的责任，促进成员间既亲密合作又互相督促，凝聚成一个学习共同体，有效激发青年学子的学习兴趣和自主性，学生普遍认可，取得了较好的教学效果。

（一）教学组织形式的改革创新

1."组团式"学习法

传统教学模式里，思政课一般是大班授课，班干辅助教学管理，在实践教学考核环节才会划分若干"学习小组"，组团完成实践课大作业。经过调整，开课即按每5—7人"分组成团"，从导论部分就开始"协同学习"，不再到期末临时组队。方式上自由组队，各组自行推选一名组长，不再由老师或班干指定，组内合作，组间竞争。组长要具有一定的组织协调能力，善管理，能服众，牵头组织课前预习、课间讨论、课后及实践作业。

2."参与式"教学法

参考相关赛事做法，结合传播学"议程设置"功能，通过社群提前发布课前预习、课堂讨论、实践作业选题，并给予一定引导和干预。组长申报选题后，主持制定方案和成员分工，挖掘与课程内容相关的红色文化资源，以PPT、短视频、调研报告等形式在课间或课前分享。对各团队作品进行评分，计入平时成绩，表现突出的团队，在实践教学环节可深度参与实地调研或相关主题的人物访谈、纪录片摄制等。

3."互动式"教学法

充分发挥社交媒体的"交互"优势。除通过社交媒体转发资源、答疑解惑、交流互动外，将互联网应用场景迁移到课堂，譬如将耗时费力的点名改为扫码签到，以"抽奖"形式随机提问和抽查考勤。适时启用"弹幕"功能，播放展示实践作品时可发弹幕评价，还可通过弹幕参与答题，未被大屏幕"选中"被弹幕多次提及者也需回答问题。

（二）考核评价的改革创新

1. 成绩构成

平时成绩一般由出勤、提问、课后作业等构成，加大幻灯片、短视频形式分享"红色故事"的权重，减少出勤和课堂提问的占比。将团队协作情况和团队作品成绩纳入平时成绩考核，如果出现成员无故缺勤、小组作业"划水"的情况，本人、组长和团队成员成绩均会受到影响。

2. 考核方式

组长不仅有义务督促成员出勤到课和在理论学习、实践环节"出工出力"，而且有权力参与成员考核评价。课后和实践作业展示环节，所有组长组成"评审团"与老师一起评分，最后得分为团队总分。在此基础上，组长依据贡献率给成员打分，"二次分配"后计入平时成绩。原则上必须有分差，杜绝"大锅饭"和"人情分"。

（三）课堂教学与教学实践的改革

在教学实践中，通过"课程融入""实践教学""网络传播"等方式和渠道，将校地红色文化资源巧妙地融入相关内容章节、创作网络文化作品，成为教育人、激励人、塑造人的鲜活教材。

1. 将校地红色文化资源融入课堂教学

作为教学案例融入课堂教学，用于补充和丰富教学内容。因为与学校、属地高度相关，有效提升抬头率和互动率。譬如讲授马克思主义在中国的传播，既讲"南陈北李""五四运动"以及毛泽东、周恩来、邓小平、蔡和森等，还讲张一悟、胡廷珍、王孝锡、宣侠父等大革命时期奋战在甘肃的共产党人；讲解新民主主义革命道路时，讲刘志丹、谢子长、习仲勋建立红26军，创建南梁根据地，成立陕甘边区革命委员会，创造性地实践毛泽东提出的"工农武装割据""农村包围城市""武装夺取政权"的中国革命正确道路；讲授"改革开放"相关内容时，讲习仲勋在南梁如何"搞活经济"；讲授"统一战线"相关章节时，讲汪锋同志如何促成并参与和平解决"西安事变"。

2. 重视理论实践、课堂内外的有效衔接

通过主题调研、实践教学等方式融入实践环节，主要形式是带学生前往旧址、故居开展现场体验式教学。这种"行走的思政课"顺应认知规律和尊重大学生心理需求，将讲授与体验、逻辑与情感、感性与理性等紧密结合，其视听感染力、情感冲击力、心灵震撼力都远胜于传统课堂教学。比如实地探访"西北民大"旧址和"汪锋故居"、张一悟纪念馆、八路军驻兰办、会宁、南梁等地感悟红色文化。比如与学生一起访谈汪锋、蒙定军后人及工作人员，共同见证记录有关口述史和革命故事。据反馈，能够更加深刻地认识和理解革命前辈的感人事迹，自觉旗帜鲜明地反对、抵制历史虚无主义。

3. 创作视频作品在网络平台传播推广

全媒体时代，短视频深受青年大学生喜爱，传播效果较好。"课间分享"既是练兵，也是展示，"视频作业"事实上成为教学案例、教辅材料，同学们的短视频创作能力有明显提升。参考教育部"一节一推选""我心中的思政课"及有关赛事选题指南，在拟定实践课教学计划时，指定创作主题和作品形式，引导学生创作网络文化作品，既作为结课作品又择优宣传推广，让更多人看到。比如学生参与摄制的《忠诚的共产主义战士——西北民族大学首任校长汪锋》《统一战线的典范——杰出的兵运、情报和统战工作者蒙定军》等短片在学校新媒体矩阵同步上线。其中《汪锋》入选新华社、教育部党史教育百校讲述，在新华网、中大在线等平台广泛传播，学生获得感满满。

四、"三位一体"教改法的推广价值

通过上述措施，从过去"满堂灌"变成大家"一起学"，学生真正成为课堂责任主体，自主学习意识得到激发，参与感更强，成就动机更明确，丰富了教育教学内容，提升了针对性和亲和力，有效摆脱了教学困境。在具体的教学实践中，有"三个坚持"需要注意。

（一）坚持必修选修与线上线下同步融入

笔者在必修课《毛泽东思想和中国特色社会主义理论体系概论》《形势与政策》中均有融入，线上线下同步开展。一是把准全媒体时代传播特征和受众喜好，通过运用短视频、直播、弹幕、互动等青年学生喜欢的形式和载体，从单一的被动受教育者转型为教育教学活动的主动参与者，调动了积极性和主动性；二是线下提交实践作品的同时，要求通过微博、B站、抖音等社交平台账号发布作品，择优在学校新媒体矩阵发布，从而在网络空间形成二次传播，奋力讲好民大故事、甘肃红色故事，传播效果较好的作品则推荐参加全省、全国思政类微电影、微视频比赛。其中，2022年春季学期实践作业《我心中的思政课》《奋进新征程》等在甘肃省"青春献礼二十大 强国有我新征程"短视频大赛中获奖。

（二）坚持实践学时与理论学时同等重要

在思政课教学中，理论课学时占比较大，实践课学时相对较少，但二者同等重要，切不可厚此薄彼。为此，要在充分研究分析属地和学校红色文化资源的基础上，找准与课堂教学、实践教学的结合点，既补充课堂教学内容，又纳入实践作业选题指南，在实践教学环节，尽可能带学生去一两处红色故事发生的现场或红色人物的故居、纪念馆等进行"体验式"教学，学生转化为自己的语言来讲述分享、用短视频呈现给更多人，这样才能把道理讲深、讲透、讲活，才能引导学生真学、真懂、真信、真用。

（三）坚持用"身边人身边事"激发同频共振

根据传播规律和教学经验，处于同一个空间场景比如母校、故乡、当前所在城市等，更容易引起关注和共情，即"远在天边不如近在眼前"。来自家乡的、当前所在省市的、与本校相关的红色人物、故事等红色文化资源，作为教学案例将更具有说服力和感染力。因此，我们要做足功课，深入挖掘整理、用好用活当地和本校红色资源，更多地用"身边人身边事"感染浸润，方可教育引导青年学子赓续红色血脉，与革命先辈同频共振，让革命薪火代代相传，始终与党和人民同向同行。这是高校深入开展红色基因传承行动、持续推进新时代思政课改革创新、讲好"大思政课"的必由之路。

笔者探索的"三位一体"红色资源融入思政课的教学法，在课堂、实践、传播和组织形式、教学过程、考核评价等方面形成闭环，教育引导青年学子更加自觉坚定理想信念，以革命先辈优良传统为精神之锚去校正价值追求，传承弘扬红色基因，始终做到爱党爱国爱社会主义、坚定践行社会主义核心价值观，实现了教学、宣传、思政工作多赢，具有一定的示范和推广价值。

文艺论衡

书法中的"多余"及书法艺术的摇篮

陈洪捷[*]

【摘要】 在中国书法创作中"多余"的"虚笔",构成一种重要的艺术表征。这种"多余"既有提高书写速度的实用功能,同时亦赋予书法更多的艺术属性,展示出书写的运动感、节奏感、抽象性和丰富的艺术表现力,为观赏者提供了极大的想象空间。草书作为最早具备审美意识的书体,其独特的审美范式也影响到其他书体,很大程度上,草书的审美观念决定了中国书法作为艺术的审美范式。

【关键词】 书法　艺术表征　草书　审美范式

一、书法中的"多余"

艺术作品都是精益求精的结果,每一件优秀的作品都是色彩、材料、形式、音节最精当、最完美的组合,可谓增一笔太多,减一笔则少。如果为贝多芬的第九交响乐增添一个音符,为《蒙娜丽莎》增添一笔,或为齐白石笔下的虾群添上一笔,或为李白的诗歌增添一个字,一定会破坏作品的完美性。特别是在视觉艺术中,色彩和线条都必须恰到好处地表现对象,呈现恰到好处的形式,任何会让对象变形的色彩和线条都是不允许

---

* 陈洪捷,北京大学博雅教授、博士生导师,北京大学中国博士教育研究中心主任,《北京大学教育评论》主编,中国学位与研究生教育学会研究生教育专业委员会副主任。

的。总之，艺术中不允许有超出其所恰当表现对象的"多余"部分。在创作过程中用以辅助的"多余"部分，如草图或辅助线等，都必须在艺术品完成之时被彻底清除。

然而在中国书法中，特别在行书和草书中，"多余"却是被允许的。不仅被允许，而且还构成一种重要的艺术表征。所谓多余，就是对于所书写的汉字而言，那些无用的线条，或者称之为"虚笔"。崔树强说，书法中有"虚笔"，即书写中笔画的拉长，表现为笔画之间的牵丝连带以及实笔的延长（《习书有法》，第199页）。这里所说的虚笔，其实就是实笔之外的"多余"笔触。按理说，虚笔是多余的，去掉并不影响阅读，但是"在一幅书法作品中，如果把虚笔去掉，只剩下实笔，就会显得韵短而节促，没有风致，没有韵味（同上）"。也就是说，虚笔对于所书写的汉字来说虽属多余，但对于书法艺术来说却很有必要，甚至至关重要。可谓虚笔不虚。

众所周知，书法"以汉字字形为表现内容"（朱天曙著《中国书法史》，第1页），而汉字字形就是书法艺术的先天规定性。所谓先天规定性，就是书法艺术的前提条件。不写汉字，就无所谓书法艺术。而汉字是由一定的笔画、按照一定规则构成的符号。任何超出必要的笔画或笔画形态的"笔画"都是多余的。比如"小"字是由两点和中间的竖勾三个笔画组成的，而超出这三个笔画的"笔画"即属多余。但在写行书和草书时，左右两点往往会连接起来，而中间连接的"线条"对于"小"这个汉字来讲，就是"虚笔"，是多余之笔。

但事实是，行书和草书最为显著的特点之一就是笔画牵引萦带，即点画之间的连接线。对于汉字本身和阅读而言，这些点画之间的连接部分其实没有必要，不但多余，而且还改变了原来汉字的结构，增加了辨识的难度。我们看张旭的《古诗四帖》，满纸都是一些缠绕不断、行云流水的线条，大部分字都很难辨认，而难以辨识的原因也正是由于连线太多（也由于笔画减省）。但没有人因为难以辨识而否认张旭的草书艺术，反而盛赞其字势纵横，激荡挥洒。可见，这些干扰阅读的笔画牵引萦带恰恰是草书艺术的一种特色。我们常说，草书是中国书法中最具艺术性的书体，而这些牵丝连带的"多余"之笔恰恰功不可没。那么，牵丝连带究竟有何种作用？不妨简单归纳如下：

第一，从书写的角度看，牵丝连带实际是对汉字的笔画和结构进行了简化、重构和勾连，提高了书写的速度。朱天曙著《中国书法史》对草书形成的过程有简明的论述："草书的产生，最早萌芽于篆书草写的草篆之中。随着草篆嬗变为古隶，草书又继续在古隶的快写中发展"，"在长期的书写实践中，这种原本简易、急速的写法，逐渐约定俗成，形成有法度的草书"（第74页）。由此看来，牵丝连带的确由于书写速度提高而产生，具有实用的功效。

第二，牵丝连带增加了书法动态感，展示出书写的运动感和节奏感。如果说书法与音乐有很大的相似性的话，牵丝连带在其中的贡献最为突出。也可以说，牵丝连带使得草书更具有时间性。各种书体虽然都具有时间性，但草书的时间性无疑最为突出。另外，牵丝连带其实也是对书写过程和笔迹的一种记录和呈现，观看者顺着笔画的行进和转动，便可以心追手摹，想象整个书写的过程，跟随笔画的行进路线来体验运笔的流程。

第三，牵丝连带赋予草书以更加丰富的表现力，为观赏者提供了极大的想象空间。书法的意象表达是书法艺术魅力一个重要方面，而草书在诸种书体中无疑是最具表现力的书体。这种表现力在很大程度上则来源于牵丝连带。我们所熟悉的大量关于书法意象的描述和各种拟物的想象，大都对应于草书。如张旭"观于物，见山水岩谷，鸟兽虫鱼，草木之花实，日月列星，风雨水火，雷霆霹雳，歌舞战斗，天地万物之变，可喜可愕，一寓于书"。如怀素说，"吾观夏云多奇峰，辄常师之，其痛快处如飞鸟出林，惊蛇入草"。

第四，牵丝连带使得草书更加远离汉字的实用功能，更具抽象性和艺术性。书法与汉字书写不同，在于其独特的笔墨语言。草书具有最为丰富笔墨语言，因此与实用书写之间的距离也最大。翻开张旭的书法作品，就会看见满纸点画勾连缠绕，纵横挥斫。看怀素的书法作品，更是笔画环折跳荡，连绵回绕，翻滚奔腾。这些充满牵丝连带的作品显然不易阅读，远离实用阅读的功能，但其审美功能却尤为凸显。可以说，草书艺术性在很大程度上正是源于牵丝连带的笔画。

总之，草书的牵丝连带对于汉字笔画结构来说是一种"多余"，这种多余虽然有提高书写速度的实用功能，但在更大的程度上却赋予草书以更多的艺术属性，使得草书成为中国书法诸体之中最具艺术性的书体。草书之所以被认为是中国书法艺术的最纯粹、最集中的体现，就是因为创作空间最大，阅读和辨识相对不很重要。

书法历来在实用和艺术之间摇摆不定，而草书一般偏于艺术一端，远离实用一端。对于草书，即使大部分文字都难以辨识，我们仍然喜欢欣赏。而对于其他几种书体，我们对可读性的要求会更高一些。刘熙载说"他书法多于意，草书意多于法"。这里的"意"其实也包含了书写时的"任意""恣意""随意"，"意"就意味着自由发挥的空间。而草书的自由发挥，主要依赖对"多余"线条或"虚笔"的运用。刘熙载还说"书家无篆圣、隶圣，而有草圣。盖草之道千变万化，执持寻逐，失之深远，非神明自得者，孰能止于至善耶？"这里的"神明"虽然有点神秘主义的感觉，但也道出草书的艺术灵魂。

需要说明的是，以上虽然侧重讨论草书和行书，但牵丝连带从书法艺术规则和审美的角度看，也可适用于楷书和隶书，如刘熙载所说"他书法多于意"。就是说，书法诸体是相通的，其他书体虽然"法多于意"，并不意味着没有"意"，"多余"之笔应该普遍存在于各种书体之中。关于这个问题，这里暂不展开讨论。

曾有专家指出，"视觉形式之美"是现代书法的本质特质，"展示形式"成为书法的关键所在（陈振濂《线条的世界》，第212页）。而以上的讨论却表明，草书从一开始就具有偏离实用书写的倾向，"多余"的笔画除了观赏和展示价值，其实没有多少实用价值，与辨识和阅读无关，反倒还是减弱了实用的阅读功能。

关于中国书法中的牵丝连带现象，在传统上很少被关注。张怀瓘在《文字论中》提到"书势不断绝，上下勾连"。米芾在《书史》中论及王献之《十二月帖》，说"此帖运笔如火筋画灰，连属无端末"，称之为"一笔书"。这里涉及的是上下两字互相接笔现象，但草书的牵丝连带远远超过这种"接笔"的范围。刘熙载在《艺概》中曾经讨论过"增减笔画"问题，在一定程度上也涉及牵丝连带问题。但这些作者都没有将牵丝连带作为草书或书法中的一个问题展开讨论。本文对书法中的牵丝连带现象的讨论，仅仅是一种尝试，希望对书法理论和书法技法的研究有所裨益。

二、草书是书法艺术的摇篮

在中国书法中，草书的地位最高。潘伯鹰说，"以学书的艺术和技术论，草书是最高境界。因之学书者不能以草书胜人，终不为最卓越的书家"（《中国书法简论》，162 页）。朱天曙说"草书是书法中最具有表现力的书体"（《书法问答》，第 183 页）。由此看来，真草隶篆四种书体虽然都是中国书法的组成部分，但艺术的含量似乎不同，而草书居第一。或者说，就四种书体而论，草书是中国书法艺术的最集中和完美的代表。我个人以为，草书的这种特殊的艺术地位与书体演变及汉字书写的历史密切相关。

刘熙载《艺概》卷五《书概》说，"书凡两种：篆、分、正为一种，皆详而静者也；行草为一种，皆简而动者也"。按照这种说法，中国书法分为正书和草书两类，"正书居静以治动，草书居动以治静"。其实正书和草书不仅具有类型的差异，而且在书写内容和适用场景方面，也具有明显的差异。

中国书法首先是汉字的书写，而汉字的书写与特定的功能相联系。汉字最初具有神圣的含义，所以仓颉造字竟然引起"天雨粟，鬼夜哭"的异象。而且在秦始皇之前，"文字是专供皇帝祭祀用的，并不是为了用于人与人之间的交流的"。汉代的木简也主要是文书、公文，以及字书、历书（藤枝晃《汉字的文化史》，第 68 页）。在严肃、庄重和重要的场合，通常都使用正书，行草只有在私人生活中较为流行。就是说，书写功能也决定了书写的风格和规范，正书通常讲究书写的规则和规范，而行草则更突出个人的个性发挥。就书法的书写和艺术两种功能而言，正书更接近实用书写，而行草更接近艺术。

早在草书形成时期，就有人非难草书。汉代著名辞赋家赵壹曾针对草书流行的现象，专门著文，提出批评。他在《非草书》一文中说，"余惧其背经而趋俗，此非所以弘道兴世也"。他继续说，"盖秦之末，刑峻网密，官书烦冗，战功并作，军书交驰，羽檄纷飞，故为隶草，趋急速耳，示简之指，非圣人之业也"。按赵壹的说法，草书当时就是因为公文频繁，为了追求速度，就采用减省之法，潦草书写文书。这种草草之书与圣贤之意、弘道兴世之目标甚远，不可误入歧途。他对写草书的这些人语重心长地说道："盖伎艺之细者耳，乡邑不以此较能，朝廷不以此科吏，博士不以此讲试，四科不以此求备，正聘不问此意，考绩不课此字。善既不达于政，而拙无损于治，推斯言之，岂不细哉"？

赵壹说，写草书于个人和社会发展毫无用处，纯属不务正业，浪费精力。显然，赵壹的批评是从书法的书写功能出发的，当时的文字和书写都是与儒家的济世经邦的严肃目标相联系的，所写隶书是正道，而草书则不入流。

我们不禁要问，这些草书狂人"口诵其文，手楷其篇，无倦息焉"，"以为秘玩"，为什么如此沉醉于草书、乐此不疲呢？显然，张芝及其追随者没有把书法看作升官进阶的工具，轻视了书写儒家经典的实用功能，而是陶醉于草书艺术的世界，追求的审美的境界。赵壹是这样描述这帮"艺术家"的："专用为务，钻坚仰高，忘其疲劳，夕惕不息，仄不暇食。十日一笔，月数丸墨。领袖如皂，唇齿常黑。虽处众坐，不遑谈戏，展指画地，以草列壁，指爪摧折，见鳃出血，犹不休辍"。

这段文字为我们提供了当年一批草书爱好者的生动景象，他们废寝忘食，满身满脸都是墨，指头受伤出血，他们仍然忘我习艺。这在中国历史上估计都是难得一见的场面。

这么疯狂地玩草书，醉心于书法艺术，作为公务员学者的赵壹对此当然是无法理解的，所以他才郑重其事地撰文抨击。其实赵壹的观点并非个别人的看法，自有其广泛的社会文化背景。北齐人赵仲也说"草不可解。若施之于人，似相轻易。若与当家中卑幼，又恐其疑，是以必须隶笔"。唐人席豫认为写草书"不敬他人，是自不敬业"（顾炎武《日知录》卷二十一）。显然，在许多人看来，草书是不严肃的，不登大雅之堂，只能自己私下玩玩。

值得注意的是，最早的书法理论著述出现于东汉，而且都是关于草书的，这就是《草书势》和《非草书》。《草书势》对草书的起源进行了说明，进而用了大量篇幅生动描述草书姿态和气象，比如"若据高临危，旁点邪附，似螳螂而抱枝。绝笔收势，馀綖纠结；若山蜂施毒，看隙缘巇；腾蛇赴穴，头没尾垂。是故远而望之，灌焉若注岸奔涯"。这里借树枝、螳螂、山峰、腾蛇、波涛等种种自然现象类比草书的气势。有人说，"《草书势》从草书的实用功能和审美功能揭示了草书本体的特征，意味着草书已从实用之体升华为艺术之体，并已成为独立的审美对象"（金开诚、王岳川编《中国书法文化大观》，第 208 页）。这里提到"草书已从实用之体升华为艺术之体"，这一点在中国书法史上具有破天荒的意义，标志着书法作为一种艺术的正式诞生。而且这种艺术的自觉对后世书法艺术范式的形成也具有示范作用。从汉魏以降，书论著作中以"书势"为题的相当多，如汉代的蔡邕、晋代的卫恒、索靖、刘邵、王羲之、宋代的鲍照等，《草书势》的影响可见一斑。朱天曙也指出，崔瑗所著《草书势》是现今看见最早的书论文字，后来蔡邕作《篆势》，卫恒作《字势》《隶势》，皆仿《草书势》（《中国书法史》，77）。

众所周知，后世我们所熟知的各种书体在东汉已经形成，但关于书法的理论性思考却基于草书而诞生，而非基于历史更为悠久的隶书或其他书体。这说明草书是最先具备书法艺术意识的书体。就是说，只有在草书的书写过程中，书法家们最早萌生了审美的意识和艺术创作的冲动。《草书势》就是这种审美意识的具体体现。另外，书法艺术在东汉的自觉，当然也是有其历史社会原因的，主要的一个原因是所谓"文人书家"的兴起（朱天曙《中国书法史》76 页）。在此之前，书法以实用为主，而文人书家超越的书法的实用功能，在草书中发现了个性自由表达的空间，把草书与审美结合起来。可以说，从实用书写到书法艺术的转变正是通过汉代文人书家手下的草书而完成的。

基于刘熙载关于正书和草书的区分，我们可以看到中国书法其实是沿着两条路线而发展，一条是规范化、齐整化的路线，这就是隶楷路线，另一条路线是行草路线，这是一条自由、审美的路线。从时间顺序上看，行草传统形成于汉代，隶楷传统则形成于晋代乃至隋代（藤枝晃前引书，第113 页）。或许由于行草传统率先形成，在走向艺术的道路上先走一步，因此成为书法艺术意识和书法审美观念的摇篮。从《草书势》的影响也可以看出草书的审美范畴对其整体中国书法艺术的影响。据此不妨得出如下的结论，草书是最早具备审美意识的书体，同时基于草书所形成的审美范式也影响到其他书体，草书的审美观念在很大程度上决定了中国书法作为艺术的审美范式。

这一结论的意义在于，我们可以由此区分不同书法类型的功能倾向，以及由此所产生的审美趣味的差异，以及它们在中国书法艺术中的位置与贡献。

灵魂深处的悸动

——关于诗歌创作的体验与感悟

陶建群[*]

【摘要】诗是抒情的艺术，是心灵的歌唱，是情景的交融，是灵魂深处的悸动。本文选取作者自创诗集《缠绵远方》中的七首作品，围绕"从《诗经》中衍化，融心声画意情境为一体，借雨抒情、雨中生情，发挥想象的张力，一切景语皆情语，在古典诗词中挖掘，抓住抒发情感的有效载体"等七个方面，畅谈诗歌创作的体验与感悟。

【关键词】诗歌　艺术创作　经验　体悟

《缠绵远方》爱情诗集由文化艺术出版社出版以来，有很多读者来电来信询问，让我谈谈这些爱情诗是怎么写出来的？关于这个问题，我当即回复：诗歌中的爱情故事，都是来自我们的现实生活。对于创作来说，源于生活但要高于生活。正如美国诗人保罗·穆顿所说的那样："读一首诗歌，进入时你是一个人，离开时你是另一个人。"

也有很多文友问，这本诗集为何名为《缠绵远方》呢？我觉得，用《缠绵远方》作为诗集的书名，一方面，这是对生活、对人生的思考，以及对美好未来的渴望；另一方面，更多的是表达了对一种理想爱情的憧憬与向往。

美国著名作家、哲学家梭罗曾经说过："万物尊重虔诚的心灵。只要

---

[*]　陶建群，人民日报社《国家治理》周刊副总编辑，资深媒体评论员，诗人，作家。

你对某事如痴如醉心向往之，便没有什么东西可以扰乱你的内心。"生活会如此，诗歌也一样。内心有了固守和坚持，就会像郁郁葱葱的植物，向阳而生，有灵性，有力量。我深信，大家在阅读《缠绵远方》时，一定能感受到，这是一份从心底迸发出来的纯真信仰。

我钟情于诗歌，是从小受了《诗经》、唐诗、宋词、元曲的熏陶，以及泰戈尔、惠特曼、莱蒙托夫、歌德、拜伦、雪莱、裴多菲、普希金等诗人作品的影响，是这些中外优秀作品，给了我创作灵感、丰富了我创作营养。大家读一读《缠绵远方》就能知道，我创作的爱情诗歌，有很多都是从古典诗词里的爱情故事中衍化而来。比如《寻》这首诗，就是《诗经》《蒹葭》场景再现。当然，也要把自己的情感与理想追求，在诗歌里充分表达出来，做到在继承中扬弃，在尚古中出新。

关于诗歌创作体验与感悟，我选择了以下七首诗来阐释，或许能让大家从中看到一些端倪，得到一些启发。

一、从《诗经》中衍化

《寻》

那个有露的早晨
我沿着诗行去追寻
千折百回的水湄边
你的歌声清亮如初
唱红了多少似雪芦花
唱落了多少似火晚霞
我远离水湄的天空
凝望你绰约的身影
我无舟可驾
只能远远蹑步于

你轻柔的叹息中

为你我苦苦而来

为你我苦苦追寻

那一方天明明净净

那一方水亮亮清清

你飘飞的头巾

你曾经的微语

在这明媚的季节里

流水一样地

从我身边款款而过

面对你的缥缈

面对你的犹抱琵琶

我只好寻找

千年前掩卷的

那首诗

　　这首诗写于 20 世纪 90 年代初，公开发表之后，引起读者的广泛关注，尤其受到那些正在热恋中的文学青年和大学中文系师生们的欢迎与好评。后来，我应邀到几所高校讲授诗歌创作，我就列举了《寻》这首诗的创作感受。

　　这首诗是在一个中秋的早晨写成的。那天，我去青弋江边晨练，远远看见一个身姿绰约的女子，静静站在河水边，若有所思、远眺前方，其身影与婆娑的垂柳倒映在水边，形成一幅天然的水墨画，给人有说不出的美感。眼前的景象，不正是《诗经》里常见的画面吗？"那个有露的早晨/我沿着诗行去追寻/千折百回的水湄边/凝望你绰约的身影"，这些带有浓浓的古典韵味的诗句，就这样自然从胸中流淌出来了。

　　后来研读《诗经》时发现，其真正流传下来的、感人至深的诗，还是那些爱情诗。《诗经》中的爱情诗，有一个明显的特点与细节，就是这些爱情大都发生在河边，爱的歌咏有很多与河流、河水有关。比如：《蒹葭》《关雎》《柏舟》《汉广》等，都是写河边的爱情，表现了爱情的柔媚、伤感和觉醒。自然,《寻》这首诗,也是深受《诗经》的影响,有很多诗句就是从《诗经》中衍化而来。"为你/我苦苦而来/为你/我苦苦追寻/那一方天/明明净净/那一方水/亮亮清清",这都表明了去河边寻你、追你的信心和决心,凸显其对爱的执着与坚定。尽管由于各种原因,你从我身边款款而过,"我只好寻找/千年前掩卷的/那首诗"。这不是寻爱的结束,而是重新开始。今后,在人生的河流中去寻找爱的力量与源泉。

写诗,往往因一个场景、一个画面、一个典故,就能引发我们的灵感,产生创作的冲动。当然,这就需要生活的积累,需要创新的表达。

二、融心声画意景情境为一体

《芦苇》

有水就有你的存在
有风就有你的摇曳
你从诗经里飞出
那个身姿绰约的少女
在水边守望
守望成恼人的诗行
蒹葭苍苍
芦花飞扬
一阵悠扬的笛声
从远处飘来
白鹭倏地成群飞起
排列成行
是谁在用苇膜
唱响生命的笛音
那是风中荡漾着
千年幽怨与期盼
绽放出的生命之花

散发着淡淡的清香

你与水为伍

伴水而歌

你生长在泽畔

用柔弱的手写下

自己一生的坚韧

独立与自强

芦苇，在古典诗词中经常出现的一个意象。她从《诗经》的风中淡淡地摇曳而出，临水而立的佳人倩影，时常映入我们的眼帘，于一帘幽梦的婉唱中，其音韵萦绕在脑海里，久久挥之不去。

这首诗也是写于 20 世纪 90 年代初，应该说是上一首诗《寻》的续篇，寻求精神上的寄托。我从小在南方青弋江畔长大，对芦苇司空见惯。芦苇在水边生长，夏季里长势茂盛，到秋天芦叶渐黄。这时芦花飘飞、白鹭成行、临水而歌，秋意荡漾。

一个秋天的早晨，我到江边漫步，江堤边的芦苇随江浪摇曳，仿佛像一个人在诉说着相思之情。这一情景，让我即刻想到《诗经》里的画面，脑子里一下子就涌出这样的诗句："有水就有你的存在/有风就有你的摇曳/你从诗经里飞出/那个身姿绰约的少女/在水边守望/守望成恼人的诗行"。此时，秋晨薄雾笼罩着一切，朦胧中，芦苇就像一位羞涩的少女，在江边缓缓而行。她若隐若现，一会出现在水边，一会又出现在岸上。"在水边守望"，这种可望而不可即的惆怅，与迷漾无边的秋色，有机地融为一体，让人感到失魂落魄。这首诗就是通过对芦苇周边环境的描写，联想古人"千年幽怨与期盼"的情感脉络，最终"绽放出的生命之花，散发着淡淡的清香"，从而创造出了一种迷离扑朔的艺术境界。

我们都知道，从《诗经》一直到后来的文学发展历程中，芦苇渐渐形成了特有的情感意蕴和人格象征。"你与水为伍/伴水而歌"，在情感上，芦苇经常寄托了离愁思乡的思想情感；而在人格象征方面，芦苇则主要体现超脱世俗、坚守节操的淡泊心境："你生长在泽畔/用柔弱的手写下/自己一生的坚韧/独立与自强"。有评论家说，《芦苇》这首诗表面上写的是关乎男女爱情，实际上，是对坚强的人格歌唱与呐喊！我一直以为，写诗就是要融心、声、画、意、景、情、境为一体，才能与读者产生情感上的共鸣，铸就其精神家园。

三、借雨抒情 雨中生情

《雨秋》

带着月夜听琴的凄清

挂着孤苦的泪痕

当丁香花的幽香

弥漫到雨巷的尽头

秋的脚步就近了

秋的风情在于秋雨

在于弥弥漫漫的秋雨

笼罩下的小巷

带着淡淡的思绪

游走在雨中

那雨便如此痴情地

润湿着你

一股醇醇的乡愁

即刻笼罩着你

于是我对故土的眷恋

如同那雨打芭蕉

声声滚落在朦胧雨中

雨中的思绪

湿漉漉地带着泪光

黏着惆怅

飘向远方

是谁刻意制造出

秋风秋雨愁煞人的

时节

莫非这秋就是那

悱恻缠绵的雨季吗

这愁思溶入潇潇秋雨

渗入故土

兴许那一熟稔的蓝天下

会萌出一株火红火红的

相思树

雨，是自然界阴晴变化的一种现象，也是文学创作中常用的意象。从《诗经》中的"昔我往矣，杨柳依依。今我来思，雨雪霏霏"，到唐宋诗词里的"梧桐树，三更雨，不道离情正苦"等，涉及雨的诗词非常之多，举不胜举。"雨"一旦进入诗歌，作为情感表达的载体，便有了深邃的思想启迪和隽永的审美意味，从而给读者展现出广阔辽远而又厚重深沉的审美想象空间。比如："空床卧听南窗雨，谁复挑灯夜补衣"，这是借雨诉相思。"何当共剪西窗烛，却话巴山夜雨时"，是诗人在秋雨霏霏的夜晚，独坐孤灯下，对妻子的思念之情。由此可见，雨在这些诗词中，都充当了重要的抒情角色。

"青鸟不传云外信，丁香空结雨中愁"。同样，我在创作《雨秋》这首诗时，深受古典诗词的影响，也是借雨抒情，雨中生情。"是谁刻意制造出/秋风秋雨愁煞人的/时节/莫非这秋就是那/悱恻缠绵的雨季吗"，这里的"雨"已经成为自己内心情感的场，并构成抒情的背景："这愁思溶入潇潇秋雨/渗入故土/兴许那一熟稔的蓝天下/会萌出一株火红火红的/相思树"。

我创作的一些诗歌，有很多灵感来自古典诗词中的意境，加之对生活中的某些感悟，写起来自然水到渠成。同时我也要求自己，力争做到"爱古而不溺古，尊古而不迷古"，在传承中创新，在创新中发展。

四、发挥想象的张力

《如果》

如果你知道

这朵玫瑰为你而开

请你

小心地摘下

不要刺伤你的手

如果你知道

这首诗为你而写

请你

细细品味

将这诗蕴藏在你心灵深处

如果你知道

这颗心是为你而跳动

请你

轻轻地用你纤柔的手指

敲开我微闭的心扉

如果你知道

这所有的一切

因为了你

请你

请你在风雨兼程中

不要忘记我们

一路同行

　　在我们的日常生活中，往往会出现很多很多的如果。如果，从词性上来讲，可作连词，表示假设。这个词，给我们思维带来很多的想象空间，尤其对那些热恋的年轻男女来说，更是充满着对美好未来的憧憬和热切期盼。

"如果"，这个词，想象空间无限、张力很大，很适合写诗。翻开古今中外的诗词篇章，发现很多诗人都写过《如果》，以此来表达内心的情感与愿望。活跃于20世纪80年代的汪国真、席慕蓉等诗人，他们都写过这类诗，现在读来仍感人至深："四季可以安排得极为暗淡/如果太阳愿意/人生可以安排得极为寂寞/如果爱情愿意/我可以永不再出现/如果你愿意/除了对你的思念/亲爱的朋友/我一无长物/然而/如果你愿意/我将立即使思念枯萎/断落"。席慕蓉用镜头般的语言，从自然界聚焦到人生，可谓妙手可得，为我们展现了爱情的力量。

《如果》这首小诗，也是用了四个镜头和段落排比的手法，抒写了对美好爱情的追求与向往。这里没有轰轰烈烈的场面，也没有海枯石烂的信誓旦旦，只是借助于"如果"这个想象的空间和特有的思想张力，表达了内心情感世界。

我一直认为，写诗无须深奥，尽管有些浅显的诗作，但只要充满真情，总比那些故作高深、让人读不懂、看不明的诗作要好得多。因为，诗是传递情感的艺术。

五、一切景语皆情语

《飘出雨巷》

像是听到亲人的呼唤
走出迷茫幽深的雨巷
不再为凄楚飘零的
丁香而忧伤
不再为渐渐远去的
足音而惆怅
那漾起的一丝
一丝从心底泛出的涟漪

微笑着走向和煦的三月

徜徉在蓝色的海洋

那冷峻的目光

透视一切世俗的罗网

刺破市侩们的庸碌与虚伪

寻找那真挚情感的门窗

飞落在镇上的雪花

是冬天里的故事

在空旷而广袤的天地里

把那洁白的精灵

凝成串串泪珠

洒在这温馨的土地上

穿过田畴般的原野

袅袅地，如梦里涂满

柠檬汁诺言的炊烟

雾一样地

笼罩着田野

笼罩着村庄

那里有醉人的琼浆玉液

那里有合欢花蕊的芬芳

那里有河边浣纱妹子放歌的

倩影

那里有萋萋芳草清丽佳人

在水一方

还有那和风细雨中的蘑菇云

撑起一道人生的彩虹

悄悄地倾诉着青春的浪漫

还有那夕阳下悠悠的牧笛

似山涧中泉水

在潺潺地流淌

噢！不再为迟滞的足音而忧伤

在颓圮的篱墙下

把那万般无奈的凝视

深情地托付给远方的风

飘出这凄清而又寂寥的"雨巷"

　　巷，是指城镇中的街道。在北方叫胡同，南方称为巷。巷，直为街，曲为巷；大者为街，小者为巷。在南方，一旦进入雨季，烟雨朦胧，细雨飘巷，丁香浅绿，撩人情思。诗人戴望舒把"雨巷"组合在一起，较之单独的"雨"或"巷"，显得更有情致，更见迷蒙。他创作的《雨巷》，给我们展现了雨巷凝重悠长、油纸伞伴其前行、丁香姑娘或可相遇的场景，构成了一幅流动的、朦胧的、凄美的、写意的画面，如在眼前，又仿入梦境。雨巷的悠长、缠绵、沧桑、冷清，恰恰是诗人寂寥心情的最佳寄寓。

　　《飘出雨巷》这首诗，是从另外一个视角，来表达要"走出迷茫幽深的雨巷/不再为凄楚飘零的/丁香而忧伤/不再为渐渐远去的/足音而惆怅"的迫切心境，并通过春夏秋冬场景的转换和对美好人生的憧憬，"把那万般无奈的凝视/深情地托付给远方的风/飘出这凄清而又寂寥的雨巷"的期盼，最终走到一个没有阴雨、没有愁怨、没有寂寞、前景宽阔而又光明的地方去，以此开启人生美好航程的愿望。

　　我写诗的体会，往往是读之他言、触景生情、浮想联翩，就像近代学者王国维所说的那样，一切景语皆情语也。

六、在古典诗词中挖掘

《黄昏剪影》

那个黄昏

你站成了夏天的影子

很长的岁月

如一首婉约的诗

浅斟低唱着

涛声依旧

你那一袭素裙

飘逸在朦胧的梦中

蓦然回首

已是残阳一片

淡云几朵

曾努力拨动尘封的故事

曾用心捧起无声的叹息

珍藏已久的记忆

默默折起这份温情

无语相对

黄昏徐徐落幕

一个瞬间与永恒

站成千年不变的雕塑

永远铭记在心中

　　黄昏，是自然界的一种现象。但在诗人眼里，却是典型的情感符号、抒发情感的媒介，最能引起共鸣的意象。在我国古典诗词中，描写黄昏的诗词无数，举不胜举，可以信手拈来。比如《诗经》中《君子于役》："君子于役，不知其期。曷至哉？鸡栖于埘。日之夕矣，牛羊下来，君子于役，如之何勿思！"其意是：丈夫服役去远方，服役长短难估量，什么时候才能回到家呢？鸡已进了窝，太阳也向西边落，牛羊成群下山坡。丈夫服役在远方，教我怎能不想他？这可谓千古黄昏吟咏之祖，我们从中感受到，在暮色苍茫之中，思妇的那份情义与情思，具有永恒的感动力。

　　在古诗词的长河中，黄昏不仅仅是一个表达时间的概念，更是内蕴丰富的意象，多以"落日、余晖、夕阳、斜照、斜晖、日暮"等词出现，以此来表达诗人内心复杂的情感世界。如马致远的《天净沙》："枯藤老树昏鸦。小桥流水人家。古道西风瘦马。夕阳西下。断肠人在天涯。"温庭筠《望江南》："梳洗罢，独倚望江楼。过尽千帆皆不是，斜晖脉脉水悠悠。肠断白蘋洲。"李清照的《声声慢》："梧桐更兼细雨，到黄昏，点点滴滴。这次第，怎一个愁字了得！"等这些诗词，把一系列带有悲冷色彩的黄昏意象，以及孤寂凄苦的羁旅愁思，渲染得幽眇无边，扣人心弦，引人遐想，读后怎不令人柔肠寸断、哀婉悱恻？尤其是李清照把思妇的孤独凄凉写得前无古人，后无来者。

从古到今，诗词中描写黄昏已有数千年，代代沉积，黄昏的内蕴不断延展。《黄昏剪影》这首诗，就是深受古典诗词的影响，不断从中挖掘、衍化："那个黄昏/你站成了夏天的影子/很长的岁月/如一首婉约的诗/浅斟低唱着/涛声依旧"。旧体诗词走到今天，她的生命必将在新诗里得到延续："黄昏徐徐落幕/一个瞬间与永恒/站成千年不变的雕塑/永远铭记在心中"。黄昏是古今诗人情感的催化剂，写不尽的诗歌，说不尽的黄昏！《黄昏剪影》表面上借景写情、写人、写物，实际上是对古人创作的诗词缅怀，更是对古文化的追忆。目的就是要在继承中扬弃，在尚古中出新。

七、抓住抒发情感的有效载体

《下雨的时候》

> 想你总是下雨的时候
>
> 所有的忧伤与烦恼
>
> 已悄然退去
>
> 心中漾起无限的遐思
>
> 随伫立雨中的
>
> 花伞前行
>
> 下雨的时候想你
>
> 所有的思念
>
> 所有的故事
>
> 总是在下雨的时候
>
> 骤然清晰
>
> 相识在雨中

等你在雨中

挥别在雨中

相聚总是绵绵雨丝

像扯不断的缘分

等你让泪水凝成

晶莹的琥珀

别离总是雨水声声

敲打我流泪的心

总是在下雨的时候

拥有你

总是在下雨的时候

离开你

总是在下雨的时候

思恋你

    雨是一种自然现象，是人类生活中最重要的淡水资源。雨作为一种轻柔流动的物象和意象，在古典诗词中，呈现出丰富的人生意蕴和审美价值。当我们打开唐宋诗词，到处都能听得到雨声："微雨夜来过，不知春草生。"（韦应物《幽居》）"小楼一夜听春雨，深巷明朝卖杏花"（陆游《临安春雨初霁》），这显然是喜雨；"帘外雨潺潺，春意阑珊，罗衾不耐五更寒。梦里不知身是客，一晌贪欢。"（李煜《浪淘沙》）这分明是愁雨。雨有时让人欢喜，有时使人忧愁，这是诗人主观情感与客观物象结合的反映。雨从一种不带有任何主观情感的自然现象，倒成了诗人抒发情感的有效载体，其特有的感受、体验、情绪和心态，很容易让读者在感情上产生强烈的共鸣，这就是我们所说的借景抒情魅力之所在的根本原因。

    《下雨的时候》这首小诗，也是借助自然界的雨，来抒发心中无限的遐思："下雨的时候／想你／所有的思念／所有的故事／总是在下雨的时候／骤然清晰"，相识在雨中，等你在雨中，挥别在雨中！最后点题："总是在下雨的时候拥有你／总是在下雨的时候／离开你／总是在下雨的时候／思恋你"，通过雨这一具体的物象，把下雨的时候想你、思念你的情感，融入这首诗的主观情感之中。

　　以上是我诗歌创作的七个方面体悟。我一直认为，诗是抒情的艺术，是心灵的歌唱，是情景的交融。因此，我十分注重对诗的意境创造，力求语言朴实，意象鲜明，词句短小，节奏轻快。并通过比喻、象征、通感、比拟、意象结合等多种表现手法来反映自己的思想情感。同时，摒弃一切纯粹的形式和晦涩的表达，抛弃又承袭了先辈们的诗文典范。没有刻意的雕饰，没有虚伪的辞藻。这些小诗，虽然称不上艺术珍品，但毕竟是从饱浸生活之泉的心中自然流露出来的，是灵魂深处的悸动：情是浓的，思是真的，爱是深的。

作为民族志风景的当代藏族汉语诗歌[*]

祁发慧^{**}

【摘要】本文从普泛的文化地理学入手，从民族志的风景和再现性风景两个层面，考察当代藏族汉语诗人如何把藏族古老的神话地理学、藏地的风景从物质世界中的文化形象转化为观念世界中的状态以及诗人在时空变迁下的心理结构。

【关键词】民族志的风景　再现性风景　当代藏族汉语诗歌

《西藏王统记》中勾勒的是藏族古老的地理学，藏族历史上曾以"阿里三部卫藏四茹多康六岗"划分"蕃域"，蕃域也因此成为藏族古老的空间概念。^① 其中阿里三围是吐蕃最早征服的地区之一，广义上的阿里三围即布商、孟域、桑噶三地为一围；列、朱夏、柏底三地为一围；象雄、上下赤德三地为一围。狭义上的阿里三围指布商雪山围、古格岩石围、孟域河泊围。从阿里三围的地域范围来看，多为高原湖盆地貌，也有不少地区是高山草甸和荒漠地带。卫藏是对以拉萨河谷为中心的卫地和以日喀则地区为中心的藏地的合称，其中"卫"的藏文内涵中还有中心、中间、中央的意思，"茹"不仅是古代藏族的军事组织也是一个古老的地理区划概念，

---

　* 本文系青海民族大学研究阐释中国共产党第二十次全国代表大会精神专项课题"文化自信语域中的格萨尔史诗研究"（项目编号：ESDYJ26）的阶段性成果。

** 祁发慧，青海民族大学文学与新闻传播学院副教授。

① 藏族人自称博巴、博姆，博与蕃皆为藏文译音，意为藏族；蕃域意为藏族人生活的地方。——笔者注

"四茹"即伍茹（意为中翼）、约茹（意为右翼）、叶茹（意为左翼）、茹拉（意为支翼）。所谓多康六岗是指色莫岗、木雅让瓦岗、芒康岗、波崩岗、擦瓦岗和满扎岗。① 古时为了作战，把地区完全划作军事编制。观世音菩萨为三部四茹六岗施的六字法咒就是六字大明咒，也称六字真言"ༀ་མ་ཎི་པདྨེ་ཧཱུྃ"② 这种古老的地理学中渗透着藏地原始宗教与神话的有机编码，"雪邦"有大大小小的神山和圣湖，其中位于西藏阿里普兰县的冈仁波齐雪山是拥有国内外三种宗教圣灵的神山，它在藏文中的名称突出强调自然的神圣含义——雪山之宝，这种称呼不仅体现出高原藏族对自然威信与力量的崇敬，而且说明了山神和神山的地域性以及社会结构对山神文化的影响，同时也是对藏族人将自然万物视为神灵的深刻解读。

当然，把自然界的有机构成视为一种整体性的宇宙观念，把自然界的事物视为一种与心灵状态和神圣世界相关的象征世界是一种朴素的自然观，在这种自然观的影响下创造了人类历史发展中不少的神话和传说。例如，据藏文史料记载，松赞干布时期，拉萨东有白虎即格洞沃玛山，南有青龙即吉曲河，西有朱雀即第布栋，北有玄武即帕拜喀。根据藏族传统相地学理论，此地天现八幅轮，地现八瓣莲，是一块吉祥宝地。但是也有不尽如人意的地方。总体看，吐蕃地相呈女魔仰卧状，为防女魔作乱祸害百姓，松赞干布在拉萨周边地区修建镇边、重镇、压肢的十二座庙宇。为压女魔右肩，修建噶泽不变神庙；为压女魔左肩，修建扎西降宁庙；为压女魔右胯骨，修建曲格乃庙；为压女魔左胯骨，修建仲巴江之支马朗达庙。修建上述 4 座庙宇后，又修建四大重镇庙宇，即在东方修建工布之步曲庙，以压女魔右肘；在南方修建昆廷庙，以压女魔左肘；在北方修建乍顿孜庙，以压女魔左膝；在西方修建降振格吉庙，以压女魔右膝。为确保万

---

① 何峰. 藏族生态文化 ［M］. 北京：中国藏学出版社，2006：51-59.
② 六字真言即"嗡嘛呢呗咪吽"，也称为六字大明咒。六字真言可封闭六道轮回之门，亦可超越世间的成就，同时为成就日后的佛果铺路，达到不退转之心。可去除有史以来的业障，且如同诸佛菩萨亲临灌顶，更无价的是六字真言用是六种智慧来对治六道众生不同的烦恼。嗡：白色之平等性智光，净除在天道中之骄傲及我执，断除堕落、变异之苦。嘛：绿色之成所作智光，净除阿修罗道中之忌妒，断除斗争之苦。呢：黄色之自生本智光，净除人道中之无明及贪欲，断除生、老、病、死、贫苦之灾。呗：蓝色之法界体性智光，净除畜生道中愚痴，断除喑哑苦。咪：红色之妙观察智光，净除饿鬼道中之悭吝，断除饥渴苦。吽：黑蓝色之大圆镜智光，净除地狱中之嗔恨，断除热寒苦。——笔者注。

一，再修四座压肢神庙，即为镇女魔右掌心而修建隆塘卓玛庙，为镇女魔左掌心而修建朋塘洁曲庙，为镇女魔右脚心而修建蔡日喜绕卓玛庙，为镇女魔左脚心而修建仓巴隆伦庙。经过吐蕃时期建庙镇魔，拉萨地区成为一块宝地，再加上吉雪塘中心的红山像一头安卧的大象，红山西南隅毗连的药王山像一头腾跃的雄狮，其西侧的帕玛日山即魔盘山像一头钻进沙堆的老虎，这让当地的地相更加吉祥。佛教徒还将吉雪塘的三座山神圣化，认为红山是观世音菩萨的化现，药王山是金刚手菩萨的幻化，帕玛日山是文殊菩萨的示现，从而使拉萨地区充溢更加神秘的气息。[1]

这是藏族人从自然中借助精神能量，又用精神能量生产景观的兴起，散布在藏地的每一座寺院基本上都有自己特有的神话和传奇的故事[2]，这根源于高原藏族人热衷于在形而上的层面塑造一种先验场域进而对自然进行描绘，从而将宗教的、传统的风景象征化以期在隐喻和借代中触及更隐秘的存在。当然，除了藏族人之外，藏地被感受为"风景"取决于"人们如何定义'正确的'或'纯粹的'风景体验"[3]，因为人们对自然的体验方式和言说方式是极为重要的。

一、民族志的风景

当代藏族汉语诗歌已然成为当代文学中一个特殊而且有意味的现象，要恰当地理解这个现象，我们必须审慎思考它在历史上是如何出现的，它的意义如何在漫长的时间中产生变化，以及为何今天它能够掌握如此深刻的情感上的正当性呢？当代藏族汉语诗人们从日渐模糊的神话叙事和并未成熟的宗教社会学以及碎片化的图腾符号中建构起了共享的族群文化图

---

[1] 何峰. 藏族生态文化 [M]. 北京：中国藏学出版社，2006：67－70.

[2] 譬如桑耶寺的主殿代表须弥山，围墙构成的圆内有象征着四大洲、八小洲及日、月等意义的殿堂。这种建筑理念趋向藏文化和宗教意义，古代佛教宇宙观认为世界的中心在须弥山，以须弥山为中心，取五万由旬为半径画圆，再取二点五万由旬画圆，形成了宇宙的四大洲和八小洲。以人类和牲畜类生活的地方为中界，以虚拟山为轴心，向上伸展到神灵生活的天界，向下延伸到黑暗受苦的地界。这在各地的藏传佛教建筑文化中都是争相体现的主题。——笔者注.

[3] W. J. T 米切尔. 风景与权力 [M]. 杨丽，等，译. 南京：译林出版社，2014：11.

景，构筑文化图景的诗歌话语实践其实质是一种主动介入的寓言式书写。但是，诗人们并不把自己切实的现实经验作为写作的核心，他们试图从不能被化约的历史事实和历史景观中表述自己族群文化的独特性所在，而这些景观本身就是一种复杂的文化结构，诗人们出于建构目的的文化描述实际上是让自己成为一个陌生的他者，进而与一种文化和一个无所不知的自我同时发生再建构，比如伊丹才让笔下的《布达拉宫》：

> 月夜里像银塔屹立天界的城池，
> 艳阳下像金銮放射人间的真知，
> 一千间华宫是十明文化组成的星座，
> 十三层殿宇是十三个世纪差遣的信使！[①]

藏族人对颇章布达拉有一种先天的直觉反应，在藏族人的感知中它是物质性的客观存在，它所象征的意义让藏族人经验性地意识到自己的地方性倾向——对圣地拉萨的向往。因此，颇章布达拉不仅仅一个极具代表性的建筑符号和宗教符号，更是所有藏族人共享的一个文化符号，它对个人和群体来说，是祖地观念中提供的身份认同感。更重要的是，颇章布达拉作为一个象征性的景观不单单是我们所看到的世界，它是先民根据神话性的想象与自然间的关系建立的一个世界的复合体，它允许诗人赋予叙述的真实和形象。诗人伊丹才让置身于自然的相对稳定和历史的运动中用"一千间""十文明""十三层""十三个"这些具体而有寓意的数字重述颇章布达拉的文化内涵，将历史叙述中分散游离的细碎整合在一起，从游移的碎片化状态中重组历史事实和当下的现实。然而，作为一种客观实体的颇章布达拉，以再现文化的物质形态构筑着藏族人的精神图谱以及藏族人对宇宙的朴素认识。

在地方的层面上，颇章布达拉被理解成包含个人和群体及其居住区域之间的情感纽带，这种情感性的关系恰恰成为满足我们渴望或趣味。因为圣地凝缩的历史和文化意义会在个体学习、认识、感知、态度形成过程中

---

① 才旺瑙乳，旺秀才丹. 藏族当代诗人诗选［M］. 西宁：青海人民出版社，1997：3-4.

较为明确的指向，而圣地作为地方的地理因素则会如变量般支配着主体的行为。颇章布达拉作为景观不会存在于人对它的观察和表达之外，它似乎是一条观察之路，用固定的方式再现关于藏族人和藏族历史的一切，让世人以风景的方式观看"过去的影像世界"。伊丹才让对颇章布达拉的描写勾勒出一种历史地理学，这个历史的追溯要倒回公元7世纪红宫的建成。然而，对真实世界的追问则不能从景观的外部世界中去寻找，我们需要从颇章的形象中发现藏族先民的思想和观念。藏族诗人热衷于把自然景观作为精神依托写进诗歌中，从而在诗歌中建立一种对话关系，这个对话的过程强化了自然型的风景和景观化的风景与人之间平衡的互动关系：

> 多少个传说，多少个神话？
> 丰富的想象其妙无穷：
> 环绕您千岭的是卫士的帐幕，
> 三百六十顶白帷幕，
> 银盔玉甲似一千五百猛将精兵，
> 白色的驹骒昼夜驰骋，
> 银色的凤翅为它助威腾飞，
> 白色的雪蛙为它冬夏鼓鸣，
> 银色的麋鹿三五惊窜，
> 白色的雪鸟知晓报更；
>
> ——格桑多杰《玛卿雪山的名字》①

格桑多杰在这里用雪域神山阿尼玛卿来表征整个涉藏地区，神山是原始自然崇拜和人文宗教崇拜的精神符号，其中有历史性知识的贯穿，位于青海省果洛藏族自治州的阿尼玛卿作为四大神山的代表自然有其复合型的象征意义。例如藏族白色崇拜（白色的雪蛙、银色的麋鹿、白色的雪鸟）的缘由、格萨尔史诗的缩影（一千五百猛将精兵、千岭的卫士的帐幕）、

① 才旺瑙乳，旺秀才丹. 藏族当代诗人诗选［M］. 西宁：青海人民出版社，1997：43-44.

藏族四大姓氏的衍生（三百六十顶白帷幕）等都是格桑多杰在这首诗歌中涉及的。这种罗列式的书写在诗行的有序前行中与宗教、文化、政治甚至社会结构的繁杂对话，形成民族志意义上的文化编码。但是，这种看似零散的排列和表达暗示出的却是文化和历史真理的不完全性，那些多层次和枯蔓丛生的丰富神话被编织成一条条清晰的文化符码，这些符号又以视觉的方式构筑现实中想象的风景，在诗歌中我们则用观察的眼睛转移想象中的风景。

> 洞穿重围洞穿五千年冰川世纪砰然跃下最后一块领地
> 是急逼的意欲是生命的角力斫于苦难岁月屈曲的背脊
> 雅鲁藏布
> 你的气势无可匹敌
> 威猛如踢翻栅栏的雄性马群
> 奔放如横劈峰峦的浩荡纵队
> 你的体态超群绝伦
> 一声划时代的霹雳。一首梦幻曲的主旋律。一株不朽
> 的花枝。一句狂奔的宣喻。一条横空的方阵
> 雅鲁藏布
>
> ——多杰群增《雅鲁藏布》①

　　年轻的歌手琼雪卓玛在十多年前凭借一首《雅鲁藏布江》风靡藏区，抛开歌曲本身的优劣不谈，雅鲁藏布江藏族人心目中的位置可见一斑。当然藏区的很多自然景观都被赋予各种文化层面的意义，曾有人说看西藏的风景就是看西藏的历史，事实的确如此。从人本主义角度而言，景观作为介质以积极的方式联结着人和自然，从而让人的能动性在景观中发生作用。景观也为我们提供了神话故事以外的规范性价值——提供真实的参照物，现存的景观（包括自然景观和人文景观）可能是某种被简约化的先前存在的文化，但是现有的文化绝对不会成为先前存在的自然。从这一点我

---

① 才旺瑙乳，旺秀才丹. 藏族当代诗人诗选 [M]. 西宁：青海人民出版社，1997：143.

们不难看出，民族志意义上的景观建构依赖于自然与文化的交互作用。我们不能把景观发展成为衡量文化或文明的一种标准，景观的表征是我们能够看到的图像，图像的形式会因设计者和制造者的话语而具备时代语境中的规范性，而这种规范性正好折射出文化本身具有的某种特质，它因此可能具有意识形态的痕迹，但是这种痕迹的稳定性正好是我们需要遇见的。

> 燃烧的，无法凝视的蓝天
> 如此深邃和辽远
> 在日喀则的泥土中
> 滚瓜烂熟的石头们
> 也深深地闭上了双眼
> ……
> 为什么天空如此湛蓝
> 使我再也无法离开大地
>
> ——才旺瑙乳《这片天空下（组诗）》①

在很多情况下，景观被转换成"看的方式"，这个时候观察者就显得尤为重要了。这里我们探讨一下才旺瑙乳作为观察者限定的自然"天空"：诗人首先疏离了天空，刻意切断了主体与客体之间的联系，自然与人类的亲密关系限定了自然事物的独特性，进而提供天空与土地之间的对应关系。这种在自我意识中清晰分别出的风景的内外差别，可以作为展望风景的方式之一。诗歌文本中的比喻一般情况下会成为读者想象的干扰，除非读者保有对文字的敏感性和基本的美学素养。读者可以看到天空在诗人的叙述中变得客观化，但是这种客观化同时意味着景观的物质化，我们所察觉的情感上的热切事物就是由景观的物质性提供的。在面对诗歌的时候我们会有这样的猜想，成为文本的景观是用语言建构起来的，那么语言本身是否也是一种景观呢？同样，作为景观的语言会转向字面的投射，其共同性

---

① 才旺瑙乳，旺秀才丹. 藏族当代诗人诗选［M］. 西宁：青海人民出版社，1997：152－153.

就是语言和景观同时作为符号，暗自达成某种可能存在的开放性的关系，语言形成的景观模型也会在历时性条件下经典化，这一点与图像有着异曲同工之妙。比如，才旺瑙乳的天空和多杰群增的雅鲁藏布江，在物质性之外成为建构语言景观的重要元素，虽然我们并不能排除视觉在景观上的残留，但是景观会有一系列的连锁反应。

二、再现性风景或中间地带

在现代性萌芽及其发生发展过程中，人们逐渐认识到城市的发展和商业力量对自然田园传统构成的威胁，人是在"存在的大链条"上居于中间环节的生物，位于动物性与知性、高级性与低级性的各种存在形式之间的过渡点上，所以人必须在其动物本性与理性理想之间接受一种无法令人满意但又不可避免的折中。因此，作为人类终极希望的环境，既不该是"荒野"也不该是"城市"，而应该是体现完美道德的田园乡村世界。然而，对于田园乡村世界的向往也恰恰是出于族群传统与现代性交织且多变的社会样态之中，藏族诗人写作的原始场景。藏族人观念性的感知方式在前现代社会中赋予一切事物以神性灵韵，以此把握物质世界难以凝聚的意义。值得注意的是，在现代性普遍发生，城镇化、城市化疯狂的年代，涉藏的文学创作者并没有从既可避免荒野恐怖又可避免城市吞噬的"中间风景"得到享受与安宁，他们更多表现出一种对自然和故地的怀念与向往。

> 俄洛的天空占据了我的内心
> 河流在血液教育下奔向莽原
> 时间在心灵鼓舞下重新开始
>
> ——班果《来自俄洛》①

> 酒和歌谣的羌域

---

① 才旺瑙乳，旺秀才丹. 藏族当代诗人诗选［M］. 西宁：青海人民出版社，1997：226－227.

茶和众水的羌域 群星流泪

瓷碗光洁，占领宴席

老人的眼里闪耀着海洋的光芒

水獭在新娘的衣袍下摆跃动

狐尾自新郎头顶逃入手中

村庄的羌域 季节的羌域

那里的人们酷爱歌唱

生命的河流干涸于天葬台

又自婴儿的脐眼涌出

煨桑的柏烟生生不灭

远方的海子睁开慧眼

——羌域①

　　瓷碗中的茶与酒，水獭皮的裙边、狐尾皮的帽檐以及萦绕耳际的歌谣，是藏民族日常生活中常见的细节，诗人想要复现的是他熟知的一并存在的藏区景象；这里并无明显而集中的诗歌主题，诗人仅用一些简单的语汇组合出普遍化、日常化的生活场景。可是"宴席"的欢乐并未得到延续，诗人转而描写生命的庄严和桑烟的缭绕，勾出两个全然不同的情绪场景：宴席上喜结连理的欢乐与天葬台上生命轮回的肃穆；这种反差显现出诗人刻意制造的不持续和断裂，究其根本，是诗人写作动机在写作行进中的发展需求。在情感的意义上，这两首诗可以视为班果对故地的绝唱，用情之深让人望而却步，地理称谓带出的情感矛盾在诗行的行进中交织着，故乡的自然之美就这样感动着诗人。不管是"羌域"还是"俄洛"，都被诗人赋予自我的独特意义，因为这些地方对于诗人而言是个别而又灵活的地方，他渴望在这个地方被看到、被听到、被敬畏、被爱护。从这些"地方"分离出的空间让诗人感到特有的亲密感，而这种亲密感恰恰来自由诗人自己建立的关于地方的意识。在诗歌表达的层面上，这种对故地的想象和怀念或表现出的关于地方的意识，其实是诗人用诗歌的自主性维护和建

① 才旺瑙乳，旺秀才丹. 藏族当代诗人诗选 ［M］. 西宁：青海人民出版社，1997：223.

构个人未完成的生活与体验，他在用具体化语言对个人的身份进行了解和解释。当代区域地理学的建立参照了认知心理学，能够透析个人经验或沉淀的集体经验中的空间感情和空间观念。班果的两节诗歌就空间概念而言具有历史的分量，也是空间的文学化和文化学的有趣表达。相比较班果对祖地的怀念，德乾旺姆的视野更加宽阔，表达方式也更为多样：

> 无极之境
> 噶喇昆仑抖落了遍体的沧桑
> 绽放在不朽的不朽的故地
> 天宇里翻飞起无数的经幡
> 无数的彩色经幡与不倦红鸟
> 乘着金辇自神话中来
> 千万只风车的呼啸和牛羊的骚动
> 紧叩着雪域的脊梁
> 雅砻河谷飘送的飘送的风
> 染绿了雪域的山山水水
> 从羌塘草原到山南林区
> 从长江源头到雅鲁藏布
> 金灿灿的谷穗和青稞酒
> 炽热了吐波特的打谷场
> 田野里风扬起恢宏的祈祷

这首《唐古拉风》是由德乾旺姆作词并演唱的歌曲，她试图在诗歌中塑造并寻求一种古老的生活样态和古老的地理风貌并将其称之为"无极之境"。诗歌的标题"唐古拉风"似乎指向一种精微的灵魂状态，"雪域"成为诗人眼睛中的风景与开头的"无极"一词形成空间感上的紧张，无极象征的生命状态的自由与"风"在现实世界是可能的组合，但它们在很大程度上还是依赖于现实景观的。诗人想要重塑的是政治、经济、文化繁盛时期的涉藏地区，万物和谐自然的涉藏地区，在这种大跨度的描写中诗人尝试用一种是在用荒野精神实践宗教意义上自然的神圣化，对藏地覆盖性的描写将意义空间导向族群自然文化内在性的象征符号之中。风景具有地方性的原始意义，在古典社会的王朝更迭或现代社会的叙事演进中，它们似乎不存在消耗和分散的一面，风景的主题在任何时代都朝向诗歌。不难看出这首"词"的写作是一种根植于作者自身高度结构化和整合性的描述，在这种描述中，"自我"不是一个观察者或观光者，而是参与和体悟的实践者，并从多方位和不断变化的视角中进行书写的多面统一体。这样的写作也正好符合德乾旺姆身上的文化艺术气质，她能够用艺术的敏锐性吸收和传达族群文化的丰富性。陈拓对景观的再现性描写中有其独特的品质：

> 垒砌起一块一块雕刻的经石，作为部落最后信仰的所依，刻经的僧侣，神采奕奕。
> 阿万仓，剥剥随风飘荡的经幡；
> 娘玛寺，叮叮雕刻的咒文；
>
> ——娘玛寺的刻经者①

陈拓的写作目标从阿万仓缩小到娘玛寺，再由娘玛寺定格为刻经者，写作焦距由远及近。表面上这是对草原上经幡、经石的单向呈现，是对宗教表征一带而过的客观描写；实际上诗人借助刻经者这一人物形象，"剥剥"、"叮叮"这两个象声词整合出一个稳定的有宗教意味和元素的信仰空间。特别是"剥剥"这一词，很少有写作者将它用作象声词，但是它能恰到好处地形容出罡风拍打经幡时那种短促、有力、节奏性的声音；这种景象只存在高原腹地，只存在于纸幡高昂不息的少数族裔地区；因此，这是地方性经验在诗歌中的语言呈现。语言能使事物变成一个独立的形象体，正如"剥剥"所具有的独特表现力，这既是语言自身的形象现实又是语言塑造形象的手段，语言形象和事物形象存在内在的协调性和统一性，这加强了诗歌的表现力。"穿红袈裟的刻经者"于诗人而言是宗教般的神

---

① 牧风. 六个人的青藏——甘南诗人散文诗精选 [M]. 武汉：长江文艺出版社，2013：202.

圣存在，刻经者是独立于诗人而存在的绝对他者，娘玛寺抑或刻经者，皆为诗人笔下符号化的宗教抽象。面对藏区圣化的宗教空间，诗人的心绪是复杂的，他既敬重刻经者们"将自己和神圣的经文一起刻进沉重的经石"，又担忧这是"部落最后信仰的所依"。诗人选择用最孤独的姿态凝视草原上"一堵一堵的经墙"，用最高的热情分享着一行行的经文。娘玛寺与刻经者之间不可言说的宗教关系，在诗人笔下形成祛语言张力状态下的宗教感知能力，无从揣摩诗人行走于草原，手持玛尼或念珠默诵经文时的思绪，只能体察诗人不经意间制造的关于族群信仰、关于灵魂栖居的诗歌空间。

古老的天绳断裂成几节
其中一节坠落在羌塘草原
宛若活着的灵魂
落满了传说和雪雾
堆砌成最大的一座神话

盔甲和经卷慢慢腐朽
变成铜锈和矿石
风马和经幡被北风欺辱
变得不分表里方向错乱
用祈祷和呼唤不断召唤
也只是给梦带来一点恐怖
夜晚来临
头顶失去血色的天空中
斜斜悬挂着一弯冷月

山下的畜棚里
哼唱着山水已经受伤
春天的布谷鸟
泪水哽咽了嗓子

鸣唱着慰藉心灵的歌

——居·格桑《神山》①

居格桑用诗歌的古老韵调将词语还原的意向本质给予意义和秩序，用"神山"在诗歌中重新构筑了藏族人统一的共享的经验系统，这篇侧重于自然事物描写的精巧别致的诗歌，潜伏着一种紧张的对抗而且周遭弥漫着一种浓重的压抑，像暗夜中喷出的烟雾；这种感受源于依照文本的暗示，体味诗人描述在时间链条上的景象：天绳断裂意味着世俗生活的开始和生命意义的涌现，这样的叙述带有宗教性的永恒背景，而诗人想要复现的并不仅仅是藏族的神话故事和发展历史，而是当下被严重损坏的古老景观。曾经被奉为神灵栖居地的神山因对资源的迷恋而满目疮痍，曾经绿色的草原已变成棕色的田野，自然的原有景观与城市景观和现代化的景观在同一片土地作斗争，那么居住在这片土地上的人们会作何感想呢？诗人说"泪水哽咽了嗓子"，而一个更为客观的事实是：随着自然景观被破坏，地方的稳定性被破坏；随着地方的稳定性被破坏，我们就不可能真正认识"此地"。"神山"在传统词语意义上的自然性也已消失，成为被人类重新发现的自然实体——矿藏。读居格桑的诗我们也会想到另外一个问题：人和地方的关系，在诗歌中由于神山的"被改变"，诗人自己也被"矮化"，他借用自省于外来观察者的身份为自己拍下了灵魂的快照。当然，从这些诗人的态度和文本中，我们可以意识到在时间的推移中群体的生活方式、共享的自然景观都会成为重建地方想象的现实依据。戴维森认为关于地方我们有必要将体验表达出来，那么这种表达必然体现着主性，换句话说，我们与地方的关系就是空间与主体性的关系。主体性被安置在地方的时候就已经被物质性具体化了，物质的脉络中我们可以看到关系个人、自我、政治甚至经济的联系，而一首诗联系到的可能是特定的景观、历史和文化。据格桑作为果洛地区知名的藏文化学者，对当地传统文化的理解和认识是深刻而精到的，诗人身份带给他的敏锐和感伤无疑升华了对神山圣水的文学认知。

---

① 居·格桑. 居·格桑的诗 [M]. 北京：作家出版社，2012：33–34.

　　在诗人们对故地景观的现实叙述和想象性描写中，已然窥见诗歌意义上想象地方性的可能性，那些历史性的、区域性的、国家性的范围都具有某种文化的清晰性；我们也能看到藏族汉语诗人的技艺和眼光（作为写作匠人的习性）是藏族式的，他们有意无意地将汉语同化入关于故地的写作中，就写作的特殊性而言，这正是族裔写作中真正的情感结构。相关问题也随之出现，在当下我们清晰地意识到现代性的发生意味着个体自我意识的觉醒和认同感的萌生，作为物的自然成了被欣赏的风景，风景成为审美对象的同时意味着风景自身成为一种权力，偶像崇拜式的审美中真正的风景被遮蔽。更进一步，被遮蔽的风景是其所表征的文化被分割之后的意义的消耗，这种消耗像熵一样在历史的演进中消散自身的热量。那么，在当代藏族汉语诗歌中民族志的风景和再现性的风景中，风景所表征的文化意义和人类学意义是否在于试图用一套成熟的现代科学的意识来寻求其习俗、观念的热量在当代的消耗呢？或者说，面对古老的地理学或宗教地理学、神话地理学时我们是否可以通过一种二元眼光对无法分割的地方进行辖域化控制呢？

形象转化、意蕴变迁与
戏曲元素的不同功能[*]
——从小说《青衣》到舞剧《戏梦人生》

陈建男[**]

【摘要】本文经由小说文本《青衣》及其改编舞剧《戏梦人生》的比较研究，从艺术形象的转化、审美意蕴的变迁以及戏曲元素在小说和舞剧中的不同功能等层面，分析文学作品舞蹈改编过程中形式的转换与意义的重构。同时，就文学与舞蹈的不同媒介特征展开探究。

【关键词】形象　审美意蕴　戏曲元素　《青衣》　《戏梦人生》

《青衣》是茅盾文学奖获奖作家毕飞宇 2000 年发表于《花城》杂志的中篇小说。作品围绕《奔月》的创排及复演，描述了戏曲演员"青衣"筱艳秋跌宕起伏的悲剧性艺术人生，深刻地揭示了政治、经济、文化等各种权力对人的异化，以及金钱对艺术的劫持。小说对筱艳秋等艺术形象的鲜明塑造、对传统戏曲文化审美气韵的细腻展现、对人性冲突的深刻揭示，赋予小说独特而深远的艺术魅力。反思传统艺术当下价值、关注艺术家命运的迫切需求，对"青衣"筱艳秋的命运生动呈现的现实与理想割裂、灵与肉分离所带来的不甘、痛苦的共同体验，吸引不同门类的艺术家

　＊　本文系北京市科技创新平台项目"从文学到舞蹈的跨媒介转换"（项目编号：2014 - 9 - 5）的阶段性成果。

＊＊　陈建男，北京舞蹈学院人文学院教授。

纷纷以小说《青衣》为蓝本进行改编，先后推出同名电视剧、戏剧、舞剧、戏曲等多部作品。肖燕英老师的舞剧《戏梦人生》也是同题改编作品之一。

舞剧《戏梦人生》于2013年底首演于北京，是北京舞蹈学院该年度冬季演出季推出的众多舞蹈作品之一。作为学院2010级中国舞编导专业的毕业大戏，该剧一改毕飞宇小说阴郁悲凉的格调，经由编导肖燕英的重新诠释、创意表达，传递出一种饱含温暖的抒情气息。

一、从小说《青衣》到舞剧《戏梦人生》：艺术形象的转化

毕飞宇的中篇小说《青衣》以一个人、一出戏的遭逢离合，围绕"青衣"筱艳秋艺术人生的悲与喜，书写戏曲艺术生存境况的时代变迁。在筱艳秋二十余年的戏曲生涯中，前辈一代"青衣"苏雪冰、与她同为二代"青衣"的同事李雪芬、三代"青衣"——学生春来以及丈夫面瓜、剧团团长、烟厂老板、一语决定剧目《奔月》生死或者主角筱艳秋艺术声名的部队首长等，共同构成了关系密切的文学形象谱系，他们的生活际遇、人生命运相互交织、影响。特别是三代青衣，彼此之间互为镜照，分别以不同的艺术抉择、人生轨迹反衬出筱艳秋对于艺术的执着追求。

1979年《奔月》剧目初演时，筱艳秋唱红了剧中的角色嫦娥。为了维护嫦娥形象的正确阐释，她一杯开水泼向B角李雪芬，同时断送了二人的艺术生涯。之后李雪芬下海经商，远离了戏曲艺术，筱艳秋被罚去艺校教书。学生春来外在形象好，唱做俱佳，一开口，简直是另外一个她。春来是她被迫离开舞台后二十年暗淡生涯中唯一的亮色，是她的全部希望，她把她视为嫦娥的承继者，悉心培养，"宛如一个绝望的寡妇，拉扯着唯一的孩子"[①]。但是春来也是她的绝望，她让筱燕秋看到自己韶华已老、感慨艺术生命无法阻挡的消逝。为了挽留春来，她让出因她而复排的剧目《奔月》嫦娥的A角，但是，当她付出了减肥、流产、陪睡等不堪而沉痛

---

① 毕飞宇. 青衣 [M]. 北京：人民文学出版社，2015：42.

的代价，终于走上舞台，从潜意识到意识、从过去到今朝执着不变的"我就是嫦娥"的自我认同，让筱艳秋"霸住"舞台不放，背弃师生各演一半的约定，一口气连演四场。直至第5天因流产未曾休息、连续排练演出、身体极度透支的情况下，她在医院中昏睡过去，误了上场时间。赶到剧院时，春来已扮好妆，美若天仙，正在候场。筱艳秋此刻才惊觉主体意识及自我价值的匮乏："这个世上没有嫦娥，化妆师给谁上妆，谁才是嫦娥"①。春来作为筱艳秋理想自我的镜像，有着青春的底气和更加长久的艺术生命，让她嫉妒。但是春来以不露声色的精明，用身体作为等价交换的筹码，与《奔月》投资人烟厂老板暗中达成协议，换取了主角的身份。她要的不是艺术，而是主角背后的声名地位。筱艳秋的颖悟不仅在于发现春来不是她沉醉于嫦娥的艺术幻梦无法在后来者身上延续，更在于看清了一个凛冽的真相：嫦娥——令她从世俗抽身而出"行如走尸"的艺术幻梦，即便孤注一掷、付出飞蛾投火的最后执着，也无法再照亮她的生命。

小说《青衣》所塑造的筱艳秋是一个激情、矛盾、偏执、决绝、为艺术而生、为艺术而死的戏痴形象。正如她的理想自我——嫦娥一样，为了超越性的艺术理想，她抛弃一切，孤独飞升，最终却沦落于梦碎一地的现实苍凉之中。第二届冯牧文学奖授奖词曾指出："毕飞宇的小说优雅而锐利地分析了人生满布梦想和伤痛的复杂境遇，呼应和表现着社会生活与内心生活的矛盾、焦虑，对人的激情和勇气做了富于诗性的肯定"②，这一评价，同样适用于"青衣"筱艳秋的形象塑造。筱艳秋的心灵痛苦来源于现实和理想的割裂、灵与肉的分离所引发的不甘。嫦娥所代表的艺术至美境界，就是照进筱艳秋平庸生活的一道微光，她付出了一切，肉身的痛苦和心灵的折磨，漫长的光阴和被污的声名，只为了舞台上两个小时的高光时刻。她甚至没有考虑值不值得，便如嫦娥一样，纵身一跃。虽然她最终仍然跌落回被异化的现实之中，但我们所有人都记住了那追求超越的决绝背影。在现实与理想的错位中，我们每个人都在品味不甘，却绝少有人为

---

① 毕飞宇．青衣［M］．北京：人民文学出版社，2015：92.
② 中国社会科学院文学研究所．中国文学年鉴2002［M］．北京：作家出版社，2002：522.

了存在价值的刹那闪亮孤注一掷。作者毕飞宇曾说："现实主义是一种情怀。情怀是什么，就是你不要把你和你关注的人分开，我们是一条船上的。"① 的确，筱艳秋无所不在，她心中的那种抑制感、那种痛、那种不甘，我们都有，但我们面对孤注一掷的选择时，依然百般犹豫，畏缩不前。所以，筱艳秋是我们，也不是我们。筱艳秋形象的普遍意义与特殊气质因此更能引起读者的共鸣。

以中篇小说《青衣》及同名电视剧为蓝本的改编舞剧《戏梦人生》其编创动机在于：追慕永恒的艺术梦想，告慰已然逝去的、执着于艺术的前辈先贤②。编导肖燕英曾指出：做舞剧就像人生一样，都是在选择③。致敬先贤的创编动机与现场表演艺术注重作品审美教育功能的门类规范，共同作用于舞剧艺术形象的塑造，就使得筱艳秋的形象一定程度消解了文学原著中的自私、偏执和决绝，更为纯粹、更为理想化。相较于毕飞宇的小说，舞剧筱艳秋形象的重塑是在人物关系的简化、情节的增删、调整中完成的。作为不同的艺术样式，文学与舞蹈各有其媒介优长与表达差异。文学是语言的艺术，语言拓展了文学的容量阈值。特别是小说，它接纳大量叙述性的语言，矛盾冲突的紧张激烈、事件、场景描绘的纵横交织、心理描写的细腻入微、荡气回肠，都可以在小说中找到驰骋的空间。舞剧则是分幕分场的，传统的舞剧欣赏在剧院这样一个封闭空间中集体进行，这一观赏特性，包括演员表演以及观众集中注意力进行剧目欣赏的有限时长，都对演出时间形成了较为严格的限定。舞剧受表演时长及分幕分场的演出特性所限，无法像小说一样细腻展现主人公个性的逐步成长与人物命运的复杂变化；无法像小说一样"精骛八极，心游万仞"，进行灵活的时空转换；也无法像小说一样围绕人物展开纵横生长的故事网络编织；更无法像小说一样放飞想象力，经由叙事的自由铺陈，融汇幽微奥渺的情感愿望和丰富深沉的心理活动。但在有限时间内吸引观众专注欣赏的艺术需求，也为舞剧带来了以动作媒介为主、利用灯光、音乐、舞

---

① 姜广平，毕飞宇. 毕飞宇访谈录［M］. 武汉：长江文艺出版社，2001：394.
② 参见舞剧《戏梦人生》编导阐述。
③ 杨笑荷. 实现表达质感的真实路径——有感于肖燕英的《戏梦人生》［J］. 舞蹈，2014（11）：30－32.

台美术等各种媒介，集约叙事、强化抒情、营造非同一般的视听美感、形式意味与艺术意境的创编压力和创新动力。出于强化情感表达、降低叙事压力、适应舞台呈现等诸种考量，舞剧《戏梦人生》删除了小说中一代、二代青衣以及舞团团长、烟厂老板、部队首长等人物，将舞剧主要形象精简、变更为筱艳秋、面瓜以及符号化的"大青衣"（"理想"）和"新人"；与此同时，调整故事发生的时间，浓缩、变化故事情节与人物结局；用幕前文字分担事件发展与时空场景变换的功能。将筱艳秋艺术理想蛰伏期的艺校教师身份更改为更加边缘的剧团服装管理员，并以她勤勉培养下一代的园丁生活结束舞剧。经由人物关系和故事情节的系列调整、转化，舞剧中筱艳秋的形象也发生了较大的变化，她的性格由自私、偏执转为纯粹、坚韧、执着。当"文化大革命"撕碎了她的艺术理想，跌入家庭生活的筱艳秋却在形与神的游离中沉醉于艺术的幻梦；当改革开放的春风解禁了传统艺术，却又以艺术的娱乐化、喧嚣化、世俗化将典雅、蕴藉的戏曲艺术放逐于文化的边缘，人到中年的筱艳秋尽管因为"新人"在场得不到登台的机会，但面对身边众人的迷失，仍然孤独坚守着艺术理想；直至其晚年，终于超越了个人的舞台追求，教书育人，经由戏曲艺术的代际传承，实现了艺术理想的转移和艺术生命的延伸。

舞剧关于筱艳秋形象的塑造、内心世界的发掘、情感的抒发完全借助以舞蹈动作为主的综合舞台媒介展开。譬如第二幕展现"文革"时期现实与理想撕裂状态下筱艳秋身与心的分离，就以双人舞、三人舞、群舞的形式予以逐层推进的密集呈现。伴随着嘈杂的市井人声音效，开场群舞的动作和道具都偏向写实，洗衣板、笤帚、水盆、擀面杖、水壶等具有时代特征的生活化道具与洗衣、扫地、做饭、灌水等生活化的舞蹈动作一起，铺排出充满烟火气的现实生活场景。期间，手持拖把的面瓜与擦拭灯罩的筱艳秋眼神的接触展示了二人温情脉脉的情感关系，精神困厄中的情感慰藉是平淡生活微光乍现的幸福；这一改毕飞宇小说筱艳秋因痴恋艺术而将现实生活彻底悬置、对情感生活极端冷漠的书写，看似降低了人物对艺术的执着，但却以更加切近人性的表达丰富了筱艳秋的形象底蕴；与此同时，经由对比，为之后展现筱艳秋身心分离的心理状态铺垫了情感起承转合的变化逻辑。随着灯光的转换，群舞变换为围绕沙发筱艳秋与丈夫面瓜的双人舞，前与后、高与低舞蹈优、劣势空间的对比关系，鲜活地展示了二人表面谐和实则悖离的心理状态。面瓜对筱艳秋的追逐时时牵扯着她不甘平庸、向上凌跃的心，但是二人眼神和动作的非对应性却表现了"熟悉的陌生人"这一最让人痛心的夫妻关系。对意义的追求是一个普世的行为，是活着的本能。在凡俗生活中不忘艺术的理想，是筱艳秋活着的本能、活下去的动力。舞剧《戏梦人生》用筱艳秋、大青衣"理想"与面瓜的三人舞展现筱艳秋挣脱生活羁绊，追寻艺术之光的心理欲求。第二幕全副头面、身着青褶子的"理想"，在三人舞中，象征"文革"时期文化荒漠中压抑不住、无法彻底熄灭的艺术"光韵"，"理想"与筱艳秋动、形相随的肢体表现，与时时想介入、又时时被抛离的面瓜形成了鲜明的对比，洞穿了筱艳秋在波澜不惊的平淡生活中执着于艺术的忘我。这一情感欲求发展到一定阶段，便由自我认同向他人认同的方向延伸。拉康认为："人们会不断通过自恋和爱的对象的认同，获得很多身份，从而构筑自我，镜像则是这一系列认同的最底层部分。^①"接下来，在光线渐弱的沙发区域，独坐沙发之上的筱艳秋沉醉在艺术的幻梦中，手持笤帚、暖水瓶、脸盆、洗衣板等众多生活道具的群舞演员以相同的频率、同样的动作，随她轻轻晃动、摇曳生姿。这一恍如多重镜像的群舞就以暗喻的形式，一方面生动地喻示了筱艳秋因对艺术理想的渴望而将现实浪漫化、唯美化、虚幻化的心理状态；另一方面，也揭示了她期盼众人认同其艺术理想的潜在愿望。之后，随着惊雷一声的定音锣鼓，灯光转换，喧嚣的市井人声渐起，群舞又恢复了生活化的动作，世俗生活重新淹没了筱艳秋的艺术幻梦。群舞退去，她轻轻将头靠在了面瓜的肩膀。经由同一幕不同形式舞蹈的铺陈以及前后群舞段落的对比，形式的意味感脱颖而出：温情脉脉的现实生活在压抑、毁灭梦想方面某一时刻会露出它狰狞的面目，然而生活拖拽、淹没梦想的同时，梦想却赠与生活璀璨夺目的光芒。不仅如此，舞剧《戏梦人生》的形式意味还在于：编导找到了准确、鲜明、各具特色的动作语汇，围绕舞蹈表达的意图，优化表达的效果。强调顿挫的生活化动作凸显生活

---

① 段吉方. 20世纪西方文论［M］. 北京：高等教育出版社，2014：87.

的凡庸，圆曲变化、行云流水的舞蹈动作展现艺术理想的唯美。

舞剧尾声，坐在轮椅上的暮年筱艳秋，经历了漫长的艺术理想与生活现实的错位后，在教书育人中回归了内在的圆满。毕飞宇在《〈青衣〉问答》中曾指出："一个人的作品肯定得像一个什么东西，弄来弄去只能是像自己"①。谈及艺术的本质，清代画家沈宗骞主张"画与诗皆士人陶写性情之事"②，艺术是艺术家表现情感、理想、愿望、舒张个性、情怀、传达生命意志的特殊方式，艺术作品总是烙印着艺术家独特的性情、气质、才华、审美，渗透着艺术家的人生观、价值观。作为北京舞蹈学院编导系教授，在毕飞宇小说的舞剧改编中，编导肖燕英有关筱艳秋人生命运以及最终结局的改变，不仅塑造了一个执着坚韧、温暖积极、昂扬向上、始终不坠梦想的理想艺术家形象，完成了她对众多德艺双馨艺术前辈的舞台化致敬；与此同时，也体现了她对艺术教育工作者育人无悔、不失初心的价值认同。

二、从小说《青衣》到舞剧《戏梦人生》：审美意蕴的变迁

毕飞宇的小说《青衣》，审美意蕴始终是阴郁悲凉的。

小说开篇是万物萧条的秋季，结尾则是风雪飘摇的冬季。季节传递的阴郁之气外，小说主要人物筱艳秋的形象基调也充满了悲凉之感，"筱燕秋天生就是一个古典的怨妇，她的运眼、行腔、吐字、归音和甩动的水袖弥漫着一股先天的悲剧性。对着上下五千年怨天尤人，除了青山隐隐，就是此恨悠悠"③。而她向往的嫦娥，作为传统戏曲的经典青衣形象，因超越性的追求，独守广寒宫，也烙印着寂寞、悲凄的形象色彩。不仅如此，醉心舞台表演的筱艳秋，短暂的舞台辉煌后，在最好的时光未及充分绽放，随即面临了20年舞台生涯的停摆。生活中的她，因为灵肉的分离、

---

① 毕飞宇. 沿途的秘密 [M]. 北京：昆仑出版社，2013：48.

② 周积寅. 中国历代画论（上编）[M]. 南京：江苏美术出版社，2013：86.

③ 毕飞宇. 青衣 [M]. 北京：人民文学出版社，2015：5.

现实与理想的错位，始终透着股清冷之气，像一个"梦游者""一块冰""一个空心美人"。她的艺术情缘、人生命运更因偶然的拨弄，充满了悲剧性。为了圆年轻时的偶像梦，烟厂老板一时兴起，资助复排京剧《奔月》，点名人到中年的筱艳秋扮演嫦娥。即便在剧目复排中付出身心的惨痛代价，四场演出之后，面对心机深沉的学生春来绝美的扮相和剧场如雷的掌声，她依然发现自己视为生命意义的嫦娥死了："嫦娥在筱艳秋四十岁的那个寒夜，停止了悔恨，死因不详，终年四万八千岁"[1]。小说中，作家毕飞宇以近似黑色幽默的艺术手法，面对筱艳秋艺术理想的幻灭、面对二十余年的热切渴望与八个小时舞台光阴的荒诞反差，给出了似喜还悲、意味悠长的哀悼。"死于四万八千岁"一句，实则暗喻了经由历史变迁人类信仰之光、理想之光的覆灭。这一暗喻，也是对当下信仰失落、理想虚浮的平面化社会的深刻反讽。而以嫦娥为象征的筱艳秋艺术理想的覆灭，并非死因不详，是无法言说。小说《青衣》让我们看到了艺术的身不由己。《奔月》本是建国十周年的献礼作品，创排时，因为老将军的一句戏言停演十年；改革开放后烟厂老板酒桌上的偶然动念，《奔月》获得了复排的资金。决定《奔月》命运的不是剧目自身的艺术价值，也不是国家对文化事业的支持，而是无形的权力和金钱。当筱艳秋将人生价值、人生意义的实现寄托于《奔月》时，她面临的也将是偶然而不可知的悲剧命运。权力、金钱对艺术的劫持同时毁灭的还有艺术家。筱艳秋的嫦娥情结越深，《奔月》起伏不定的命运对她的伤害越大。为了抓住转瞬即逝的理想之光，她不得不孤注一掷，付出一切；由此，她激情转归悲凉的情感体验也越发深重。

与小说《青衣》不同的是，舞剧《戏梦人生》始终隐约透射出温暖的人性之光、唯美的艺术之光。

序幕部分，展现筱艳秋在艺术理想的感召下，刻苦练功，梦想初成。该幕借助舞台装置，营造出月宫嫦娥的意象。但舞剧并未强调筱燕秋与嫦娥的高度认同，嫦娥仅是大青衣的符号，书写着筱艳秋的艺术理想。第四幕，展现暮年的筱艳秋传道授业的育人工作，月宫嫦娥的意象再次出现。

---

[1] 毕飞宇. 青衣 [M]. 北京：人民文学出版社，2015：315.

舞剧首尾呼应的暖橙色月宫嫦娥意象因此构成了人生圆满、艺术圆满的象征符号。如果说，小说中的嫦娥涌动着神话传说中被放逐者的孤独与清冷，那么，舞剧中的嫦娥因为象征着艺术理想的实现，则营造出融融的暖意和光明敞亮的情感色彩。此外，从人际关系看，小说《青衣》无论是夫妻、师生还是同事之间，都显得疏离而冷漠。对于丈夫，筱艳秋始终是个冰美人；对于学生，她为了舞台的辉煌，霸戏抢戏，不让分毫；她的清冷、孤傲、身心分离，分明竖起一道无法逾越的墙，将同事挡在心墙之外。舞剧《戏梦人生》的夫妻、同事、邻里关系则不然。面瓜始终无法走进筱燕秋崇艺尚美、渴望超越的内心世界，不懂她对戏曲艺术的执着眷恋，但这没有妨碍他对她温暖呵护、悉心关爱；筱艳秋感动于面瓜的疼惜，亦温柔相对。在艺术的世俗化狂欢中，面对沉浸于迪斯科的剧团同事随意抛掷的戏服，筱艳秋毫无怨言，静默捡拾，仔细整理。即便是家长里短的众邻里，也在共同的平凡生活中营造出热闹的烟火气，抚慰筱燕秋因艺术理想的受挫怅惘、失落的心境。而从表达媒介的层面看，相较于文学单一的语言文字媒介，舞蹈的动作语言、音乐语言、服装灯光等色彩语言都具有缔造特殊情感氛围的功能。舞剧《戏梦人生》第二、三幕侧重表达筱艳秋艺术理想的失落以及由此导致的身心分离状态，无论色彩还是动作语言偏于压抑、沉郁；但一幕和尾声则侧重于从个体到他人，由不同的层面表现其艺术理想的实现，动作语言和色彩语言则偏于浪漫抒情、明丽温馨。特别是第一幕戏中戏部分，水钻头面、身着粉绿相间褶子的众青衣与水钻头面、身着粉色褶子的筱艳秋，一起展开的群舞，细碎的圆场步、圆转变化的舞蹈调度、轻抛慢掷的长长水袖，形、色、动、态交相融洽，共同创造了美轮美奂的视觉效果；与此同时，强化了舞剧欢悦舒畅的情感氛围和醇厚浓郁的审美意蕴。

三、从小说《青衣》到舞剧《戏梦人生》：戏曲元素的不同功能

（一）小说《青衣》的戏中戏结构及其功能

毕飞宇的《青衣》作为戏曲题材的小说，戏曲元素的应用非常丰富。

小说曾以很大篇幅展现戏曲艺术独特的美感，并将戏曲元素与人物性格的发展有机结合，拓展作品的内涵，丰富作品的意蕴。在对京剧进行介绍时，作家曾给予这样的描绘："一怒、一喜、一悲、一伤、一哀、一枯、一荣，变成一字、一音、一腔、一调、一鼙、一笑、一个回眸、一个亮相、一个水袖，一句话，变成一个又一个说、唱、念、打，然后，再把它组装起来，磨合起来，还原成一段念白，一段唱腔"①。仔细品味，这段描绘细腻典雅，富有节奏感与韵律性，读起来有如宋词，整饬中有变化，散发着抑扬顿挫的古典韵味，不仅再现了中国戏曲以"唱、念、做、打"等多种艺术语言塑造形象、传达情感的美学特征，而且将戏曲念白的节奏感和诗意特征融入语言文字之中，生动呈现了戏曲之美。

小说《青衣》对戏曲元素最精妙的运用在于戏中戏的结构。戏中戏通常指一部作品中嵌套着该作品之外的其他作品。小说《青衣》围绕剧目《奔月》的创排及复演，再现戏曲演员筱艳秋的悲喜人生，剧目《奔月》则构成该小说的戏中戏。

戏中戏的结构有利于人生舞台和戏曲舞台的相互映照、彼此依托与有机融合。小说由此建构了人与戏二者命运的同一及变化，用戏中的角色嫦娥映衬筱艳秋命运的起伏，将人物的内心以舞台化、视觉化的形式展现。《奔月》一剧，由筱艳秋唱红，却也因她停演；之后因她复演，却并非由她结束。《奔月》起伏辗转的命运构成了筱艳秋命运的形象图解，二者都承受着命运"这一无形之手"的玩弄和操纵，生命个体与艺术的悲剧感则在相互激荡中更为沉重，也更令人反思。小说也善于借嫦娥的形象对筱艳秋的形象展开塑造，再现人物的心理世界，拓展人物的情感内涵。嫦娥作为筱艳秋的理想镜像一直贯穿于小说的始终。"嫦娥应悔偷灵药，碧海青天夜夜心"，超越性的追求皆融化在二者的灵魂深处，让她们与现实生活格格不入，更让她们尝尽孤独寂寞。筱艳秋这个一直望向月亮的女人，嫦娥所代表的艺术幻梦占领了她全部的生活。即便亲如丈夫、女儿，也全然不在她的关注中。迷恋艺术的人，幸福仅存于艺术之中。说到底，艺术之于艺术家，既是痛苦的迷恋，又是魔咒般的命运。小说中，筱艳秋像嫦

---

① 毕飞宇. 青衣［M］. 北京：人民文学出版社，2015：44.

娥一样义无反顾、不知疲倦地奔向月亮，奔向理想的艺术至境。在她看来，舞台的有限时空超越了庸常的现实。但是，她命运悲剧的必然性在于：艺术让其沉浸于虚幻的理想世界，但终究会将她抛回现实生活之中。小说最后一部分叙述筱燕秋重新登台，用了很大篇幅描绘戏曲《奔月》中嫦娥《广寒宫》一段的唱腔。这是《奔月》最富华彩的一段，毕飞宇不仅详细讲述了唱腔的转板与戏曲中的舞蹈，更是以华美的语言描述戏中人充沛饱满、戏人合一的表演状态，再次展现筱艳秋对戏剧艺术的痴迷；同时，借戏中嫦娥的心理活动传达筱燕秋的命运悲苦之感。"嫦娥置身于仙境，长河既落，晓星将沉……寂寞在嫦娥的胸中无声地翻涌，碧海青天放大了她的寂寞"①。面对无限的虚空，嫦娥是寂寞的；面对艺术幻梦反复失落带来的巨大虚无感，筱艳秋的寂寞更透出一种深重的悲怆感。正如小说结尾呈现的，身着嫦娥戏服的筱艳秋手挥竹笛，风雪夜鲜血淋漓地在剧场外边唱边舞，温热的血滴入冰寒的雪地形成的黑洞，正是这悲怆感的黑暗写照。

（二）舞剧《戏梦人生》的青衣意象及其功能

杨义指出："中国叙事文学是一种高文化浓度的文学"，这种文化浓度"更具体而真切地容纳在它的意象之中"②。舞蹈作为传统艺术，也格外注重意象的营造。一部舞蹈作品中，形象、道具、服装、灯光等都可以成为舞蹈的核心意象。舞剧《戏梦人生》则以青衣作为戏曲元素和核心意象，发挥着贯穿情节、塑造人物、构建象征等多重功能。青衣一词具有双重含义，一是指青衣角色的戏服，也即青褶子；传统戏曲中，青衣（青褶子）具有款式美、制作美、图案美、色彩美、工艺美、材质美、飘逸美、静雅美等多重美学特征；二是指作为旦角的青衣。在舞剧《戏梦人生》中，青衣不仅是贯穿舞剧情节的线索，也呼应着舞剧追逐戏梦、品味人生的创作主旨，更象征着筱艳秋历经磨难、始终不移的艺术理想。具体而言，青衣在舞剧中是以物质形象和旦角青衣的实体象征形象两种形式出现的。作为

---

① 毕飞宇.青衣［M］.北京：人民文学出版社，2015：308.
② 杨义.中国叙事学［M］.北京：中国社会科学出版社，2007：187.

服装物质形象，它区分并界定舞剧角色，进而起到明确舞剧时空的作用。身着青衣的角色或者是筱艳秋艺术理想的象征，当他们出现时，意味着筱艳秋进入了畅想未来、畅想艺术的心理世界，舞台由此成为意识化、心理化的虚灵空间；或者是戏曲演员，当他们出现时，意味着舞剧进入了戏中戏的表演空间。此外，作为物质形象的青衣服装一旦从演员身上剥离，随意在空中撕扯、挥舞或者抛掷在地，则象征着筱艳秋艺术幻梦的破灭，或者传统戏曲被边缘化的艺术境况。以服装媒介呈现的青衣之外，舞剧《戏梦人生》特别设置了一个由男演员扮演的符号化的"大青衣"形象——"梦想"，作为筱艳秋艺术理想的象征，始终参与着舞剧的艺术表达。

首先，青衣意象构成舞剧情节发展的线索和脉络，发挥结构作品、穿针引线、统摄全局的作用。舞剧采取线性叙事，顺序展开筱艳秋从少年到暮年的艺术人生。第一幕：20世纪60年代，筱燕秋寒暑不懈，刻苦训练，艺术事业蒸蒸日上。"文革"开始后，筱燕秋与"梦想"被狠狠撕裂开来。"梦想"被残酷地批判、粉碎。第二幕：极度渴望登台表演的筱燕秋，被长期禁止演出。生活似旋转门无始无终，锅碗瓢盆的琐碎中，岁月在无情地流逝……第三幕：改革开放春风吹来，筱燕秋已步入中年，她内心无比兴奋，准备再次登台演出，但舞台却已被"新人"占领。青春不再的她成了一名服装管理员。尾声：暮年的筱燕秋仍执着地热爱艺术、坚守"梦想"。在"梦想"的陪伴下，她将这份对艺术的挚爱之情传递给了下一代。大青衣筱燕秋无怨无悔，与"梦想"相随一生。[1] 可见，舞剧围绕筱艳秋艺术梦想的萌动、实现、压抑、转移，结合时代背景的变迁，描绘其波澜起伏的艺术人生。符号化的"大青衣"形象——"梦想"如串珠之线，连缀着舞剧幕与幕之间的情节发展，发挥了聚合、统摄作品的结构性作用。

其次，青衣意象具有加快时空转换、强化情感表达的作用。舞剧《戏梦人生》围绕筱艳秋艺术梦想的起伏，勾画她数十年的艺术人生。如此漫长的时间跨度与众多的场景变换，对于舞剧表达而言，无疑构成了巨大的挑战。编导肖燕英巧妙地运用蒙太奇的手法，围绕筱燕秋艺术梦想的发

---

① 参见舞剧《戏梦人生》幕前文字说明。

生、衍变，对其艺术人生进行浓缩、凝练，截取少年追"衣"、青年着"衣"、"文革"剥"衣"、中年护"衣"、暮年传"衣"系列典型场景，予以一叶知秋似的浓墨重彩呈现，生动地凸显了筱艳秋执着于艺术、历经磨难而不堕梦想的纯挚精神境界。在艺术形象的塑造、情感世界的挖掘方面，每一个场景都有围绕青衣的激情表达。第一幕后半部分，鼓点为主、短促急切的背景音乐下，在灯光偏暗的舞台后区，是"梦想"被红卫兵围困的圆形调度批斗群舞。前区定点光营造的圆形区域，筱艳秋踩着青衣的两条水袖，主要运用抖袖技巧，以上半身的不断变化展开独舞。这一限制性独舞与舞台后区的群舞相互比衬、映射，将筱艳秋艺术之梦被禁锢、被无情践踏的恐惧、无助、痛苦、绝望之情展现得淋漓尽致。而情感抒发的高潮出现在"梦想"身上的"青衣"被剥落后抛掷于地，灯光投映的红卫兵暗黑色、岿然不动的身体轮廓下，筱艳秋跪趴在地，手臂长伸，循着灯光所引导的光明之路，一步一步向"青衣"爬去。但转瞬之间，她便由红卫兵以"梦想"的青衣为绳捆缚，并被剥去身上的青衣。这一细节是第一幕的重彩华章，动作、灯光、服装、音乐、调度一起，以综合性象征织体，合力营造出筱艳秋对艺术之梦的绝望守护；这一竭尽全力的守护越迫切、越绝望，其后梦想的彻底毁灭带来的痛苦体验就越深重，而直抵观众心灵的情感共鸣就愈强烈。以身体及其动作为表达媒介的舞蹈，当它遗忘了炫耀式的技巧，进入质朴言说时，将携带着肉身的全部生存体验，在情感的表达方面呈现其他艺术样式无法比拟的强烈效果。这一场景的舞蹈可以说是闻一多有关舞蹈独特媒介特性及其艺术功能的生动诠释："舞是生命情调最直接，最实质，最强烈，最尖锐，最单纯而又最重充足的表现"①。

再次，青衣意象与袖舞结合，缔造了醇厚深远的审美意蕴。袖舞作为中国古典舞重要的技术技巧，本就吸取了戏曲水袖的诸多表现手法。舞剧《戏梦人生》作为戏曲题材的剧目，围绕筱艳秋的青衣梦想和戏中戏的舞剧安排，将青衣意象和袖舞巧妙结合，营造出戏舞相融的特殊审美效果，建构了轻快灵逸、飘绕曼妙的审美意韵。依据舞剧表达的需要，《戏梦人

---

① 闻一多. 中国现代文学大师精品集丛书·闻一多精品集［M］. 北京：世界图书出版公司，2010：42.

生》各幕很多段落都出现了袖舞。特别是一幕表现筱艳秋对艺术"梦想"执着追求的双人舞，格外精彩。该舞在筱艳秋和大青衣"梦想"之间展开，二者一前一后，如影随形，动作形态、运动方向、动作频率基本一致，抖袖、掷袖、抛袖、扬袖、荡袖、挥袖、拂袖、甩袖、背袖、摆袖、搭袖、绕袖、叠袖、撩袖、翻袖、遮袖，各种袖舞技巧自由转换，配合身形的调整、变化，身体与袖体融合无间，以放射状的、不断延展的空间变化、回旋盘绕、婉转起伏的长袖线条，创造出优雅飘逸、动静相宜的视觉美感；活化了筱艳秋沉醉于艺术梦想自由舒畅的内心感受，使得人物形象的塑造更为鲜明、更加丰满。此外，该段对偶式双人舞，筱艳秋在前、大青衣"梦想"在后，二者几乎始终相随的舞蹈调度设计，构成了高度隐喻的镜像象征。一方面，人生有梦，人在梦在，含蓄传达出筱艳秋与艺术梦想合二为一的超越性追求；另一方面，也暗喻着艺术梦想作为永不衰竭的心灵能量，构成筱艳秋现实人生源源不断的动力，赋予筱燕秋坎坷人生澄明、璀璨的光华。戏梦人生的作品立意经由双人舞构建的动态视觉意象巧妙登场。综上所述，同一舞段，由于青衣意象与袖舞的结合，营造优雅飘逸视觉美感的同时，又传递出筱艳秋沉醉梦想的舒畅体验及其与艺术之梦合二为一的超越性向往，同时，彰显了作品的主旨，审美意蕴醇厚深远。

学术观察

政府融媒体产品的内涵、
形式与发展对策[*]

——基于北京实践的探讨

贾哲敏　李宗宁^{**}

【摘要】政府融媒体产品是目前政府应对媒体融合、视觉化传播环境变化所展开的行动调适，带来了政府传播、形象塑造的新风貌。本文认为政府融媒体产品具有技术性、融合性、政治性、以用户为中心、创意性等内涵特征。结合北京市政府实践，对政务短视频、政务微电影/微纪录片、政务 Vlog、政务直播等四种主要政务融媒体产品形式进行了现状梳理与分析，提出应进一步拓宽政府融媒体产品的类型与应用场景、坚持内容创新、兼顾政治性与娱乐性平衡、注重主流文化价值传递等发展对策。

【关键词】政府融媒体产品　政务短视频　北京　政府传播　文化价值

近年来，伴随着媒体融合和视觉化传播的发展，各级政府策划并推广的融媒体产品频频出现在公众视野中，如：话题 H5 "#我和国旗合个影#"（团中央）、全国首个警方抓捕 Vlog（海南省公安厅）、"#带着国徽去审判#"直播（最高法）、警务真人秀《守护解放西》（长沙市公安局）等，

＊　本文系北京市社会科学基金项目"基于北京实践的政府融媒体产品传播与效果研究"（项目编号：20XCB010）的阶段性成果。
＊＊　贾哲敏，北京航空航天大学公共管理学院副教授；李宗宁，北京航空航天大学公共管理学院硕士研究生。

为政府优化信息传播、拓展公共关系、提升政府形象提供了新的思路和做法。本文意在明确政府融媒体产品的内涵及特征，基于北京实践探讨现阶段政府产制融媒体产品的主要形式，并提出政府融媒体产品的发展对策。

一、政府融媒体产品的内涵及特征

政府融媒体产品是政府为实现政治传播意图，利用多元数字技术策划产制的具有融媒体属性、重视用户需求和体验的政务内容产品或创意活动，[①] 主要具有技术性、融合性、政治性、以用户为中心、创意性等特征。

技术性指政府融媒体产品在移动互联网、可视化、大数据、VR、AR、人工智能背景中应运而生，其具体形式和内容由技术属性所决定，亦受到技术边界的影响。融合性通常表现为政府在融媒体产品的产制过程中对各类符号、元素、场景的融合性使用，也包括对时政议题、政务信息、社会文化的多元融合与整合。政治性则要求政府融媒体产品需以符合政治导向为基本出发点，体现政治立场，积极传递主流意识形态。"以用户为中心"是政府融媒体产品最为主要的特征。与政府利用电视、报纸等媒体开展宣传不同，政府融媒体产品并非"传声筒"，也并非"自说自话"，而是以政治营销的理念面对受众。明确用户的偏好，根据用户的接受程度和喜爱程度使用不同的营销策略，提供差异化产品，传递有针对性的信息，从而获得良好的传播效果。创意性特征使得政府融媒体产品在各类政府传播形态中独具特色。政府需对融媒体产品的选题、内容、拍摄、制作等方面进行充分创意，广泛吸纳流行元素，保持灵活性、趣味性和前沿性。[②]

总而言之，政府融媒体产品是政府在融媒体环境中主动调适传播行动的产物，在一定程度上将在未来引领一股政府传播新潮流。

---

① 贾哲敏，傅柳莺，何婧琪. 政治传播的新潮流还是新模式？——政府融媒体产品的兴起与发展 [J]. 西安交通大学学报（社会科学版），2021（2）：122 – 130.
② 彭兰. 短视频：视频生产力的"转基因"与再培育 [J]. 新闻界，2019（1）：34 – 43.

二、北京市政府融媒体产品的主要形式及现状

北京市政府一直积极进行传播创新，进行着诸多有益的尝试。总体来说，政府基于政务新媒体平台策划、制作、传播的各类具有上述特征的"产品化"形式均可看作政府融媒体产品的范畴。通过梳理北京市各级政府所开展的具体实践可知，目前最为主要的政府融媒体产品包括政务短视频（政务抖音/政务快手）、政务微电影/微纪录片、政务 Vlog、政务直播四种形式，以及政务 H5、游戏、政务 VR/AR、流行语等。不少融媒体产品一经推出就受到了用户的喜爱，产生了良好的传播效果，下文将结合案例展开讨论。

1. 政务短视频

政务短视频是目前最为常见、建设最为成熟的政府融媒体产品形态，在抖音、快手、B 站等短视频平台发布，主要通过视觉化的表现形式全方位刺激用户感官，形式上简明扼要，

风格多元。推出"爆款短视频"是政务短视频获得用户和流量、产生社会影响力的关键。早在 2018 年 5 月，北京市公安局反恐怖和特警总队就创立了抖音账号"北京 SWAT"，同时发布首支爆款短视频"北京反恐特警正式入驻抖音"。许多高精尖的警务装备和不为人知的训练场景在该短视频中亮相，不仅获得了超高的播放量和点赞量，还引发了其他政务短视频的复制与模仿，从而形成了爆款政务短视频的基本底色：揭秘内部场景、调用专属符号以及使用流行元素。此类"爆款短视频"通常具有马太效应，带领政务短视频在网络传播平台中出圈、突围，吸引一大批忠实用户。

政务短视频还注重发挥自身专业度高，具有公共性和权威性的优势，进行科普、知识类融媒体产品的产制，服务于广大用户。北京疾控中心曾在新冠病毒疫情防控期间精心制作了《新冠疫苗》系列科普短视频，提供详细的专家解读，进行疫苗接种宣传，并针对公众关注的各项疫苗安全和健康问题进行了科普讲解，其及时性和专业性都受到广泛认可。政府还特别重视增加此类短视频的互动性，提高公众参与度。"北京 SWAT"也曾

在抗疫期间推出《硬核"私教"》系列政务短视频,特警队员变身"科普专员"和"健身教练",一面向公众讲解科学健身知识,宣传自我健康保护的重要性;一面专业领练各类健身动作,带领粉丝用户"动起来",共同促进日常健康管理,丰富生活。共有超过 200 万用户在线参与了"硬核健身",使得"跟着特警学健身"一度成为流行风潮,从而形成了政府与公众基于短视频的新互动。

2. 政务微电影/微纪录片

政务微电影/微纪录片是政府融媒体产品的一种重要形式,基于影视拍摄和制作技术的不断改良,通常短小精悍,调用多重元素与符号,精心巧妙地组合,产生独特的视觉冲击和观看效果,深受用户喜爱。政务微电影/微纪录片能够有效地塑造城市形象和政府形象。2022 年,北京市政府新闻办公室创制了 30 集《京味》系列微纪录片,力求从 30 个微观角度塑造北京形象。① 《京味》无疑是用心之作,除精巧的构思,精美的制作,对北京传统与现代文化价值的深层挖掘之外,还在内容上涵盖了城市建设、文化变迁、生态发展等多个主题,② 在镜头选取上覆盖了北京古老街区、历史遗迹、现代都市景观等众多层面。既体现出千年古都的历史文化底蕴,又全面展示了北京作为国际大都市的现代胸怀。除此之外,突出平民视角,以人为本,亦是时下政务微电影/微纪录片创制的核心追求。《京味》也将大量的镜头留给奋战在一线的劳动者,充分挖掘日常生活中的价值与美感,多层次展示了北京普通民众的精神风貌,使得北京城市形象生动鲜活,充满活力。

政务微电影/微纪录片亦是文化、旅游管理部门开展宣传与推介不可或缺的重要工具,通过符号、场景、人物、音乐、影像的多角度组合,强化受众对旅游目的地或文化主题的感知与想象。好的文旅类微电影/微纪录片不仅需要挖掘文化元素的深层价值,重构文化要素的展示方式,与文

---

① 品读大美北京,见证古都焕新——《京味》系列国际传播微纪录片正式发布 [EB/OL]. https：//www. beijing. gov. cn/gate/big5/www. beijing. gov. cn/renwen/sy/whkb/202209/t20220924 _ 2822355. html. 2022 – 09 – 24.

② 系列微纪录片《京味》播出 [EB/OL]. https：//culture. gmw. cn/2022 – 09/30/content _ 36060087. htm. 2022 – 09 – 30.

化热点、传统节庆相结合，还要重视文化情感的注入与唤醒，引发受众的文化认同。2021 年春节，北京西城区非遗保护中心在抖音平台发布了微电影《人·情·味儿》，通过非遗传承人的自白，深度介绍京菜、药香、刻瓷等京派非遗文化。这部微电影综合调用了多种北京非遗文化符号，还恰到好处地融合了"年"的主流文化元素，设立了如乡愁、年味、守候等独立模块，由非遗传承人在思乡、团聚等温情时刻娓娓道来。叙事贴近受众，情感交融，代入感极强，容易唤醒受众的共情。通过这种方式，整部微电影将非遗文化、传统年节文化、公共情感、情绪共通融合起来，形成了有效的文化推介，也强化了主流价值的传承传递。

3. 政务 Vlog

Vlog 是"Video Blog"的简称，即"视频博客"或"视频日志"，由创作者通过第一视角进行拍摄，记录日常生活，具有个性化、多元化、亲切活泼、真实性强等特点。融媒体时代，政府亦尝试采用政务 Vlog 的形式表达自我，将政府开展工作和履行职能的过程全方位展示给公众。

"在现场"警务 Vlog 是北京市公安局在抖音平台打造的融媒体产品，将画面对准北京警方打击犯罪、执行勤务、服务群众的第一现场，记录并分享了多个真实瞬间。"抓捕现场"展示了民警执行任务中的多个惊心动魄，他们机智应对、商讨战术、真枪实弹，硬核爆燃，处处透露出强劲卓越的职业素养。"服务民众"主题内容多样，将派出所民警日常出警时的尽职尽责、进行治安处罚时的公正刚直、为群众讲解法规法条时的耐心细致、帮助困难群众时的关爱暖心鲜活地呈现出来，具有很强的感染力。"普法和反诈"系列主打形式活泼，风格多样。警官现身说法，语言轻松幽默，用喜闻乐见的方式向民众宣传讲解，与民众充分交流和沟通。"日常警队建设 Vlog"则着重记录基层派出所民警的工作瞬间，辅以流行元素或"创意梗"使其更加生动。如"密云水库派出所的警察蜀黍都在忙些什么"Vlog 产品就是通过这种方式展现派出所内部繁忙的一天，让民众对基层警务工作有了切身的感知和体验，增进了警民之间的相互了解。

由此可见，政务 Vlog 能够有效拉近政府与民众之间的距离，让民众感受到政府就在身边，感受到政府及其工作人员勤政爱民、专业高效、责任感强、勇于担当的品格,从而提升信任度。此外,政务 Vlog 还有利于展示不同层级、不同性质、不同区域的政府部门的个性和魅力,让政府富有人情味,是政府改善传播与沟通的有效方式。

4. 政务直播

政务直播是政府部门作为传播主体,通过出镜主播针对政务服务所进行实时报道。[①]

目前政务直播在多个政务领域广泛应用,为政府与民众之间的互动搭建了一个信息传递、加强沟通的新空间,让政府工作变得更加公开透明,政民关系更加亲切友好。2021 年 5 月,北京市应急管理局"应急直播"上线,先后开展了"北京市 5. 12 防灾减灾日""北京市安全宣传咨询日""北京市中小学生#公共安全开学第一课"等直播活动。政府官员、应急专家、专业媒体在直播间中直面民众,用生动有趣,通俗易懂的方式与民众交流、沟通和对话,加强了应急管理部门与民众之间的相互了解,让应急安全意识、应急救援常识、应急自救知识等对于民众来说比较生疏的主题深入人心,取得了良好的传播效果。主题沙龙式直播则邀请多位知名应急专业人士向公众介绍应急救援技术的发展和社会应急管理的建设,同时邀请公众在直播间在线参与,共同探讨应急管理的发展,献计献策,带来了积极的社会反响。

一场政务直播不仅可以成为一次全方位的政府"展示",还能够促成政府与民众进行一次跨越时空的互动。线上连麦直播"#你不知道的北京中轴线#"由北京市东城区网信办推出,观看和参与总量超过 30 万。十余位网络大 V 和东城区网络宣传员代表、驻区重点互联网企业代表一路开展直播,先后探访了永定门御道遗存、前门三里河公园、颜料会馆、北大红楼和钟鼓楼等 5 个重要的北京中轴线文化景观。[②] 通过边走边拍、连麦分

---

① 班玉冰. 困境与突围:社会治理视阈下的移动政务直播 [J]. 湖北行政学院学报,2019 (5):43 - 47.

② 文化东城:网络大 V 实地感受东城文化魅力 [EB/OL]. https://mp. weixin. qq. com/s? __ biz = MzAxMzY4MDM1MA = = &mid = 2650436019&idx = 5&sn = 6b44e439879563e5ebbbf0b946d5 b85f&chksm = 83903a02b4e7b3140f7419c064975fbc2d175adb15fde418e830e9a62a7659f374ccd8fc7 9d9&scene = 27. 2022 - 08 - 03.

享、直播畅聊等方式，带领网友沉浸式感受东城区悠久的历史文化。这场直播构建了一个虚拟的文化空间，实现了 30 万网友和政府传播主体身体同在、共同行走、同步体验。大家通过频繁的留言、讨论、隔空对话，产生了情感共鸣，共同分享着对北京这座城市的热爱和对北京文化的自豪。整个直播活动的主题也得到进一步升华，东城区的文化形象也得以成功塑造。

AI 直播也是近年来政务直播的创新方式，由人工智能技术合成虚拟主播人物，提供语音和影像直播。AI 直播目前主要运用在新闻直播和会议直播领域，全天候、不间断地提供服务。由朝阳融媒上线的 AI 直播已在朝阳区党代会、人代会等大型活动中"上岗"，[①] 以逼真的形象、亲切自然的声音播报新闻和动态，解读政策，为用户带来全新的体验。未来 AI 直播还将具备更多功能，实现自主信息采集、筛选、分发，对民众诉求和呼声进行快速而有效地回应。

三、促进政府融媒体产品优化发展的对策

除上述四种主要形式外，其他品类的政府融媒体产品也在蓬勃发展。如北京市人民政府新闻办公室制作的"大美北京 VR"、北京市公安局所创制的网络流行语"朝阳群众"、首都文明办制作的"美丽街巷我的家，国庆带你游胡同"H5 等也各具特色，深受用户喜爱，赢得了良好的社会反响。在未来，政府还应进一步明确融媒体产品的应用前景，不断改进策略，以求更好的发展，具体而言如下。

1. 拓展政府融媒体产品类型，拓宽应用场景

政府融媒体产品应不断拓展形式与品类，在已有短视频、微电影、Vlog、直播等主要形态的基础上，立足于融媒体的发展变化，充分利用音视频、可视化、ChatGPT 等新技术，促进政府融媒体产品的更新迭代，开发多元产品。其次应积极扩展政府融媒体产品的内容类型，尤其应当增

---

① 北京朝阳首位 AI 主播明日上线 ［EB／OL］．https：／／baijiahao．baidu．com／s？id＝17183031233 37381451&wfr＝spider&for＝pc．2021－12－05．

加政务信息、公共信息、公共政策、知识传播等主题的内容建设，发挥融媒体产品的视听优势、节奏优势、富有冲击力和代入感等优势，使其成为政务信息发布和社会信息交互的重要平台。还应拓宽应用场景，在目前比较成熟的公安、文旅垂类之外，教育、医疗、卫生、交通、城建等部门亦应积极探索，产制并推广融媒体产品，亦可尝试在融媒体产品中加入人脸识别、语音识别、机器处理等模块，将其运用于智能公共服务新场景。

2. 鼓励融媒体产品内容创新，实现政治性与娱乐性的平衡

提升政府融媒体产品的水平，需要以用户为中心，不断提高融媒体产品的内容质量。持续提供"爆款"，是各类政务融媒体产品突破流量重围的关键。只有充分鼓励融媒体产品在内容、题材、风格等方面不断创新创造，同时提高设计、拍摄、制作、宣发的水平，才有可能推出受用户喜爱、有影响力的产品。政务短视频、政务 Vlog 等形态的政府融媒体产品还尤其重视观感和趣味性，且不可避免地需要迎合平台或用户的喜好，使用大量流行元素和网红表达。这意味着政府融媒体产品的内容创新需要把握政治性与娱乐性的平衡，既不能过于严肃乏味，又不能过度娱乐化。因此，政府融媒体产品需要保持清醒头脑，在政治红线之内，在满足政府传播公共性的基础上多方考虑政府需求、用户需求和流量法则，灵活掌握内容尺度。同时在内容主题、表现形式、话语表达和风格特色等方面，鼓励主创人员发挥能动性，积极创造，勇于试新，开发产制出更多优秀的产品。

3. 注重政府融媒体产品中主流文化价值的传递

传递主流文化、生成共同意义是政府融媒体产品的深层价值之所在，也是维系用户、增强用户黏度，赢得用户信任的关键。政府应当充分重视"主流文化价值"在融媒体产品中的塑造和渗透，深度挖掘各类文化要素，利用多元文化符号，致力于打造一个展示各类主流文化价值的视觉空间。其中，既包括以"正能量"作为政治文化审美主线所形成的作品，在重大时政活动、重要节日及纪念日推出，深化主流政治价值和意识形态，提供

政治认同;① 也包括从日常生活视角所展示的民间文化和社会价值，有益于民众分享共同的情绪与情感，产生共鸣；还包括对传统文化和历史文化的挖掘和重塑，唤醒人们的文化自豪感与文化自信，促进社会团结。

---

① 周庆安，王静. 全媒体语境下新闻发布的叙事和语态变迁：2017 年中国政治传播和新闻发布观察 [J]. 新闻与写作，2018（2）：69－73.

杜威传播观视角下的
人类命运共同体内涵阐释
——以跨文化视频博主的传播实践为例

师欣楠　殷晓秋*

【摘要】当前我国的国际传播实践越来越强调以普通人的个体经验为载体向世界传播中国故事。本文从杜威传播观的视角出发，探讨经验、传播与共同体的本质关系，提出传播的本质即为个体经验的共生、共享与共融，传播的过程即为共同体建构的过程。从共同经验的角度认识"人类命运共同体"让我们得以反思我国既有的从共同体外部而非内部出发、重视不同文化间差异而非共性的"对外传播"的传统思路，提醒我们共同体本身就蕴含着人类命运休戚的内在隐喻。在这种理论背景之下，跨文化视频博主作为促进不同文化之间经验共享的传播中介，其在地经验的全球传播实践值得更多的探索与关注。在传播日益极化与分裂的今天，跨文化视频博主为不同文化之间寻求经验共享与共融提供了天然的共同地带，从而通过个体经验的分享与传播帮助实现了更大程度的相互理解与认同。

【关键词】在地经验　人类命运共同体　跨文化传播　杜威

近年来，在我国的国际传播实践中，越来越强调传播普通人经验的重要性，这是对我国既往重宣传、重符号、重理性的国际传播路径的一种反

---

* 师欣楠，清华大学新闻与传播学院博士后；殷晓秋，北京航空航天大学人文与社会科学高等研究院硕士研究生。

思式的调整。从传播学功能主义的立场出发，以传播更能引起人们共鸣的普通人经验作为国际传播的方法，本身是以提升中国故事的传播效果为目的，但是如果站在杜威乃至整个芝加哥学派的经验立场上重新考察这一问题，传播本身就关乎人与人之间经验的共生共融，回到人的经验本身不是一种新的国际传播的新方法，而是对传播学一直以来所忽视的人的经验维度的回归。

项飙在其《把自己作为方法》中曾提到，讲好中国故事的心理需求是有问题的。"一带一路"不应只是中国人的故事，也应是沿途很多国家的故事，但是以"讲好中国故事"为目的的这一心理需求，实际上又让很多"走出去"的中国人在具体的、日常的跨文化交往情境中受到对方的误解，本来正常的贸易往来和交流合作却会被误认为是目的性的。同时传统的中国故事的叙事框架又是单一而狭隘的，难以容纳现实中更多的普通人的丰富故事①。在这种情况下，从西方既定的"中—西"二元对立与世界霸权的预设出发，"人类命运共同体"的构想被西方世界理解为建立世界新型霸权的"另类共同体（alternative community）"的构想②，与此同时，传播本身仍被降低为只是实现内容传递的工具，并且仍然受到经典传播实用主义研究只注重传播效果的影响与框限，忽视了传播本身就是个体之间生长共同经验，从而自然而然内生建构共同体的过程。这一方面导致了我国一直在西方文明叙事的逻辑框架下来阐明我们为什么建立"人类命运共同体"的构想，同时也让我国的国际传播工作将重点始终放在了如何运用新媒介的方法和手段去"说服"他人以转变他国人民对我国的既定偏见。

在既往的对外传播工作中，我们往往更多强调我国文化与其他文化之间的差异性，但是却忽视了不同文化之间的共性地带。随着人的经验的叙事文本由文字逐渐转变为图像，再由图像过渡到了今天的视频，越来越以情感为内核的传播趋势都反映了全球范围内的一种对理性与宏大叙事的拒斥。但是，原有叙事逻辑的"失灵"与共情传播的兴起，究其根本是在向

---

① 项飙，吴琦．把自己作为方法——与项飚谈话［M］．上海：上海文艺出版社，2020．
② 洪长晖．"共同体"的想象脉络：一种跨文化传播的论述［J］．浙江传媒学院学报：2018（3）：40．

我们再次表明，经验是人与人之间、文化与文化之间最本质的共同地带，也是个体得以通过传播建构成为共同体的根本地基。近年来在 YouTube、Bilibili、Tiktok 等各个社交平台涌现出的跨文化博主广泛受到大家的喜爱，其所做的正是立足于不同文化之间的交界地带，进行自身在地经验的全球传播。作为两种甚至是多种文化之间的"转换阀"，这些博主正是通过将自身作为所处文化社会共同体的一员，向观众呈现个体的经验如何生长、交流与融合，在潜移默化中传播了当代中国的鲜活故事。在这一背景之下，跨文化视频博主所进行的在地经验的全球传播实践，让我们重新从经验而非效用的视角出发，对"共同体"本身进行思考，重新回答"何为共同体"，"何以成为共同体"以及"何以维系共同体"的问题，进而在回答这些问题的基础之上对中国的国际传播实践进行反思。

一、回到共同体本身：传播即为经验共享，传播的过程即为共同体的建立

论述"人类命运共同体"的文献非常多，其中有一大部分文献从中国深厚的文化传统中对这一概念生长的历史文化土壤进行阐释和论证，意在说明构建人类命运共同体的理念和倡议一直以来本就植根于我国的传统文化价值中，而非意在建立新的国际政治霸权秩序，从而驳斥来自少数国家提出的"中国威胁论"的声音。这些文献多立足于中国自古以来的"天下观""天下主义""天下体系"①，以此为基础论证植根于中国文化中的"世界主义"本来就不是以构建帝国主义体系的出发点之上。它从一开始就旨在联合其他民族构建一个文化共同体，超越以国家作为政治单位联结的方式，从而提供不同于民族或国家的价值尺度②。

进而也有一部分学者提出"人类命运共同体"的倡议在本质上不同于之前发源于西方的"世界主义（cosmopolitanism）"，而是在探索中提出一

---

① 赵汀阳. "天下体系"：帝国是世界制度 [J]. 世界哲学：2003（5）：2 – 33.
② 张磊，胡正荣. 帝国、天下与大同：中国对外传播的历史检视与未来想象 [J]. 南京社会科学：2016（6）：117 – 122.

种关于世界秩序和全球图景的替代性的"新世界主义"理论想象。它既保留了各民族参与国际交往，积极互动沟通的动力源泉，也破除了原有的狭隘的围绕着民族主义的政治共同体进行组合的框架①②③。这些文献试图从中西文化的不同语境出发，进行观念厘清，进而进行理念框架的重塑。这二者从本质上来说，其实都是在"人类命运共同体"构想的契机之下，重新从我国自古以来的历史文化思想中回溯中国本土的世界观。同时也从侧面反映出了一个问题，那就是我国在国际传播问题上一直存在的短板——不能准确且有效地传播自己的价值观，以至于使我们古已有之的对于人类命运共同体的美好愿景和合作共生的愿望一直被埋没在"传播鸿沟"里，反而在国际社会的交往中产生误解甚至是形成了刻板印象。

现在，我们不妨将目光拉回到"人类命运共同体"这一概念本身，从其自身蕴含的含义入手对上述问题进行反思。人类命运共同体，在对外翻译中译为"a community of shared value"。它首先非常明确地指出，各个国家和民族应以共同体（community）的方式联结彼此。它不是依据空间距离的远近、血缘、民族、行为甚至是文化起源的相似性和一致性而形成的"物理"意义上的联结方式，在本质上，它是一种心理上的认同。本尼迪克特·安德森曾论述道："想象的共同体"意义上的民族并非指涉一种"虚假意识"的产物，而是基于一种社会心理学上的"社会事实"④。这种共同的认同感在杜威看来基于在共同体中生活的个体所获得的共同经验，"共同体不仅是一种人类联合的形式，它首先是一种联合共同生活的方式，一种共同交流经验的方式"⑤。

杜威认为，"共同（common）""共同体（community）""传播（communication）"三个词本身都具有同一个词源"comm-"。但是这些词并不

① 邵培仁，周颖. 国际传播视域中的新世界主义："命运共同体"理念的流变过程及动力机制研究 [J]. 浙江社会科学：2017（5）：95–158.
② 袁靖华. 中国的"新世界主义"："人类命运共同体"议题的国际传播 [J]. 浙江社会科学：2017（5）：105–113.
③ 史慧琴，李智. 新世界主义视域下"人类命运共同体"理念对外传播的困境和出路 [J]. 对外传播：2018（6）：42–44.
④ 本尼迪克特·安德森. 想象的共同体 [M]. 上海：上海人民出版社，2018.
⑤ 约翰·杜威. 民主主义教育 [M]. 北京：人民教育出版社，2015.

是只有词根上的联系，而是因为在本质上，人们是基于共同的事物而生活在共同体中，而交流（传播）则是他们拥有这些共同事物的方式①。"共同"不意味着同处一时一地，更不是在表面意义上具有一些共同的特征，做出共同的行为。仅有共同生活①在共同体中生长并不足够，不同个体、不同群体的不同经验在其中得到自由的传播、得到共享（这里更加契合"community of shared value"中的"shared"的含义），才能构建成为"想象的共同体"。在这里，本文同意一些学者近年来对杜威传播观所作出的新的解读，以对之前基于有限材料引进到国内而来的杜威思想做出更正。在杜威的文献中，他大量地使用"transmission"与"communication"两个词，在中文的语境中为了作明确的区分，前者译者多翻译为"传递"，后者则为"传播"。杜威在《经验与自然》中集中阐释传播问题时，他认为传播具有两种功能——基于传播的工具性与终极性，两者在经验中融合的时候，便产生了共同生活的智慧和群体认同的社会①。前者具体指一种信息的传递和抵达过程，而后者偏重社会的分享，在经验的分享中意义得到充实和巩固，孤立的个体通过经验的交流和内化转化为共同体的一员②。由此看来，传播本身成为社会，或者说是共同体的表征和隐喻。

杜威的传播观在这里给予我们的启示是，传播本身不是一种手段、目的和功能，它与共同体本身不可分割地联系在一起。传播本身是一个分享经验直到经验为人们所共同拥有的过程。共同生活，共享经验，成为共同体得以形成和维系的重要纽带。我们甚至可以说，传播即共同生活，传播即共享经验，传播的过程与共同体形成的过程一体两面，密不可分。如果我们从杜威思想的视角去看传播与共同体，从你中有我、我中有你的共同体本身的内涵出发，我们常说的"对外传播"的概念是否还成立？建立在共同生活和共同经验的基础之上的传播，又何来"对内"与"对外"传播？如果"对外传播"成了我们在与其他国家与民族交往过程中先在的观念，那么原本的沟通和传播就变成了运用传播的技巧和策略去说服"他

---

① 许加彪. 作为经验共享的传播：知识思想史视角下杜威传播观再解读 [J]. 新闻与传播研究：2018（8）：49 - 64.

② 胡翼青. 再度发言：论社会学芝加哥学派传播思想 [M]. 北京：中国大百科全书出版社，2007.

人",这又是否与推动构建人类命运共同体的诉求相违背呢?

二、共同体的本质内在隐喻:命运共同体

在对共同体的内核进行阐述之后,我们还应注意到的是,共同体的概念本身本就是人类共同命运的共同体,共同命运本就是共同体的内在隐喻。

在论述"人类命运共同体"的文献中,曾有一些研究者追溯了"共同体"的西方思想历史源头。学者们普遍认为共同体的历史要追溯到希腊雅典城邦时代,以苏格拉底、柏拉图和亚里士多德为代表的古典哲学家主张建立和谐的"城邦共同体",它是人类美好幸福生活的实现形式;以及近代以卢梭和康德建立在契约和理性基础之上的政治共同体;再到马克思主义理论中以"自然共同体"、"虚幻共同体"和"真正共同体"对人的存在的不同状态的划分。[1][2][3] 这些先哲都从不同角度提出了共同体应该具备的不同标准。

但是杜威提醒我们,研究者似乎总是将共同体构想为一个整体,因而总是注重研究和阐释这一整体所应具备的规范性和种种品质,比如说基于某种值得称赞的目的而建立,福利的共同性,应该忠实于一致的公共目标等,但是却往往忽略了社会,或是共同体内在的含义,这一构想使我们往往"找不到"共同体得以成立、得以联系的本质性的那个东西。我们因此往往总是基于道德或是伦理意义去区分"好"或者"坏"的共同体,但是实际上我们并不是按照一个更为本质意义上的标准来进行衡量的。在此基础上,他认为共同体应该有两个根本性的标准:一、群体内成员有意识地参与的利益有多少?二、和其他团体的相互作用,充分和自由到什么程

---

① 洪长晖."共同体"的想象脉络:一种跨文化传播的论述 [J]. 浙江传媒学院学报:2018 (3):40-44.

② 鲁燕,景庆虹. 人类命运共同体思想的发展历程及实践探析 [J]. 北京林业大学学报(社会科学版):2018 (3):11-13.

③ 强东红. 命运共同体的现实基础及其美学意义 [J]. 西南民族大学学报(人文社会科学版):2018 (11):174-181.

度？只有基于对共同体中成员之间相互联系的共同利益的认识，以及在彼此交往沟通对出现的新的习惯的调试和不断适应，个体（这里可以理解为不同国家或是民族）才可能在考虑他人利益、参照他人的行动的基础之上进行行动。这样一来，个体的行动共同朝向对共同利益有益的方向，共同体也向更大的范围扩展，打破阶级、文化、国家以及民族之间的屏障。而正是这些屏障使得以前个体民族和国家看不到他们活动的意义，以及构建共同体的必要和可能。①

因为在杜威看来，共同体建立在共同生活，以及共同经验传播与融合的基础之上，所以从共同体的这种本质要求来看，其本身就蕴含着彼此命运紧密联系的隐喻。在共同生活之中，共同经验之中，个体的命运自然而然地就是联结在一起的。而传播在其中为确定个体在相互关系和共同目的体系里的位置，为共享的机会、话语和反思提供机会②。在全球化不断深入的今天，人类命运前所未有地被紧密联系在一起。传播媒介的发展所带来的时空压缩感，让人们对自身命运的感知前所未有地具有共同共通性。在这个互联互通的"虚拟共同体"中，我们不得不共同面对全球化、资源短缺、气候变暖以及民族矛盾等现实问题。唯有认识到共同体的内在隐喻——基于共同利益的命运联合体，作为个体行动的重要参考，共同体才能成为真正意义上的共同体，才具有现实关照性。

由此看来，"人类命运共同体"的提出，在本质上并不是像一些学者所认为的那样是一种"另类共同体"的提出，恰恰相反，是一种回归共同体本质的一种朝向和尝试，是对人类休戚与共命运的再次强调。共同体的本质就在于共同命运的联结。这同时也是对一些认为这一构想是对认为中国是想要建立国际霸权话语新秩序新体系的声音的最有力的反驳。那么，我们是否可以从共同体的内在隐喻这一角度出发，来重新反思如何进行国际传播？是否可以从经验共享融合地传播而不是传播策略或是传播技巧的角度思考如何使中国故事的传播得到世界范围内的理解与认同？

---

① 约翰·杜威. 民主主义与教育［M］. 北京：人民教育出版社，2015.
② 汉诺·哈特. 传播学批判研究：美国的传播、历史和理论［M］. 何道宽，译. 北京：北京大学出版社，2008.

三、在地经验的共同体传播：
跨文化视频博主的传播实践分析

在共享经验的跨文化传播过程中，我们所应该寻找的是两种文化的交界处。在这种交界处，就是彼此间的共同经验，也是共同经验所生长的地方。本文认为，这比在传播技巧的层面研究外国人看待中国的视角和传播心理要更为根本。陈力丹曾说过，我们需要纠正一种国际传播的思路，就是以为花大钱就能做好国际传播。我国曾在纽约时代广场投放宣传国家形象的宣传片，片子里都是中国的精英人士，但是这种宏大叙事的。但是同时投放广告视频的还有墨西哥和韩国，二者更注重表现他们的民众。这种以普通人的视角传播的视频更具感染力①。更有学者指出，"命运共同体的重要创新在于将美好的精神性的人类共同体奠基于现实生活……具体而言，要求我们应该关注广大人民的具体命运和日常生活，应该依据老百姓的身体性感受来进行判断②。上述学者的观点提醒我们在万物互联的今天，人们所拥有的共同的日常生活经验具有最鲜活和生动的传播力。而对这种日常经验的挖掘，不仅可以由媒体来呈现，其实每个人作为个体经验的载体，是自己经验最好的代言人。

在当今全球传播实践中，跨国视频博主因为身处多种文化传播的交界地带，作为在地经验的传播载体，其跨文化实践本身对于弥合不同文化与群体之间的共同经验就具有重要的中介作用。李子柒的跨平台传播实践，不仅让中国普通人的生活，特别是占到中国绝大多数的乡村生活在全球范围内得到了真实可信的呈现，而且通过相同内容不同平台的传播，能够看出中国故事在跨文化传播实践中由于不同的文化传统所形成的意义解读框架不同，中外观众的解码与阐释也不同。与此同时，这种对普通人经验的开放性多元解读恰恰驳斥了之前国外认为李子柒视频的海外成功是一种

---

① 陈力丹."一带一路"建设与跨文化传播［J］.对外传播：2015（10）：25.
② 强东红.命运共同体的现实基础及其美学意义［J］.西南民族大学学报（人文社会科学版）：2018（11）：174.

"文化帝国主义"的强制性文化单向输出的观点①。观众通过基于自身不同的文化传统所做出的不同的意义解读，实质上也就是自身经验与他人经验共同生长与融合的过程，从这个角度来看，李子柒跨文化的内容生产与传播的意义不在于对中国故事进行了传播，因为这些故事早已在，一直在，其更大的意义在于为全球观众提供了共同想象、经验共享的共同地带，从而使不同文化的观众走上前来聆听与交流，围绕李子柒的视频内容形成了一个跨文化的共同体。可以说，在这一过程中传播不是本质目的，但是在经验的共生共荣中，中国故事的传播效果自然而然得到了提升。

在 Bilibili 上播放破亿的纪录片《我住在这里的理由》同时在 YouTube 拥有超过 40 多万的粉丝。"和之梦"频道的宗旨是"一个人为什么要生活在那块土地，一定有着很深层的理由"，在导演竹内亮的镜头下不仅有居住在日本的中国人，也有在中国生活的日本人，通过呈现在中日两国生活的普通人的故事，架起两国文化沟通交流的桥梁，在展现日本文化魅力的同时传播真实客观的中国故事，从而减少人们的偏见与隔阂。"和之梦"频道在 YouTube 上最热门的视频主题为"日本导演十年后再访大凉山，只为展现中国 14 亿人的多样性！——走进大凉山"，这支视频获得了 365 万次播放，有超过 1.5 万条来自不同国家和地区的网民的评论，同时也获得了超过 8000 个点赞。这是导演在十年后再次寻访大凉山，通过真实记录导演寻访悬崖村的过程，向海外观众呈现了我国国家形象传播影片中不常见到的普通村民的日常生活。在拜访悬崖村的过程中，导演遇到了背着打印机准备为村民办理银行业务的工作人员，也遇到了使用起了微信支付的卖水老奶奶，以及搬下悬崖村住进国家无偿提供住房的村民和离开南京前来支教的黄琦老师，甚至通过微博拜访了当地皇马足球项目的哈维教练。通过讲述这些原本不被"看见"与"听见"的普通大凉山人的故事，观众清晰而真实地看到了中国政府为脱贫攻坚做出的努力。

在我国传统的国际传播中，海外人民接收到的更多的是中国具有代表性的历史文化符号，以及现代化与全球化给中国带来的巨大改变。即使在

---

① 普非拉，林升栋."桃花源"与"伊甸园"：李子柒视频的跨文化解读［J］. 传播与社会学刊：2022（60）：91－121.

社交媒体平台上，跨文化传播所涉及的主题也大多聚焦在中国城市中人的生活与想法，悬崖村村民这样的人群是被"忽视"的共同体中的个体。但是作为已经生活在这一共同体中的日本导演竹内亮，尝试站在不同文化的交界地带去思考什么样的中国故事，什么样的中国经验更加应该被传播，更加能够被理解。从评论区的留言中可以看出，贫困的问题不仅是中国乡村所面临的问题，更是世界不同国家人民所共同经历的困境，正如网友 Thomas R 所说：Your work has made it to TX, USA. As a former youth educator in a low-income community, this resonated with me. No matter how many optimistic teachers you send to better the lives, their progress is limited by the hard lives they live once they go home for the day.（你的作品在美国的德州被看到了。作为一个曾经在低收入社区工作过的教育工作者，你的影片引发了我的共鸣。不管我们送去多少乐观的教师去改变孩子们的生活，一旦他们回到贫穷的家中，这些工作所取得的效果总是很有限）。As a teacher myself working in an "impoverished" school in rural Oregon, I related quite a bit to the parents and the kids. Hope is so important. But the dedication of that volunteer teacher. So awesome. Makes me appreciate my students so much and want to work harder for them to achieve a better education.（作为一个在俄勒冈乡村贫困地区工作的老师，我对影片中的家长和孩子们的生活深深共鸣。希望固然重要，但是志愿教师的付出与奉献更加了不起。这让我更加珍惜我的学生，并且激励为孩子们提供更好的教育），网友 Anne Stabile 评论道。与此同时，更有来自中国的观众表示自己也是第一次了解到了大凉山村民们的生活，看到了中国多年来脱贫工作的真实成果。

传播中国的故事并不是"和之梦"频道的目的所在，其所做的是通过传播具体而鲜活的普通人真实生活的经验，从而找到在不同文化之间达成共识，形成共同体的可能性。从个体经验的切口入手，往往能够窥视到整个群体、社会、民族甚至是世界所共同面对的问题。而，为本就休戚与共的人类命运共同体所面临的这些共同问题寻求可能的答案与解决的办法。这本身就不是一种基于传播策略的"对外传播"，而是向内地在传播中借由个体经验的共生共享，实现不同文化之间的认同与理解的一种探索。从这一角度出发，未来我国的国际传播应更多尝试更多站在人类命运共同体的内部视角上，通过更多个体在地经验的全球传播，在个体经验融合成为共同体经验的过程中，为我国在世界舞台上的行动赢得更多理解与认同。

除了"和之梦"之外，诸如"德国陶渊明""雨琪在芬兰""Katand-Sid"等中国跨国博主的传播实践也值得更多的关注。这些中国博主往往在不同的文化社会环境中生活，通过与在地人民具体而真实的共同生活、交往与融合，自然而然地传播中国的价值理念和思想文化。这也让中国故事的传播不仅仅停留在传统国家宣传片中饮食、服饰、风景等一些较为表浅的符号传播上，而是通过个体在地经验的生长，在个体经验与不同文化进行碰撞与融合的过程中，让更多的世界人民理解中国人行为的内在逻辑与理念。这些博主可以与竹内亮等不同文化的跨国博主的传播实践形成相互呼应与对照，共同成为以经验为媒介的中国国际传播的可行路径。

四、结语

当前以视频为主，特别是短视频为主的传媒生态为以普通人的经验为媒介传播中国故事提供了非常多的可能性。但是，个体经验真正融合成为共同体的经验，进而在经验共生共享中实现更多的认同与理解，这在根本上需要我们从共同体的视角重新认识"人类命运共同体"。从杜威的传播思想角度去理解传播、经验与共同体的内在关系让我们走上了重回共同体本质的道路，从而认识到共同经验、传播与共同体三者之间彼此不可分割的内在联系。传播本身不应被狭隘地视为国际传播的目的、手段与工具，它与共同体的建构本身密切相关。在杜威传播观的视角下，传播本身是一个分享经验直到经验为人们所共同拥有的过程。共同生活，共享经验，成为共同体得以形成和维系的重要纽带，也再次提醒我们共同体本身所蕴含的人类命运休戚与共的隐喻。这不仅可以帮助我们反思在国际传播中被视为理所应当的唯效果论、唯目的论与唯符号论，也为中国经验的全球传播实践提供了理论支持。

跨文化视频博主所进行的在地经验的全球传播实践，是社交媒体时代下值得更多探索与关注的个体实践。在传播日益碎片化、去理性化、情感极化的今天，跨文化视频博主为不同文化之间寻求经验共享与共融提供了天然的共同地带，从而借由个体经验的分享与传播实现更大程度的相互理解与认同。这也启发我国的国际传播应更多从不同文化之间的交界处而非差别处，站在共同体的内部而非外部去探索与思考我们可以向世界提供怎样的中国经验与中国智慧，以解决"人类命运共同体"所面临的共同问题。

性别视角下青少年网络游戏消费观研究
——基于访谈数据的词向量分析*

庞胜楠　孔冰洁　李建亮**

【摘要】本研究通过访谈法获取青少年网络游戏消费观相关文本数据，从性别视角出发，基于 TF-IDF，采用 K-means 聚类算法对问题的回答进行聚类分析，基于 Word2vec 使用 LDA 主题模型，提取文档主题词，比较分析不同性别的主题词的差异。通过研究得出以下结论：女性更容易受"视觉满足"的影响，因为某款皮肤的颜值而选择在网络游戏中进行消费，并且在与队友的"攀比"中会更容易进行网络游戏消费行为，男性群体更注重在网络游戏中消费带来的优越感以及现实生活无法获得的成就感，对于他们来说游戏过程中与朋友的"娱乐社交性"会影响网络游戏消费行为，并且个别男性会因为对某个角色的喜爱而更容易在网络游戏上消费甚至产生不理智的网络游戏消费行为。本研究在上述基础上从青少年个人心态的调整、加强家校联合以及社会层次的责任三个层面提出引导青少年群体尤其是大学生群体树立正确的网络游戏消费观的措施。

【关键词】网络游戏　消费行为　词向量　K-means 算法　LDA 模型

---

* 本文系山东省哲学社会科学规划课题青年项目"性别视角下青少年网络游戏依赖研究"（项目编号：20DXWJ03）的阶段性成果。

** 庞胜楠，清华大学新闻与传播学院博士后，清华大学影视传播研究中心助理研究员；孔冰洁，齐鲁工业大学（山东省科学院）电子信息专业硕士研究生；李建亮，澳门科技大学人文艺术学院数字媒体专业博士研究生。

一、引言

中国音数协游戏工委发布的《2022 年中国游戏产业报告》显示中国游戏用户规模已达到 6.64 亿人，网络游戏早已成为当下青年的主要娱乐方式之一。数字 TalkingData 等机构进行的数据调查显示，在年龄方面，18 至 39 岁的中青年用户在移动游戏用户中占比 80.2%，是移动游戏的主要用户群体，性别方面女性比例接近六成，性别比例差异已经越来越小。2022 年中国游戏产业实际销售收入为 2600 亿元，目前我国网络游戏产业已逐步成为推动信息产业和文化产业繁荣发展的重要动力①。青少年群体已经成为带动网络游戏产业发展的生力军，是网络游戏消费的主力，网络游戏产业的发展伴随着青少年不健康的网络游戏消费观念和消费行为的产生。近年来频繁出现由于青少年不理智的游戏消费行为为家庭带来负面影响的新闻报道。青少年游戏消费观念和消费行为受同伴因素、宣传因素、成就动机等诸多因素的影响，为了获得更好的游戏体验，一些青少年能够在理智的前提下进行适度消费，但还有一些青少年为在游戏中获得更高的段位或者渴望获得别人的"崇拜"而在网络游戏中投入了"过量"的金钱和时间，出现了盲目跟风、攀比等不理智的网络游戏消费观念和行为。作为改革开放成果的受益者，青少年群体身边有着各种各样的新事物，因此他们能更快地接受网络带给他们的新变化，对互联网最容易精通，同时也有最多的空闲时间，作为未来消费力量的主体，他们中的部分人群，尤其是大学生，脱离父母与老师的管控，更有可能受到同伴、商品符号化价值和广告的影响，更易产生炫耀性消费等行为②。由此可见，引导青少年群体树立健康、理智、正确的价值观以及健康的网络游戏消费观，对于养成社会的良好风气以及整个社会的稳定和谐有着极其重要的作用。基于此，本研究试图对青少年网络游戏消费特征进行探索，并从性别的视角对

---

① 刘华，李晓钰. 著作权"宽进严出"保护规则的相对性解析——兼论我国《著作权法》第三条和第二十四条的适用调适 [J]. 中国出版：2022 (22)：59–65.
② 阮梦佳. 大学生网络娱乐消费研究 [D]. 郑州：郑州大学，2019.

影响青少年网络游戏消费行为的因素进行分析，力图通过对上述问题的探索了解青少年网络游戏消费观念形成的心理机制，为有针对性地引导青少年形成健康的网络游戏消费观提供参考。

通过对国内外相关文献的梳理发现，已有一些研究关注网络游戏消费行为①，但从研究内容来看，缺乏从玩家的个人特征出发观察影响网络游戏消费行为因素的研究，本研究试图从性别视角出发，分析影响青少年网络游戏消费因素在性别方面表现出的差异。从研究方法看，国内外学者对影响青少年消费行为差异的因素的分析，大多通过使用问卷调查法或深度访谈法等方法，本研究试图采用基于词向量分析方法对采访文稿进行分析，通过词向量模型，对影响我国青少年网络游戏消费行为性别差异的因素进行客观的可视化分析。

本研究使用访谈法收集分析资料，基于词向量的方法，对通过访谈获取的文字资料进行分析，选取文本中代表性的问题，基于 TF-IDF，采用 K-means 聚类算法对问题的回答进行聚类分析，基于 Word2vec 使用 LDA 主题模型，提取文档主题词，比较分析不同性别的主题词的差异，通过对得到的文本的聚类结果以及不同性别的主题词的分析，对影响不同性别青少年网络游戏消费观差异的元素进行分析。对比不同性别青少年在网络游戏上消费的动机，在网络游戏中消费获得了什么，为以后有针对性地调节青少年群体网络游戏的消费行为提供理论依据，了解青少年不同性别在网络游戏中进行消费的实际心理需求，有利于学校、家庭、社会对青少年的网络游戏消费行为进行教育与引导，有针对性地引导青少年形成健康的网络游戏消费观。

二、文献综述

（一）网络游戏消费相关研究

国内学者对网络游戏消费研究是从网络消费问题开始的，何明升将网

---

① 温卢. 网络游戏消费行为的影响因素分析 [D]. 南京：南京财经大学，2019.

络消费行为定义为人们为满足自身需求，通过网络购买产品的行为活动①。个人因素、家庭因素、教育因素等是影响大学生的重要因素，以大学生为代表的青少年正处于走向成熟但并未成熟的阶段，追求个性、标新立异，在消费中倾向于彰显个人性格，他们的消费心理产生了消费需求，又因消费需求得到满足有了消费动机②。学术界对网络游戏消费行为的研究发现网络游戏消费除了受商品自身特点的影响，心理意愿也会影响该消费行为③。王萌提出，网络游戏消费是玩家在游戏过程中产生的需要需求，并通过在网络游戏中的消费来满足需要需求的过程，其受消费者动机、产品特点、消费体验、参照群体等因素的影响④。李先国、徐华伟认为影响消费者购买网络虚拟物品动机因素有成就感、攀比心、沉浸性以及实用与便利等⑤。在关于网络游戏消费行为影响因素研究的问题上，技术接受模型被广泛使用，该理论模型认为"感知有用性"以及"感知易用性"对网络游戏玩家的消费倾向和消费行为有着极其重要的影响⑥，使用态度也引入该模型⑦。温卢通过建立网络游戏消费行为影响因素模型和影响因子量表体系，发现男性玩家的消费行为更易受娱乐社交性影响，而女性玩家在网络游戏中的消费行为更易受易用价值感知的影响⑧。有学者将网络游戏视为一种化解压力的大众艺术，其本质是对人以及其生活状态的延伸，在参与游戏的比例上男性明显要多于女性，并且女性的游戏时间与游戏中的交互意愿也弱于男性，因此根据认知电子游戏往往会被认为是男性的领

① 何明升. 网络消费方式的内在结构及其形成机理 [J]. 哈尔滨工业大学学报（社会科学版）：2002（01）：34 – 37.
② 钟萍. 大学生网络文化消费心理研究 [J]. 教育教学论坛：2016（33）：55 – 56.
③ 王贺峰. 中国情境下炫耀性消费行为的符号意义建构与实证研究 [D]. 长春：吉林大学，2011.
④ 王萌. 数字化精神产品的消费者参与行为研究 [D]. 南京：南京航空航天大学，2009.
⑤ 李先国，许华伟. 网络虚拟物品消费动机的测量 [J]. 中国软科学：2010（04）：135 – 145.
⑥ Yi-Shun Wang, Yu-Min Wang, Hsin-Hui Lin, etal. Determinants of User Acceptance of Internet Banking：An Empirical Study [J]. International Journal ofService Industry Management：2003（5）：501 – 519.
⑦ Shin D H. The dynamic user activities in massive multiplayer online role-playing games [J]. InternationalJournal of HumanComputer Interaction：2010（4）：317 – 344.
⑧ 温卢. 网络游戏消费行为的影响因素分析 [D]. 南京：南京财经大学，2019.

域，但近年来也出现了适应女性而专门设计的游戏①。网络游戏中的性别认同是一个建构的过程，而不是简单的性别差异②。通过对国内外学者关于网络游戏消费的相关研究梳理，发现目前使用实证方法对游戏玩家网络游戏消费行为的性别差异进行研究已经取得了一定成果③，但在研究方法方面略显单一。

（二）词向量技术相关研究

近年来以机器学习为代表的计算机技术被广泛应用于社会科研研究领域，其中使用计算机语言对文本进行分析成为一种新的研究方式。通过对文本进行分类一方面可以利用多种外部的资料、资源，扩充短文本特征，丰富短文本内容，另一方面可以将高维向量空间映射到低维的主题空间，利用主题模型，从大量的语料中发掘出隐藏在文本中的词汇和词汇的内在关联④。

由于传统的文本聚类方法在解决短文本的聚类的问题上效果较差，诸多学者使用多种方法寻求解决办法，例如赵晓平等人提出使用结合 TF-IDF 与词向量的短文本聚类的方法，该方法使用 TF-IDF 的方法来提取在短文本中 TFIDF 值靠前的 TOP-N 的关键词，并且以此作为短文本的特征词。之后使用 Word2Vec 的 Skip-gram 模型通过对语料库进行训练得到特征词的向量表示，而短文本之间的相似度由 WMD 计算⑤。为了解决在中文的短文本中存在的特征稀疏性、篇幅短等问题，吕镇超等人提出以隐含迪利克雷分布为基础的对短文本进行特征扩展的分类方法⑥。2013 年，T. Mikolov

① MARTEY R M, STROMER-GALLEY J. The digital dollhouse: context and social norms in the sims online [J]. Games and Culture: 2007 (4): 314－334.

② HAYES E. Gendered identities at play: case studies of two women playing morrowind [J]. Games and Culture: 2007 (1): 23－48.

③ 张春华，温卢. 网络游戏消费行为及其影响因素的实证研究：基于高校学生性别、学历的差异化分析 [J]. 江苏社会科学：2018 (6): 50－58.

④ 汪静. 基于词向量的中文短文本分类问题研究 [D]. 武汉：中南民族大学，2018.

⑤ 赵晓平，黄祖源，黄世锋，等. 一种结合 TF-IDF 方法和词向量的短文本聚类算法 [J]. 电子设计工程：2020 (21): 5－9.

⑥ 吕超镇，姬东鸿，吴飞飞. 基于 LDA 特征扩展的短文本分类 [J]. 计算机工程与应用：2015 (04): 123－127.

提出 Word2vec 模型，引起研究者们的广泛关注，在 T. Mikolov 将该模型相关的工具开源之后，Word2vec 成了最经典的词向量案例，该模型为中文文本的处理提供了很好的模型，以机器学习为基础的文本分类就逐渐兴起。

三、研究设计

（一）数据来源

本研究使用深度访谈法获取文本数据，并使用词向量技术对文本数据进行分析。根据最大差异饱和原则，采用目的抽样方法，根据参与方式、参与游戏类型、性别、年龄、受教育程度等因素，采用滚雪球的方式选取能为本研究提供最大信息量的研究对象。共获得访谈对象 18 人，其中包括女性 7 人，男性 11 人，年龄从 14—31 岁（见表 1）。访谈采用一对一方式，围绕"你为什么愿意为网络游戏付费"展开话题，每次访谈持续时间为 45—90 分钟，并进行录音，并转换成文字记录。本研究共有三个访谈员，数据处理和分析在每次访谈后进行，访谈员在当次访谈结束后进行汇报会，以讨论访谈中出现的问题，并确保问题含义的一致性。初步分析与访谈同步进行，以识别在后续访谈中需要追加的子主题，以期达到数据饱和。

表 1　访谈对象基本情况

编号	性别	年龄	学历	职业	编号	性别	年龄	学历	职业
FW1	女	21	本科	学生	FW10	女	21	本科	学生
FW2	女	31	博士	学生	FW11	男	18	本科	学生
FW3	男	20	本科	学生	FW12	女	21	专科	学生
FW4	男	20	专科	学生	FW13	男	19	专科	学生
FW5	女	20	本科	学生	FW14	女	20	专科	学生
FW6	男	20	本科	学生	FW15	男	25	本科	工人
FW7	男	25	硕士	学生	FW16	男	20	本科	学生
FW8	男	21	专科	学生	FW17	男	20	本科	学生
FW9	女	21	本科	学生	FW18	男	18	本科	学生

（二）数据分析方法

本研究通过 Word2Vec 获取词向量，Word2Vec 是一种表示词的方法，用固定维数的向量来表示词，传统的词袋模型如 One-Hot 在判定同义词以及类似的句子的时候没有很好的效果，而 Word2Vec 可以充分利用上下文的关系，对上下文进行训练，每个词不是以只有一个位置为 1 其他位置为 0 的稀疏向量表示，而以固定维度的稠密向量表示①。在得到词向量后主要使用 K-means 算法对选取的特定问题进行聚类分析和将文本分成男性女性两类使用 LDA 主题模型进行主题词提取。

四、研究结果

本研究基于 TF-IDF 以及 Word2Vec 模型，使用 K-means 算法以及 LDA 主题模型。通过实验得出不同性别青少年在网络游戏消费观上的差异，通过得出的实验结论针对不同性别提出引导青少年养成健康、正确、理智的网络游戏消费观。

（一）文本聚类

本研究的访谈中包含但不限于"是否会在网络游戏中充值？会因为什么原因在网络游戏中充值？会选择购买游戏周边产品吗？怎么看待周围人的网络游戏消费行为？"等问题，由于采访的内容具有随机性，所以每个人的问题会有所差异，因此，在具体分析中选择以下四个典型问题作为研究对象，使研究具有一定的普遍性意义：

（1）是否会在网络游戏中消费；

（2）会因为什么原因在网络游戏中消费；

（3）怎么看待周围人的网络游戏消费行为；

（4）在网络游戏中的消费是否影响正常生活。

---

① 孙雪峰. 面向中文产品评论的情感分析研究［D］. 重庆：西南大学，2020.

1. 文本预处理

确定聚类的问题后，通过数据清洗将回答单独提取出来，对问题的回答进行聚类分析。文本数据预处理后结果如表 2 所列。

表 2　数据预处理示例

数据	示例
源数据	访谈员：那你会拿出多少钱来，在游戏上充值 FW6：这个，比较少，有活动的话会充，一般也不可能充很多
处理后数据	那你会拿出多少钱来，在游戏上充值 这个，比较少，有活动的话会充，一般也不可能充很多

2. 聚类分析

首先通过"是否会在网络游戏中消费？"这一问题的回答进行聚类，结果对比后选取 K 值为 3，即聚成三类，经 TF-IDF 训练后，进行 K-means 训练，得到的结果如表 3 所列。

表 3　问题一聚类结果

聚类	结果
Cluster 0	非常少；基本上不；可能不到 100 元；很少消费；就是看到自己想买的东西偶尔会消费一下
Cluster 1	对消费的时间；如果说我非常喜欢这款游戏；看情况吧；然后恰巧他又出了一款我非常喜欢的皮肤之类的；消费的时间会很少吧；如果是在不是很贵的情况下
Cluster 2	一次没充过；就从来没充过啊；没有；非常少；可能会买一点；对消费的时间

计算各个簇的占比，结果如下：

2 81.82%

0 9.09%

1 9.09%

对聚类结果进行分析，Cluster0 的聚类特征为"很少消费"，此类样本在网络游戏中的消费很理智，基本上很少在网络游戏中进行消费，每月消费金额基本上不到 100 元。Cluster1 的聚类特征为"在情况允许下经常消费"，其表现是如果非常喜欢一款游戏或者一个皮肤或者价钱不是很贵的情况下会进行消费。Cluster2 的聚类特征为"完全不消费"，此类样本仅仅将网络游戏作为娱乐方式，从未在网络游戏中消费过。对文本进行预测，制成图表，如图 1 所示。

[2, 2, 2, 0, 1, 2, 2, 2, 2, 2, 2]

Cluster distribution：

{2：9，0：1，1：1}

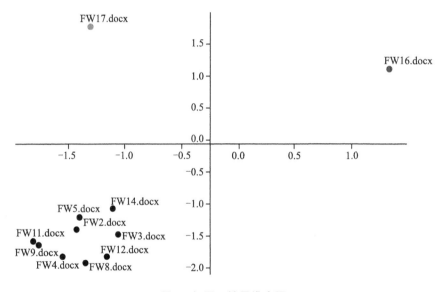

图 1　问题一结果维度图

从样本性别来看，FW3、FW4、FW16、FW17 为女性，FW11、FW12、FW14、FW2、FW5、FW6、FW9 为男性，FW16 表现出"在情况允许下经常消费"的特征，FW17 表现出"完全不消费"的特征，其他样本均表现出"很少消费"的特征，因此对于该问题的聚类分析，男性女性并没表现出明显的差异，大家基本上都能保持理智。从可视化图表来看，女性比男性在网络游戏中的消费要少一些（FW17），但绝大部分样本均落在第三象限，说明在此问题上不同性别间并未表现出显著差异。

其次对第二个问题"为什么会选择在网络游戏中进行消费?"进行聚类分析,选定 K 值为 4,即聚成四类,通过 TF-IDF 以及 K-means 训练,得到的结果如表 4 所列。

表 4　问题二聚类结果

聚类	结果
Cluster 0	皮肤好看就买了;好看;满足我的需求吧;就是为了玩;因为是一开始的第一个皮肤;貂蝉的仲夏夜太好看了;那是樱啊;这个角色就特别吸引我;他长得像金桐樱我就氪金;呃就会满足
Cluster 1	而且对玩游戏的话;他们有皮肤的话;因为他们的皮肤的话是做得比较好看的;和他人一起玩的话;而我是原皮的话可能就是这种攀比心理可能会使自己想进行一些游戏消费;能游戏体验更好一些;有皮肤比没有皮肤的话会有一些属性;他会加一些生命;他长得像金桐樱我就氪金;他们加了一些比如说一个英雄辅助
Cluster 2	然后就是性价比很高的会买;就是单纯喜欢;首先是自己比较喜欢那个皮肤;有皮肤的话会有一些属性;我能够放松精神精力和找精神寄托;我想我喜欢玩的英雄他没有皮肤;正好出皮肤的时候我就会买;我几乎每一个经常玩的英雄都会给他配一个皮肤;就是为了玩;好看
Cluster 3	第二就是有一定的挑战性;能让我获得成就感;第一就是这个游戏;首先是自己比较喜欢那个皮肤;我想我喜欢玩的英雄他没有皮肤;正好出皮肤的时候我就会买;我几乎每一个经常玩的英雄都会给他配一个皮肤;就是单纯喜欢;就是为了玩;好看

计算各个簇的占比,结果如下:

0 72.73%

1 9.09%

2 9.09%

3 9.09%

对聚类结果进行分析,Cluster0 聚类特征为:"视觉满足",玩家会因为某个虚拟形象的皮肤特别好看而产生消费的冲动,他们更看重消费带来的视觉满足。Cluster1 聚类特征为:"体验满足",玩家为了提升游戏体验感而消费,例如购买皮肤不仅会让虚拟形象好看,还会增加属性,如果和他人一起玩游戏，可能会因为攀比心理而促使消费行为。Cluster2 的聚类特征是："兴趣满足"玩家在游戏中的消费行为只是为了玩，是为了帮助他们使用自己喜欢的虚拟形象获得更好的放松。Cluster3 的聚类特征为"成就满足"这类玩家认为当一个游戏很有挑战性能从中获得成就感时就会想消费，也倾向于为每个经常玩的英雄都配上皮肤，期望在消费过程中获得成就感。

对文本进行预测，制成图表如图 2 所示。

[0，0，0，0，0，0，1，0，2，0，3]

Cluster distribution：

{0：8，1：1，2：1，3：1}

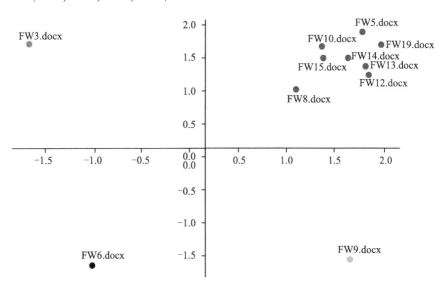

图 2　问题二结果维度图

如图 2 所示，大部分样本落在第一象限，其中女性占比较多，说明大部分青少年，尤其是女性会因为皮肤好看而产生网络游戏消费行为，这与女性本身"爱美"的特征也有一定的关系。FW3 落在第二象限，表明个别女性会因为与他人的对比中他人的皮肤更好看而产生攀比心理进而产生消费行为。FW6、FW9 分别属于 Cluster2 与 Cluster3 说明男生除了会因为皮肤好看而消费外比女性更注重皮肤增加的属性与因充值带来的体验感和由此带来的成就感。这一结果说明，影响网络游戏消费的因素在不同性别上具有显著的差异，与性别特征有一定关系。

第三个问题为怎么看待周围人的网络游戏消费行为？选定 K 值为 3 后，进行 K-means 聚类，得到的结果如表 5 所列。

表 5　问题三聚类结果

聚类	结果
Cluster 0	感觉比我强；我感觉挺正常的；都挺理智的；还行；影响不到现在的生活；想消费的时候就消费
Cluster 1	21 世纪的精神鸦片；摧残了无数青少年；影响不到现在的生活；我感觉挺正常的；我当然不会去把这一两千都花游戏上；我不理解有一些同学会花 8000 多元买一个游戏上的手套

计算各个簇的占比，结果如下：

0 88.89%

1 11.11%

对结果进行分析，Cluster0 的聚类特征为："理智"，该类人群认为身边人的网络游戏消费行为都比较正常比较理智，在不影响正常生活的情况下，想消费就消费。Cluster1 的聚类特征是："不理智"，该类人群不赞成在网络游戏中过度消费，认为身边的朋友有不理智的网络游戏消费行为。

对文本进行预测，制成图表如图 3 所示。

$[0, 0, 0, 0, 1, 0, 0, 0, 0]$

Cluster distribution：

$\{0:8, 1:1\}$

结果说明绝大部分样本都能保持理智的网络游戏消费，并且认为身边的朋友也都能在网络游戏消费问题上保持理智，不会过度消费。FW2 样本的存在说明虽然被访谈者都能保持健康的网络游戏消费观，但由于访谈样本数量有限并不能涵盖所有的情况，有些男性在网络游戏中的消费并不理智，更有甚者会产生冲动消费，比如花 8000 多元购买一个游戏中的手套这种不太合理的消费行为。

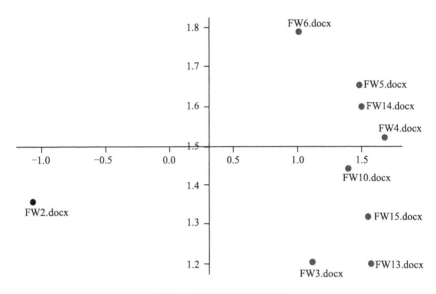

图3　问题三结果维度图

第四个问题为在网络游戏中的消费是否影响正常生活？得到的结果如表6所列。

表6　问题四聚类结果

聚类	结果
Cluster 0	不影响；没有影响生活；没有什么；嗯应该没有；不影响了；影响不大；就是只是会消费一小部分；这倒是不会；不会影响到整个生活费用；结果也没有得到
Cluster 1	我觉得还是花多了；除了fgo；我之前游戏充钱的时候也充过；不会影响到整个生活费用；不影响；不影响了；不给自己买皮肤；但是我之前会觉得给他们买买皮肤；后悔过；嗯应该没有

计算各个簇的占比，结果如下：

0 90.91%

1 9.09%

Cluster0的聚类特征为："没有影响"，该类人群认为在网络游戏中的消费只占很小的部分，不会影响整个生活，Cluster1的聚类特征为："有影响"，该类人群认为在网络游戏中的消费还是有点多，虽然在网络游戏中的消费是在生活费允许的范围内，但在虚拟世界中的不必要的消费还是令他后悔了。

对文本进行预测，制成图4。

$[0, 0, 0, 0, 0, 0, 0, 0, 0, 0, 1]$

Cluster distribution：

$\{0:10, 1:1\}$

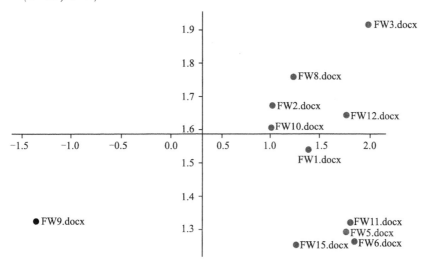

图4　问题四结果维度图

通过图4可发现，基本所有女性都认为在网络游戏中的消费并没有影响现实生活，而个别男性认为之前在网络游戏中的"高消费"，虽然没有影响生活但已经开始后悔。说明部分男性之前可能存在冲动消费的行为，但也有自我反思的意识。

（二）提取主题词分析

1. 数据预处理

首先以性别为分类依据，将数据分为男性、女性两类，结合得到的数据分析每类文档中的数据个数，男性的分析对象为878个数据，女性的分析对象为593个数据，总共有1471个数据，为了进一步分析，首先将数据读入，将数据进行去重去空操作后的数据总数为1470。随后进行数据清洗，构建停用词表，去除与主题无关的词以及符号。最后开始数据处理。

用 jieba 分词将每个词用空格分隔开，调用停用词函数，将分词后的数据进行去除停用词操作。

分词和去除停用词后对比如下图 5 所示。

	content	gender	tf_word
0	访谈对象基本信息：男一，20岁，本科学生，直接参与	1	对象 信息 一岁 本科 学生 直接参与
1	访谈员：今年从开始玩游戏到现在玩了多长时间了？	1	玩游戏 多长时间
2	FW1：我从8岁开始玩游戏玩到现在已经12年	1	8岁 玩游戏
3	访谈员：您刚开始接触游戏，是玩的什么游戏呢？	1	接触 什么游戏
5	访谈员：可以具体一点吗？	1	一点

图 5　对比示例

2. 主题分析研究

以性别为分类依据，将所有文档分为男性、女性两类，分别研究青少年网络游戏消费观，然后通过比较不同性别的青少年网络游戏消费观，发现不同性别的青少年在网络游戏中进行消费时，其消费动机、消费类型以及对待身边人的网络游戏消费现状的看法等方面上都存在着不同，将男性标记为 1，女性标记为 0。

首先进行词量汇总，整体文档、男性、女性词量的对比如下表 7 所列。

表 7　各类词量汇总

整体文章		男性		女性	
count	1278.000000	count	749.000000	count	529.000000
mean	4.348983	mean	3.738318	mean	5.213611
std	3.877768	std	3.073674	std	4.658989
min	1.000000	min	1.000000	min	1.000000
25%	2.000000	25%	2.000000	25%	2.000000
50%	3.000000	50%	3.000000	50%	4.000000
75%	5.000000	75%	5.000000	75%	7.000000
max	34.000000	max	34.000000	max	27.000000

从表7中可以清晰地看出全部文档的总词量为1278，每句话的平均词量为4.348983，最小词频为1，最大词频为34，男性的总单词量为749，其中平均每句话的词频为3.738318，最小单词数量为1，最大单词数量为34，女性总的单词数量529，平均每句话的单词数量为529.000000，最小单词数量为1，最大单词数量为27。

通过使用可视化工具，将词频的分布以柱状图进行可视化展示。

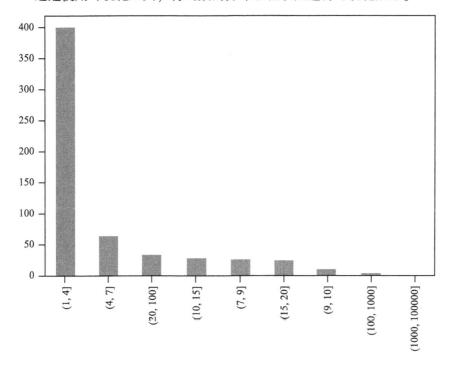

图6　词频统计图

图6为整篇文档的词频分布，其中"喜欢""皮肤""玩游戏""朋友""购买""东西""感觉""充值""生活费""角色"等词语为排名前十的词语，从词频可以看出大部分人消费是因为喜欢某个皮肤，并且和朋友息息相关，在网络游戏中的消费金额大多来自生活费。

最后完成主题模型的构建：第一步将分词、过滤后的语料库，取集合，为每个词分配数字ID，第二步将每个词进行稀疏向量化，确定主题数。由于LDA主题模型为无监督模型，没有标签，因此需要根据困惑度确定主题数。

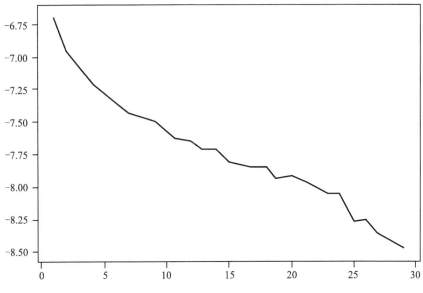

图7 男性分析文本中主题数与困惑度的关系

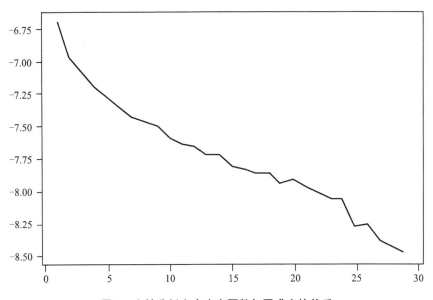

图8 女性分析文本中主题数与困惑度的关系

从图7与图8中可以看出随着主题数的增加困惑度是在逐步减少的，虽然困惑度是越低越好的，根据图示主题数应该是尽可能地多，但是当主题数过多时，模型已经过度拟合了，因此根据"折肘法"可以确定主题数在10左右的范围，确定主题数为12。

表8　性别主题词及概率

性别	主题词结果
男性	[(0，'0.037 * "喜欢" + 0.031 * "朋友" + 0.023 * "玩游戏" + 0.023 * "满意" + 0.017 * "消费水平" + 0.017 * "生活费" + 0.014 * "有没有" + 0.014 * "员好" + 0.011 * "比赛" + 0.011 * "或者说"')，(1，'0.030 * "朋友" + 0.025 * "推荐" + 0.023 * "玩游戏" + 0.020 * "购买" + 0.018 * "评论" + 0.015 * "时间" + 0.013 * "技术" + 0.013 * "方式" + 0.013 * "测评" + 0.010 * "快乐"')，(2，'0.017 * "喜欢" + 0.014 * "放弃" + 0.010 * "感觉" + 0.010 * "语音" + 0.010 * "下水" + 0.010 * "一部分" + 0.010 * "充值" + 0.010 * "看法" + 0.010 * "老头" + 0.010 * "我会"')，(3，'0.023 * "喜欢" + 0.023 * "朋友" + 0.019 * "想要" + 0.015 * "直播" + 0.015 * "东西" + 0.012 * "方式" + 0.012 * "选择" + 0.012 * "大部分" + 0.008 * "解说" + 0.008 * "大三"')，(4，'0.029 * "喜欢" + 0.029 * "购买" + 0.026 * "充值" + 0.022 * "什么游戏" + 0.019 * "花销" + 0.017 * "同学" + 0.012 * "情况" + 0.010 * "我会" + 0.010 * "原因" + 0.010 * "员好"')，(5，'0.016 * "喜欢" + 0.016 * "手办" + 0.012 * "产品" + 0.012 * "好不好" + 0.012 * "生活" + 0.012 * "玩游戏" + 0.012 * "不到" + 0.008 * "衣服" + 0.008 * "武神" + 0.008 * "一年级"')，(6，'0.043 * "皮肤" + 0.025 * "喜欢" + 0.022 * "充值" + 0.022 * "生活费" + 0.015 * "角色" + 0.015 * "玩游戏" + 0.011 * "好看" + 0.010 * "感觉" + 0.010 * "感到" + 0.010 * "方式"')，(7，'0.042 * "语音" + 0.022 * "喜欢" + 0.022 * "朋友" + 0.022 * "充值" + 0.017 * "购买" + 0.017 * "皮肤" + 0.017 * "玩游戏" + 0.014 * "是因为" + 0.014 * "记账" + 0.011 * "女朋友"')，(8，'0.022 * "喜欢" + 0.020 * "东西" + 0.016 * "收费" + 0.016 * "道具" + 0.016 * "肯定" + 0.013 * "代言" + 0.013 * "感觉" + 0.011 * "特别" + 0.011 * "那种" + 0.011 * "偶像"')，(9，'0.041 * "理智" + 0.037 * "皮肤" + 0.020 * "好看" + 0.013 * "购买" + 0.013 * "标准" + 0.012 * "感觉" + 0.011 * "那种" + 0.011 * "玩游戏" + 0.009 * "周边" + 0.009 * "划分"')，(10，'0.054 * "角色" + 0.033 * "那种" + 0.016 * "皮肤" + 0.013 * "花钱" + 0.010 * "吸引" + 0.010 * "是因为" + 0.010 * "喜欢" + 0.010 * "里边" + 0.008 * "抽到" + 0.008 * "装备"')，(11，'0.021 * "玩游戏" + 0.018 * "朋友" + 0.015 * "皮肤" + 0.009 * "语音" + 0.009 * "兴趣" + 0.009 * "理智" + 0.009 * "匹配" + 0.009 * "家人" + 0.009 * "带入" + 0.009 * "角色"')]

（续表）

性别	主题词结果
女性	[(0, '0.021 * "生活费" + 0.017 * "选择" + 0.017 * "那种" + 0.014 * "满意" + 0.010 * "或者说" + 0.010 * "朋友" + 0.010 * "好友" + 0.010 * "消费水平" + 0.010 * "玩游戏" + 0.007 * "聊天"'), (1, '0.028 * "朋友" + 0.020 * "感觉" + 0.017 * "平时" + 0.017 * "一块" + 0.014 * "特别" + 0.011 * "打折" + 0.011 * "喜欢" + 0.011 * "玩游戏" + 0.009 * "方式" + 0.009 * "现实"'), (2, '0.032 * "喜欢" + 0.021 * "东西" + 0.018 * "我会" + 0.014 * "感觉" + 0.014 * "充钱" + 0.011 * "特别" + 0.011 * "捆绑" + 0.007 * "期末考试" + 0.007 * "一段时间" + 0.007 * "这款"'), (3, '0.013 * "喜欢" + 0.011 * "技能" + 0.011 * "感觉" + 0.010 * "方式" + 0.010 * "直播" + 0.010 * "期间" + 0.010 * "单排" + 0.010 * "在校" + 0.010 * "朋友" + 0.009 * "东西"'), (4, '0.036 * "喜欢" + 0.026 * "购买" + 0.023 * "情况" + 0.018 * "诈骗" + 0.015 * "花钱" + 0.013 * "对象" + 0.013 * "东西" + 0.011 * "平常" + 0.010 * "我会" + 0.010 * "生活费"'), (5, '0.079 * "喜欢" + 0.020 * "明星" + 0.017 * "爱豆" + 0.013 * "代言" + 0.010 * "开心" + 0.010 * "明白" + 0.010 * "说话" + 0.007 * "产品" + 0.007 * "颜值" + 0.007 * "选择"'), (6, '0.059 * "皮肤" + 0.015 * "喜欢" + 0.015 * "好看" + 0.014 * "想要" + 0.014 * "感觉" + 0.013 * "东西" + 0.012 * "平常" + 0.011 * "那种" + 0.011 * "生活" + 0.010 * "这款"'), (7, '0.030 * "皮肤" + 0.030 * "喜欢" + 0.022 * "东西" + 0.022 * "语音" + 0.017 * "那种" + 0.014 * "王者" + 0.014 * "英雄" + 0.013 * "朋友" + 0.012 * "选择" + 0.012 * "荣耀"'), (8, '0.036 * "喜欢" + 0.033 * "特别" + 0.022 * "东西" + 0.020 * "那种" + 0.015 * "家里" + 0.014 * "竞选" + 0.013 * "选择" + 0.011 * "放在" + 0.011 * "王者" + 0.011 * "手机"'), (9, '0.072 * "皮肤" + 0.024 * "好看" + 0.021 * "王者" + 0.019 * "理智" + 0.019 * "荣耀" + 0.014 * "两个" + 0.010 * "角色" + 0.007 * "两天" + 0.007 * "钱来" + 0.007 * "反正"'), (10, '0.037 * "那种" + 0.025 * "角色" + 0.015 * "皮肤" + 0.015 * "感觉" + 0.013 * "诈骗" + 0.013 * "明白" + 0.013 * "特别" + 0.010 * "过程" + 0.010 * "东西" + 0.008 * "想要"'), (11, '0.024 * "那种" + 0.014 * "语音" + 0.014 * "喜欢" + 0.014 * "匹配" + 0.012 * "朋友" + 0.010 * "明星" + 0.010 * "接触" + 0.010 * "玩游戏" + 0.010 * "感觉" + 0.010 * "类型"')]

从表 8 中可以看出不同性别的主题词是不同的。女性的主题词主要为"聊天""颜值""好看""皮肤""打折""明星""爱豆"等，从中可以看出女性的网络游戏消费行为更注重游戏过程中的体验感，她们倾向于在游戏的皮肤上消费而不是购买游戏，并且与女性群体本身的特点一致她们

更容易因为皮肤本身的颜值而产生网络游戏消费行为，如果游戏推出打折活动则更容易吸引她们在网络游戏中进行消费，也更容易因为明星代言产生消费冲动。与女性相比男性的主题词更多的是"喜欢""朋友""角色""皮肤""好看""周边""装备"等，可以看出对于男性来说他们更注重游戏过程中的娱乐社交，会因为对某个角色的喜爱更想给它购买皮肤、装备等，同时他们注重游戏过程中与朋友之间的交互、团队合作，会因为追求游戏的体验感产生更多的网络游戏消费行为。

　　男性的排名前三的主题，排名以主题概率为依据，主题1的概率最大为9.9%，主题1中的主题词依次是"角色""我会""玩游戏""购买""生活费""皮肤""抽到""英雄""联盟"等，结合访谈文稿看出大部分的男生都会在网络游戏中进行消费，在网络游戏中的消费大多来源于生活费，并且主要会在购买皮肤以及抽奖活动中进行消费，这些主题词中"角色"排在第一位，这说明男性群体更可能因为对某个游戏角色产生喜爱之情而更愿意在网络游戏中消费，甚至在访谈中发现有的男性因为对某个角色产生了"执念"而引发了不健康的网络游戏消费观进而产生了不理智的网络游戏消费行为。主题2中的主题词依次是"皮肤""喜欢""购买""感觉""骄傲""感到""玩游戏"，男性群体中的大部分都希望通过网络游戏获得现实生活中无法获得的成就感，因此他们更注重在网络游戏中消费带来的良好的体验感，更可能因为追求更好的体验感而产生网络游戏消费行为。主题3中的主题词依次为"朋友""理智""玩游戏""喜欢""花钱""需求"等，男性群体在网络游戏中消费主要是为了满足自己的需求，而男性群体更注重网络游戏带来的"娱乐社交性"，能够与朋友组队的游戏更能吸引男性参与，因此与朋友间的交互更能影响男性群体的网络游戏消费行为。

　　女性排名前三的主题中，主题1的概率最大为10.8%，主题1的主题词依次为"喜欢""朋友""颜值""王者""明星"等，主题2的主题词依次为"东西""喜欢""感觉""皮肤"等，主题3的主题词依次为"喜欢""语音""感觉""爱豆"等，主题1的概率最大表明大部分女性群体更偏向于因为颜值而选择在网络游戏中进行消费，她们会因为某个皮肤特别好看而产生在网络游戏中进行消费的冲动，也会因为自己喜欢的明星的代言而去消费。这与青少年群体中的女性本身的特征是相符的，她们在日常的购买行为中也会更注重某件商品的颜值，并且会更易为自己的爱豆代言买单。

五、结论与讨论

本研究基于词向量技术运用 K-means 文本聚类算法和 LDA 主题模型对访谈文稿进行文本聚类和提取主题词实验。通过聚类分析和主题词提取，得出不同性别青少年群体在网络游戏消费中的区别：女性更容易受"视觉满足"的影响，因为某款皮肤的颜值而选择在网络游戏中进行消费，并且在与队友的"攀比"中会更容易进行网络游戏消费行为，男性群体更注重在网络游戏中消费带来的优越感以及现实生活无法获得的成就感，对于他们来说游戏过程中与朋友的"娱乐性社交"会影响网络游戏消费行为，并且个别男性会因为对某个角色的喜爱而更容易在网络游戏上消费甚至产生不理智的网络游戏消费行为。

本研究主要访谈对象以大学生为主，大学生群体作为青少年群体中的主力军成长于网络深度数字化的环境中，进入大学阶段后脱离父母和老师的管控且拥有大量的课余时间参与网络游戏，因此更容易陷入盲目超前消费和网络成瘾消费等误区。本研究结果也显示尽管大部分大学生在面对网络游戏消费的问题上能保持理智的消费观，但仍然需要全社会的共同努力，引导青少年树立健康、正确、理智的网络游戏消费观。对于引导和帮助大学生养成合理的网络游戏消费观，学生个人、学校、家长乃至国家都有着不可推脱的责任。大学生群体作为互联网使用者的主体，其本身就是树立健康的网络游戏消费观的关键，因此大学生本人应从自身做起加强专业的学习提升专业修养，积极参与学校组织的课外活动丰富自己的课余时间，培养自己的兴趣爱好丰富自己的精神世界，在做到德、智、体、美、劳均衡发展的同时仅将网络游戏作为休闲娱乐的一种方式，不过分沉迷，杜绝因"炫耀"和"攀比"或追求更高的"等级"而在网络游戏中花费大量的时间和金钱的不理智的网络游戏消费行为。在引导和帮助大学生树立健康的网络游戏消费观的问题上，学校的作用也不可忽视。消费观的引导离不开知识的传授，需要在知识的教导中传递正确的网络游戏消费观，用科学的教导方法教导青少年养成正确、健康的网络游戏消费观。因此学校应结合不同性别学生的网络游戏消费观差异，有针对性地开展有关网络游戏消费问题的活动，帮助学生正确认识网络游戏消费。加强家校联系，向家长明确他们的责任，教育学生合理地分配生活费，在网络游戏中理性消费。大学生群体本身的特性决定了该群体容易受周围环境以及身边同伴的影响产生炫耀性消费等行为，并且在研究中可以发现女性群体中因为"追星"而产生网络游戏消费行为的不在少数，因此社会应该注意对大学生的舆论引导，不论是电视、电影、报纸、杂志，还是网络媒体或公众人物，都需要对网络游戏消费做出正面的、积极的引导，形成良好的网络游戏消费风气，帮助大学生树立健康的网络游戏消费观。

此外本研究还存在部分不足：研究样本分布不够均匀，选取的样本中仅包含大学生，对于其他年龄段的青少年是否适用，有待进一步的探索。研究样本数量不够充足，因此本研究的研究结果有一定的局限性。研究客体过于泛化，本篇论文以"网络游戏"为主题展开，然而网络游戏包括竞技类、养成类、扮演类、休闲类等，本研究的研究方法主要为 K-means 算法以及 LDA 模型，在使用 K-means 算法进行文本聚类时，由于 K-means 算法属于无监督学习，聚类中心的个数 k 需要人为指定，而 k 值的确定对聚类结果影响很大，不合适的 k 值可能产生较差的结果，并且 K-means 是随机指定样本的中心点，因此每次聚类的结果可能均不相同。LDA 的主题模型并没有考虑到词汇的语序和语境的关系，但是中文中的词汇在语序和语境不同时意义也会有很大的差异，未来需要进一步完善。

国家形象与文化遗产符号
的海外传播策略*

苏　筱**

【摘要】国家形象体现了公众对于特定国家的综合评判和整体印象，也是该国主流文化价值观念的抽象凝结。随着品牌化策略在国家形象领域的应用，各国基于差异化表征形成的文化符号体系，日渐成为国家形象建构与传播的重要载体。其中，以考古文化遗址、历史建筑群和历史文物为核心的文化遗产符号，在跨文化沟通和世界文明交流互鉴中发挥着积极作用。在借鉴世界各国文化遗产符号的传播实践经验的基础上，提炼文化遗产符号的国际传播路径和策略建议，将新媒体传播与青年流行文化融入我国的国际传播力建设，无疑有助于塑造良好的中国形象并推动中华优秀传统文化的海外传播。

【关键词】国家形象　文化遗产　文化符号　国际传播

在当今国际社会，国家形象塑造与传播的重要性与日俱增，正日益成为一国不可或缺的国际战略。国家形象体现了普罗大众对于一国的综合评判和总体印象，其差异化表征形成的识别体系即国家品牌建设。而国家品牌是一种易于传播的文化符号体系，是促进跨文化传播和塑造良好国家形

＊　本文系 2021 年度福建省社科基金青年项目"'海丝'战略下福建海洋非物质文化遗产整体保护与开发对策研究"（项目编号：FJ2021C039）的阶段性成果。

＊＊　苏筱，中国人民大学社会与人口学院讲师。

象的有效途径。随着全球化进程的持续演进，独特的文化符号成为一国展现自身文化软实力、传递价值观念的重要载体，对于加强国际传播能力建设、促进世界文明交流互鉴、推动构建人类命运共同体具有积极意义。

由于文化符号具有直观易懂、印象深刻、利于传播等特点，世界文化强国均致力于通过丰富多元的文化符号体系来强化自身国家文化的影响力和传播力。其中，文化遗产符号作为国家历史底蕴与民族文化传承的凝结性标识，不仅是极富传播潜力的资源宝库，也深受世界各国民众的喜爱。基于此，考察各国文化遗产符号传播的实践经验，探索文化遗产符号传播与国家形象建构之间的互动关系，能够为新时代中国形象的建构和中华优秀传统文化的海外传播带来有益启示。

一、国家形象的差异表征与符号联想

国家形象（national image）指的是"公众对一个国家的综合评判和总体印象"①，其内部包含本国国民基于文化认同（cultral identity）而形成的自我认知，其外部涵盖了外界他者对于该国的评价和反馈。基于目前中外学界的普遍共识，国家形象的概念内涵具有以下两个重要特征。

首先，关于国家形象的认知是总体性和多维度的。国家形象是一个"多维度"的建构，它是"关于某一具体国家的描述性、推断性、信息性的信念的总和"②。巴洛古提山，国家形象的概念是"对某一国家认知和感受的评估总和，是一个人基于这个国家所有变量因素而形成的总体印象"③。在科特勒看来，国家形象即"个人对某一个国家的亲身经历、领悟、观点、回忆和印象的总和"④。清华大学国家形象研究中心的调研表明，决定国家形象的最主要认知维度是政府维度、企业维度、文化维度、

---

① 范红，胡钰．国家形象与战略传播［J］．新闻战线：2016（1）：74.

② Martin, IM. & Eroglu, S. Measuring a Multi-dimensional Construct：Country Image［J］．Journal of Business Research：1993（28）：193.

③ Seyhmus Baloglu & Ken McCleary. A Model of Destination Image Formation［J］．Annals of Tourism Research：1999（26）：868–897.

④ P. Kotler & Astrid Kleppe, Country Images in Marketing Strategies：Conceptual Issues and Experiential Asian illustrations［J］．Journal of Brand Management：2002（10）：42.

景观维度、国民维度、舆论维度等六个维度①。在国家形象的塑造中，"国家形象标识、国情介绍、政府形象、企业形象、城市形象、历史形象、文化形象与国民素质"② 这八个要素尤为重要。其中，文化形象承载着一个国家的民族历史、文化基因和价值观念，也是国家形象差异化的本源。

其次，国家形象集中体现了公众对国家的情感和审美。刘小燕提出，国家形象的建构是"国家的客观状态在公众舆论中的投影，也就是社会公众对国家的印象、看法、态度、评价的综合反映，是公众对国家所具有的情感和意志的总和"。③ 程曼丽认为，国家形象呈现出"一种主体意识"，它反映了"国家或民族精神气质中的闪亮点"，通过在一个国家或民族"历史文化传统的基础上，融入现代化的要素"凝练而成。④ 在国际社会的舞台上，国家形象承载着世界各国公众的国家情感、民族精神和文化气质，使之与一国文化的独特性、吸引力和竞争力紧密相连，并成为一国有别于其他国家的差异性特征。

由此可见，国家形象已然成为现代社会国家软实力和国际竞争力的重要组成部分。而新时代国家形象的建构，应把握两个核心关键词：即国家形象的"品牌化"与"符号化"。前者致力于运用品牌化的传播策略，将国家形象打造具有差异性和竞争力的识别体系；后者致力于通过符号化联想来构建良好的国家形象，以独具特色的国家文化符号体系推动国家主流价值观念的传达。

第一，国家品牌（national brand）是国家形象的"差异化表征"。国家形象的"品牌化"，指的是经由品牌化的传播策略塑造一国的公众形象和集体声誉，使其更加清晰并富有感染力。国家形象"品牌化"的目标，是在一个民族的情绪特质（emotional qualities）的基础上创造一个清晰、简单、差异化的理念，使这种情绪特质在口头层面和视觉层面皆得以体

---

① 范红，胡钰. 论国家形象建设的概念、要素与维度 [J]. 中国战略：2016（2）：57.

② 范红. 国家形象的多维塑造与传播策略 [J]. 清华大学学报（哲学社会科学版）：2013（2）：144.

③ 刘小燕. 关于传媒塑造国家形象的思考 [J]. 国际新闻界：2002：61.

④ 程曼丽. 大众传播与国家形象塑造 [J]. 国际新闻界：2007（3）：5.

现，并在大多数情况下被不同的受众理解。① 国家品牌并非仅仅是由人、产品、机构等组合而成，也是公众形象和集体声誉的集合。"国家品牌"不仅需要以标识口号、形象包装、广告宣传等形式来吸引目标受众，还应以其文化内涵和声誉来赢得公众长期喜爱和深层认同。国家品牌建构的目的是增强国家的国际竞争力和国际美誉度，获得高质量的国际合作和国际发展空间。② 由此可见，"品牌化"是国家形象传播的一种策略，国家品牌的理论更新与实践发展对于当代国家形象的传播大有裨益。

第二，"符号化联想"在国家品牌的建构与传播过程中具有不可替代的作用。由于文化符号所具有的直观性、感染力以及易于传播的特征，不论是可口可乐公司、苹果公司等跨国企业，还是国旗、国徽等象征的国家实体，都可以运用文化符号提升自身品牌的文化影响力并强化传播效果，这也使得"差异化表征"和"符号化联想"成为国家形象和国家品牌建构的关键。每个国家在其民族发展的历史长河中，都会形成深沉的文化基因，决定民族的价值取向，这些文化价值成为决定其政治、经济、社会等客观存在的最核心原因。② 而这些独特的文化资源，也顺理成章地成为各国独特的文化符号提供了储备。在此意义上，文化符号能够以最直观的形态承载并传播深层的文化内涵，有益于传达国家的主流文化与价值观念。

总体而言，当今国家形象的建构与传播以文化形象为核心，尤其应当重视差异化表征与符号化联想的积极作用。而在文化形象的国际传播中，文化遗产具有不可替代的重要价值。一方面，在目前学界最具代表性的三大国家品牌指数体系安霍尔特国家品牌指数（Anholt Ipsos Nation Brands Index）、Future Brand 国家品牌指数、Brand Finance 全球软实力指数中，文化遗产皆被列为重要的衡量指标之一，包括历史文化景观和文化艺术遗产等；另一方面，文化遗产往往与该国的文学艺术、民族风情、民俗传承、宗教信仰等方面密切关联，能够形成特色鲜明、系统性强的国家文化符号体系，对于该国主流价值观念的全球传播具有重要价值。因此，在国

---

① Ying Fan. Branding the nation：What is being branded？［J］. Journal of Vacation Marketing：2006 （12）：5.

② 范红，胡钰. 如何认识国家形象［J］. 全球传媒学刊：2015（2）：34.

家形象的塑造与传播过程中，应当重视文化遗产符号的挖掘和创新性转化，并充分借鉴世界各国的传播实践经验。

二、世界文化遗产符号的
传播实践与案例分析

文化遗产是国家形象与文化底蕴的直观呈现，也是最受国际受众喜爱的国家历史文化凝结的精华。作为全球化时代各国之间交流的金色名片，文化遗产符号不仅有助于促进跨文化交流，也有益于国家主流文化的传播。联合国《保护世界文化和自然遗产公约》将"文化遗产"定义为考古文化遗址、历史建筑群和历史文物三类。基于这三个维度，本文选取希腊、俄罗斯和埃及作为文化遗产符号传播的代表性案例加以分析，并考察其如何运用文化符号去塑造独特而良好的国家形象。

（一）文化遗址符号：奥林匹亚遗址与希腊国家形象

作为西方文明的重要源头，古希腊文化对于西方社会产生了不可替代的持续影响。如今，现代希腊依托奥林匹亚考古遗址、德尔斐考古遗址、雅典卫城等世界文化遗产开展国家品牌建设，塑造了"和平与智慧"的国家形象。作为希腊最具代表性的文化符号，奥林匹亚考古遗址是希腊神话和体育竞技的双重象征。

首先，奥林匹亚遗址被称为"诸神之圣地"，不仅是古希腊先民敬拜宙斯的宗教场所，也是流传千年的古希腊神话的重要载体。奥林匹亚遗址位于伯罗奔尼撒半岛的山谷，是公元前 10 世纪宙斯信仰的中心，拥有大量杰出的古希腊建筑和雕塑，比如宙斯神庙、赫拉神庙、宝物库等。在奥林匹亚的断壁残垣以及考古博物馆中，古希腊神话的核心系统"奥林匹斯神统"得以还原：宙斯和雅典娜的浮雕、天后赫拉的头像、海神波塞冬像、太阳神阿波罗像、大力神海格立斯像等。关于这些远古众神的传说源远流长，成为世界文学史开端中浓墨重彩的一笔，也成为希腊文化的代表性符号而远播世界。

其次，奥林匹亚是奥林匹克运动的发源地，这使得奥林匹亚遗址成为现代奥运会的精神象征。人类史上第一次奥运会可以追溯至公元前776年，当时的人们每隔四年就在奥林匹亚举行一种庆典和竞赛活动，包括摔跤、赛跑、拳击、铁饼、射箭、标枪、战车赛等各式各样的运动形式。今天的奥林匹亚遗址中，依然留存着诸多奥运会使用的体育设施和场地。当时的奥运获胜者头戴由橄榄枝编织而成的圆环，而这一传统也延续至今。"橄榄枝"作为和平友好的象征，也成为希腊最为重要的文化符号之一，出现在希腊的国徽中。同时，"和平、友谊、进步"的奥运会精神也随着每次奥运圣火的传递，将希腊由古至今崇高的体育精神和文明和平地传递给全世界。以奥林匹亚为核心的丰富的文化符号，不仅高度提炼了希腊文化丰厚的底蕴，也推动了文明、智慧、和平、友好的希腊国家形象的建构，为希腊在国际舞台上赢得了良好的声誉。

（二）历史建筑群符号：圣彼得堡与俄罗斯国家形象

圣彼得堡是列宁领导"十月革命"之地，也因纪念列宁而于1924年改名为"列宁格勒"，后于1991年恢复"圣彼得堡"之名。作为俄罗斯著名的世界文化遗产，圣彼得堡拥有冬宫与皇宫广场、海军总部大厦、十二月党人广场等历史建筑群。今天的俄罗斯并没有选择与革命文化分道扬镳，而是将其视为强化民族身份认同、克服俄罗斯社会分裂的关键，并以"十月革命"为原点连接俄罗斯与世界的精神纽带，塑造着"进取开拓"的国家形象。

首先，圣彼得堡拥有众多与"十月革命"相关的历史纪念物，如纪念碑、列宁雕像、历史建筑等。以最为著名的"阿芙乐尔"号为例，2016年7月31日，俄罗斯总统普京登上了在"十月革命"中发出炮响的阿芙乐尔巡洋舰，这一事件被媒体视为俄罗斯政府层面对十月革命予以肯定的信号。普京总统明确表示："'十月革命'一百周年将被俄罗斯社会视为克服分裂的象征"①，成为当代俄罗斯增强民族团结与社会凝聚力的关键。

---

① 那传林，柳直，丁玎. 俄罗斯借十月革命百年凝聚共识作者［N］. 环球时报，2017 - 11 - 08.

这也意味着俄罗斯政府尊重并反思历史，尝试将红色苏维埃政权时期的革命文化进行创新改造，将这一时期真挚的爱国精神提炼为国家文化象征符号，使之成为连接俄罗斯社会过去与未来的黏合剂。

其次，圣彼得堡依托自身的革命文化遗产开展"红色文化旅游"，促进了俄罗斯的旅游经济发展。借助自身"社会主义革命发源地"的特殊历史地位，俄罗斯大力吸引曾与苏联关系密切的国家前往俄罗斯进行旅游或考察。例如，2017年中国红色文化研究会访问团前往俄罗斯进行考察，在俄罗斯联邦社会院举行了纪念"十月革命"100周年暨"一带一路"中俄文化交流与合作峰会。圣彼得堡市政府外事委员会副主席维阿科斯拉夫·卡刚诺夫表示，希望为中国游客专门设计一条俄罗斯"红色旅游"线路，并增设中俄文化交流博物馆，促进中俄民间文化交流。①

此外，俄罗斯与海外博物馆合作举办革命主题展览，让海外大众有机会亲身接触珍稀展品，加深关于俄罗斯革命如何改变世界的认知。例如，2017年大英图书馆为纪念"十月革命"胜利100周年举办了一场俄罗斯革命文化展，描绘了俄国从第一次世界大战、"二月革命"、"十月革命"、苏联成立至1924年列宁逝世这大约30年的岁月里，俄罗斯发生的巨大变化及其对世界文化进程产生的深刻影响。基于对红色文化符号的运用，俄罗斯建构了勇往直前、百折不挠的国家形象，积极开展有效的国际传播实践。

（三）历史文物符号：古代文物与埃及国家形象

古往今来，古埃及文化以其灿烂瑰丽的文明成果吸引了无数世人的目光，拥有孟菲斯及金字塔墓区、底比斯古城、努比亚遗址等著名世界文化遗产。以木乃伊、莎草纸画、象形文字为代表的珍贵历史文物，依托埃及博物馆的传播为世人所熟知，潜移默化地塑造了埃及"文明古国"和"遗产瑰宝"的国家形象。

首先，得益于埃及博物馆的精心收藏与维护保养，作为文化符号重要

① 卫鸿．到俄罗斯去感受十月革命的脉动——中国红色文化研究会自费访问团访俄纪实［EB/OL］．网址．http：//www.hswh.org.cn/wzzx/hyzx/2017－11－23/47369.html.2017－11－23.

载体的古埃及文物才得以被妥善保存，并流传至今。目前，在全球范围内收藏有埃及文物的博物馆数不胜数，其中既有埃及当地自行斥资建造的展现本国瑰丽历史的博物馆，如埃及国家博物馆、大埃及博物馆等，也有通过战争掠夺或文物走私获取并展出埃及文物的博物馆，如英国大英博物馆、法国卢浮宫等。博物馆拥有成熟的文物保存条件和贮藏运输手段，使这些珍贵的古埃及文化遗产跨越时空的重重阻隔，避免了被自然环境风蚀、被战乱与不安定因素所摧毁、被盗贼贩卖而颠沛流离的命运。文化遗产是属于全人类的共同财富，其所蕴含的经过岁月沉淀与文化洗礼凝结而成的文化价值，对于整个人类社会都有着不可替代的、历史和教育层面的意义。

其二，通过实物展品、知识科普、交流巡展、新媒体互动等方式，埃及博物馆向普罗大众推介了瑰丽多彩的古埃及文化，使得这些"过去之物"在融媒体时代迸发出生机活力。例如，2021 年 4 月，埃及举行了盛大的名为"法老的黄金游行"（The Pharaohs' Golden Parade）的博物馆迁馆仪式。这场盛大的博物馆主题活动，引发了全球媒体的热烈关注，使世界的目光聚集于埃及。在华丽而庄重的迁馆仪式过程中，22 位古埃及法老、王后的木乃伊乘坐着特制的汽车，在夜色中由埃及博物馆前往刚刚落成的埃及文明国家博物馆。来自世界各地的埃及文化爱好者通过电视台、媒体报道、社交媒体的视频直播等方式观摩了这一盛况，并在社交媒体平台上引发了长达数周的热烈讨论。

此外，以大英博物馆、法国卢浮宫为代表的海外博物馆促进了埃及文化符号的传播，加深了海外大众对于埃及文化符号的认知理解。通过全球各地博物馆展览中重复出现的埃及符号，普通人有机会近距离了解埃及的历史文化、宗教信仰体系的知识。这些代表性的文化符号包括但不限于：法老、金字塔、木乃伊、莎草纸画、狮身人面像、陶器、象形文字、《亡灵之书》、荷鲁斯之眼、阿努比斯神、太阳神、尼罗河等。这些文化符号基本是围绕古埃及王室以及古埃及神明信仰为核心而延伸开来的：通过各种石碑，人们探究出了古埃及文字的奥秘；借助金字塔与法老王木乃伊，大众感受到了古代埃及王室崇高的地位以及丰富的墓葬文化；与此同时，阿努比斯神、《亡灵之书》等现如今已算是家喻户晓的古埃及文化成果的大众化与流行化，更是在给古埃及文明蒙上一层神秘面纱的同时，以一种普世的方式推广、向全世界传播了本应晦涩难懂的古埃及文明。总而言之，这些文化符号彰显了古埃及无上的国力和高超的技术发展水平，共同建构并强化了埃及的文明古国形象。

由此可见，文化符号因具有能指与所指的双重象征含义，能够有效刺激人的感官并促进受众形成对不同文化的宏观认知和整体理解，故而在跨文化传播的过程中发挥着重要作用。在借鉴世界各国的传播实践经验的基础上，我们应当推动中国文化遗产符号体系的建构，指导实践层面的中国文化符号传播问题，切实助力中华文化走出去。

三、中国文化遗产符号的国际传播路径与策略

作为历史悠久的世界四大文明古国之一，中国拥有丰富而灿烂的文化遗产。除了蜚声海外的长城、北京故宫、陕西兵马俑、京杭大运河等世界文化遗产之外，各个省份也有独具地方特色的文化遗产瑰宝，比如福建省的鼓浪屿、福建土楼、武夷山历史建筑群，四川省的都江堰、乐山大佛等。同时，越来越多的地方文化遗产资源被重新挖掘、保护和再生产，成为世界文化交流的金色桥梁。

近年来，四川省的三星堆考古遗址正申请加入世界文化遗产名录，并致力于打通三星堆文化的国际传播渠道。在新时代的背景下，应当将中国文化遗产置于世界文明的国际视野中，进一步挖掘其精神价值与文化魅力，加强三星堆文化遗产符号的国际传播，扩大中华文化的影响力。因此，接下来将以三星堆文化符号为例，探讨中国文化遗产符号的海外传播路径与策略建议。

作为古蜀文明的瑰宝，四川三星堆考古遗址不仅是中华青铜艺术的典范，展现了中华民族创新进取、包容开放的精神气质，更是世界文化交流和文明互鉴的名片，担当着古代中国与南亚、欧洲等地区沟通往来的重要见证人。自1986年以来，三星堆已经在海外举办了20余次展览，其国际影响力不断提升。近年来，随着文化遗产国际传播工作的持续推进，四川三星堆遗址不断增强海外传播能力建设，致力于向世界各国介绍中国古蜀

文化的魅力，已经形成了节目直播、国际传播平台、海外巡展与国际学术交流三个主要的传播路径。

（一）考古知识节目的全球直播

自 1986 年的重大考古发现以来，三星堆遗址于 2021 年迎来了第二次大发掘。2021 年 3 月 20 日，国家文物局通报"考古中国"重大项目三星堆遗址的重要考古发现，这一时间点被人们称为三星堆的"再醒惊天下"，也使三星堆引起了极高的热度。中央广播电视台于同年的 3 月和 9 月推出了《三星堆新发现》直播特别节目第一季和第二季，对于三星堆的考古情况和出土文物进行了全景式的跟踪报道。青铜纵目面具、金面罩、通天神树、铜大力人像等三星堆文化符号大受欢迎，轻松斩获百亿流量。

为进一步扩大本次考古发现的国际影响力，本次特别节目的新闻素材和直播信号由央视国际视频通讯社对全球发布，并获得了美国广播公司、CNN 西语频道、意大利 TGCOM24 电视台、日本朝日电视台、韩国 YTN、巴西旗手传媒集团新闻频道等二百多家电视台和新媒体平台的转播和报道，海内外观看总量累计超过一亿次，收到了良好的传播效果。本次三星堆考古新发现的直播，不仅向世界展现了奇特瑰丽的古蜀文化和兼容并包中华气派，也展示了我国高超的考古技术和深厚的人文关怀。

（二）新媒体国际传播平台的搭建

近年来，三星堆遗址积极搭建国际传播平台，比如"Sanxingdui Culture"、三星堆考古英文官网"Sanxingdui Archaeology"、四川国际传播媒体矩阵 Center 等。这些依托互联网的新媒体平台，与 Facebook、Twitter、YouTube、Instagram 等社交媒体平台形成话题联动，搭建起立体、高效的国际传播体系。

在融媒体的时代背景下，三星堆国际传播平台通过多元丰富的文化活动，推动三星堆文化符号的海外传播，比如"艺绘三星堆"主题绘画作品征集活动、"关于古代丝绸之路的梦"三星堆服装时尚秀、"三星堆博物馆之夜"文物创意设计体验、"幻彩三星堆"文物彩绘上色活动等。同时，三星堆主题的短视频作品也在有力推动了文化符号的传播。以四川省文物考古研究院、三星堆博物馆联合推出的《我怎么这么好看（三星堆文物版）》为例，该视频在短短 2 天时间内就在海内外收获了超 5 亿的传播量。搭配脍炙人口的歌词、有趣的电子音乐，《我怎么这么好看》中大量出现了巨青铜面具、青铜神树、绝美黄金面具、丝绸、象牙等三星堆文化符号，也使得三星堆文化受到了海内外青年群体的欢迎，使三星堆文化遗产再度"出圈"。

（三）全球巡展与国际学术交流

首先，作为四川与中国文化遗产的精华，三星堆文化遗产的全球巡展活动不仅扩大了中华文化的影响力，也加深了世界人民对于中华文化的理解和认知，曾先后出展美国、英国、德国、法国、瑞士、日本、澳大利亚、新加坡等 20 多个国家。以意大利巡展的"三星堆：人与神的世界——四川古蜀文明特展"为例，该展览分别在意大利那不勒斯国家考古博物馆、意大利图拉真市场及帝国广场博物馆进行展出，共接待观众 35 万人次，受到了当地观众的一致好评，展示了中意两国之间文明对话，开启了四川与意大利文化交流合作的新篇章。

其次，以三星堆为中心的国际学术交流活动，有效提升了中国考古学科的国际话语权，也有助于良好的国家形象的传播。以 2021 年于成都举办的"国际视角下的三星堆文明学术研讨会"为例，本次会议吸引了来自美国、英国、日本等地的二十余位国际知名考古学家出席，对于三星堆考古发掘的大量案例和研究方法展开了探讨，并在世界顶级考古期刊上发表了多篇关于三星堆遗址专业文章，这无疑对中国文化遗产研究的国际化起到了积极作用。

综上所述，三星堆文化遗址在向世界展现我国文化独特性的同时，也发挥了文化遗产贯穿古今、连接历史与未来的作用。在融媒体的时代背景下，三星堆正在积极推动数字化转型，比如打造数字展览、加强视听媒介传播等。在海外传播的策略建议方面，未来还应把握以下三个重点。

1. 建设"数字文博"，激活线上参与式互动

随着信息技术的持续发展，基于短视频、VR、MR、AR 等技术的

"数字文博"，引领了世界文化遗产博物馆的未来发展方向。目前我国的数字博物馆主要用于"云展览"，如"数字故宫"的"故宫博物院数字文物库"。来自世界各地的参观者可以通过超清的、可变换视角的浏览方式，体验各种文化遗产博物馆。未来，还应激活与受众之间的线上参与，打造新型的数字交互空间。

以《三星堆奇幻之旅》为例，这是一个集合考古发掘与数字资源于一体的沉浸式数字交互空间，融合了考古现场、三星堆数字博物馆以及复原的古蜀王国三大场景，能够让观众深度参与交互式的虚拟文化世界，体验三星堆文化符号。如何创新空间建模、设立虚拟交互机制、促进大屏与小屏的即时融合，无疑是博物馆数字化的关键。

2. 打造影视文化 IP，构建立体传播矩阵

以影视为代表的视听媒介，是三星堆文化符号的重要传播路径。例如，音乐短视频《奇遇三星堆》，通过传统文化遗产元素与现代流行元素的结合，有力推动了三星堆文化符号的国际传播，不仅在美国国家地理频道、探索频道等国外主流媒体平台播出，还荣获第十二届北京国际电影节短视频单元最具国际传播力作品。片中出现的会说话的青铜面具、歪头杀的青铜大立人、煮火锅的陶三足炊器等符号，为传统文化增添了趣味性。

又如，电影《哪吒之魔童降世》中呆萌可爱的"结界兽"，以三星堆中的青铜人像为原型，在保留古蜀文化特色的前提下，对其进行了创造性更新，从而让三星堆文化符号被更多青年群体所熟知。未来还应通过影视、动画、纪录片、游戏、社交媒体等多元路径，构建立体的传播矩阵，推动三星堆 IP 的国际传播。

3. 推动文化产业迭代，探索世界遗产共性

三星堆文化资源的产业化，依托于以三星堆为主题的各类文创产品的创意研发。目前三星堆文创产品已超过四百余种，如淘宝店的考古现场体验盲盒、模型手办、创意文具，以及线下博物馆的面具冰激凌等。它们在受到各个年龄层观众的喜爱之余，也为三星堆博物馆带来数千万的经济收益。开拓文化产品的海外销售渠道，使各国受众能轻松将文化"带回家"，无疑是未来的工作重点。

　　尤为重要的是，应当始终将三星堆与世界文化遗址进行连通，充分挖掘其学术价值、精神价值和艺术价值，探索全人类的智慧碰撞、艺术争鸣、思想共振和情感共通。在发扬三星堆文化遗址独特魅力的同时，加强博物馆承前启后、连接过去、当下与未来的纽带作用，为世界范围内的公众提供独特的文化体验、文化记忆和文化产品，激发人们对于人类文明的深度思考，塑造并传播多元文明、包容开放的中国国家形象。

　　综上所述，基于对世界各国文化遗址符号传播实践的考察，结合以三星堆为代表的中国文化遗址符号的传播路径探索，我们能够从传播策略的角度出发，提炼总结以文化遗址符号推动国家形象传播的三点启示：一是重视中国国家形象的顶层设计和战略传播，通过在官方与民间形成立体传播矩阵的方式，将文化遗产符号纳入体系建设，推动多元丰富的中国文化符号体系的国际传播；二是在当今智媒时代，积极拓展文化遗产符号在社交媒体、短视频、元宇宙、游戏等媒介的立体传播渠道，着力开辟中国文化符号传播的新领域；三是重视全球青年群体受众对于文化遗产符号的认知度和好感度的评价反馈，推动中国文化符号体系与大众流行文化的联姻，从而激活中华文化在当代的承载力、创新力与传播力，让中国文化符号在世界范围内流行起来。

论关羽形象在泰国的传播[*]

赖　婷　晏志珍^{**}

【摘要】关羽形象在泰国的传播最初以泰国贵族文人和华人华侨群体共同构成传播主体，借助古代《三国演义》的泰国译本及衍生作品，现代媒介中三国题材的漫画、动画片、游戏、影视作品，以及泰国的关帝庙宇和信仰崇拜等传播方式，实现了在南传佛教文化圈的跨文化传播。关羽形象传入泰国后基于泰译小说文学形象所奠定的基础，被泰国社会不同的人群形塑为中华文化符号和忠义神灵的代表，承载了泰国华人、商人和普通民众的现实诉求和美好愿望。利用好关羽文化资源，可以为中泰两国的文化交流与非遗保护合作奠定基础。

【关键词】《三国演义》　关羽形象　跨文化传播

《三国演义》小说中蜀国的名将关羽，被毛宗岗誉为古今名将中第一奇人。这一义薄云天的文学形象不仅停留在历史和小说层面，更成为民间信仰中护国佑民的全能神。关羽崇拜还随着明清移民潮传播海外，移民交友共事十分推崇关羽"忠、义、仁、勇"的精神，因此，关羽也是海外移民凝聚族群力量，谋求团结发展所崇拜的移民神。

---

　* 本文系2021年度福建省社会科学基金青年项目"'海丝'战略下福建海洋非物质文化遗产整体保护与开发对策研究"（项目编号：FJ2021C039）的阶段性成果。

** 赖婷，集美大学海洋文化与法律学院副教授；晏志珍，云南民族大学泰语专业学士，集美大学海洋文化与法律学院汉语言文学专业第二学位学生。

　　关于关羽形象海外传播的研究成果十分丰富，但仅就泰国的传播情况而言，却未见十分全面深入的研究成果。前人对《三国演义》小说及影视作品在泰国的传播研究中会涉及部分关羽形象的传播情况，例如，郑淑惠《试论〈三国演义〉在泰国的传播》①、范兰珍《中国历史故事题材影视剧在泰国的传播研究——以〈三国演义〉为例》②，等等。至于关羽庙宇在泰国的分布，早年学者大多仅提及苏梅岛等地存在关羽庙，例如，沈立新分析了关羽受海外华人崇拜的成因，略举了泰国等国关羽庙的基本情况③，李天赐总结了华人华侨崇拜关羽主要出于心理慰藉、生存发展、商业发展的需要，并列举了泰国部分关帝庙宇的情况。④

　　近年来，荆学义《经典的传播：关羽形象传播研究》在跨文化传播章节中探讨了关羽形象的域外传播，从海外群体选择和接受等角度予以整体分析⑤，王志远、康宇《关公文化学》简要梳理了泰国等国关公文化传播情况⑥，濮文起在《关羽：从人到神》"下南洋"小节简单列举了泰国关帝形象传播与庙宇分布情况⑦。这些论著的共同之处在于，泰国的关帝庙宇情况在东南亚地区整体情况的介绍中所占篇幅比例最低，大多仅提到曼谷、苏梅岛存在多座关帝庙。贾发义、李志贤《东南亚华人的关帝崇拜——"海上丝绸之路"文化传播的一个例证》中关于泰国的情况，只提到施坚雅的《泰国华人社会：历史的分析》，没能详谈⑧。综上可见，鲜有前辈学者对关羽形象在泰国的多元传播进行全面梳理，本文将基于前人研究及当代现状分析，试论关羽形象在泰国的跨文化传播现象。

① 郑淑惠. 试论《三国演义》在泰国的传播 [D]. 重庆：重庆大学，2011.
② 范兰珍. 中国历史故事题材影视剧在泰国传播研究——以《三国演义》为例 [D]. 南宁：广西大学，2015.
③ 沈立新. 浅论海外华人的关公崇拜 [J]. 八桂侨史：1995 (3).
④ 李天赐. 关帝信仰在华侨华人中的传播和影响 [J]. 华侨大学学报：1997 (2).
⑤ 荆学义. 经典的传播：关羽形象传播研究 [M]. 北京：中央编译出版社，2014.
⑥ 王志远，康宇. 关公文化学 [M]. 北京：中国社会科学出版社，2015.
⑦ 濮文起. 关羽：从人到神 [M]. 北京：商务印书馆，2020.
⑧ 贾发义，李志贤. 东南亚华人的关帝崇拜——"海上丝绸之路"文化传播的一个例证 [J]. 山西大学学报（哲学社会科学版）：2018 (5).

一、文本传播基础:《三国演义》
泰译本及其衍生作品

在清代福建、广东沿海移民下南洋的历史背景下,三国故事也随着移民传播到东南亚地区。其中,去往泰国的移民,多数从劳工开始积累资本,随后经营生意、做手工业,以至于发展到金行、矿业等,一些华人也向泰国上层社会流动。总体上看,这些移民凭借记忆向泰国人讲述的三国故事,以口耳相传的形式向泰国社会各个阶层传播开来,为《三国演义》泰译本的成书奠定基础。

在 1600 至 1767 年间的大成王朝末期,泰国饱受缅甸的侵略,在战乱中短暂建立的吞武里王朝,也只坚持了 13 年。此后,由拉玛一世王将首都搬迁到曼谷,成立曼谷王朝。但时局仍然难以稳定,大部分时间内乱不断,安邦定国成为统治的当务之急。拉玛一世开始注重恢复文化教育,除了本国的传统文学之外,还充分借鉴外国文学精华,以开拓国人的眼界。中国的《三国演义》中不乏斗智斗勇的故事,这些故事情节巧妙地表现三国之间及其内部的政治矛盾、战争计谋和外交技巧,深得拉玛一世王的欣赏。他认为这本书有利于启迪民智,安邦治国。1802 年,他指定财政大臣昭披耶帕康(洪)主持将《三国演义》翻译成泰文[1],由此揭开了《三国演义》中的关羽形象在泰国的文本传播序幕。

昭披耶帕康(洪)是福建人的后裔,他本姓洪,"昭披耶"是他的爵位。由他主持翻译的泰译本《三国演义》被取名为《三国》,也被世人称为洪版《三国》。洪版《三国》的翻译过程十分特殊,即由精通中文粗通泰文的华人华侨将其口译成泰文,再由泰国作家加工润色成书。其意译多于直译,并根据泰人的习惯叙述,使泰国读者更易于理解[2]。1806 年,洪版《三国》完成后,其手抄本在朝廷内外转抄流传,掀起了一股"三国

---

① 金勇. 泰文《三国演义》经典译本产生的原因分析 [J]. 解放军外国语学院学报:2011
(2):85.
② 段立生. 从民间宗教信仰看中泰文化交流 [J]. 成都大学学报(社会科学版):2021
(5):109.

热"。经过半个多世纪的转抄传播，洪版《三国》手抄本于1865年正式印刷发行，出版后供不应求，反复再版，仅拉玛五世在位期间就先后再版6次，至20世纪70年代初，共再版15次。可以说，洪版《三国》是泰译中国古典小说中再版次数最多、印刷量最大的一部。①

洪版《三国》完整保留了原著中与关羽相关的主要情节，例如关羽降汉辞曹是洪版《三国》中最为泰国人熟悉的内容。关羽与刘备、张飞失散后降汉入曹，立下斩杀颜良文丑的战功，最后辞别曹操过五关斩六将与张飞、刘备团聚，这部分内容体现了曹操对关羽的礼遇，但关羽在厚礼之下不为所动，放弃封金挂印，全数归还曹操的赏赐，过五关斩六将与刘备会合，彰显其忠义勇猛的形象。此外还有关羽在华容道义释曹操时的重情重义、刮骨疗毒的勇敢坚韧、败走麦城时威武不能屈的侠义，这些故事情节和人物品质的完全保留说明了译者对这一形象的肯定和重视。

至于有些泰国人难以理解的情节，洪版《三国》或删除或按照泰国习俗更改，而涉及诗词歌赋、大段议论等较难翻译的内容则几乎都删除了。洪版《三国》将《三国演义》小说的篇幅由120回删成87回，浓缩的故事情节，在一定程度上使得情节更加紧凑，人物性格更加突出。

洪版《三国》与原著在刻画关羽形象方面也有不同之处，例如外貌描写中，罗贯中《三国演义》第一回桃园结义关羽初登场、第五回关羽温酒斩华雄、第二十回关羽欲斩杀曹操等情节都有对关羽的外貌描写，但洪版《三国》只有第一章着重描写了关羽的外貌。至于描写内容，洪版《三国》中关羽的外貌与原著一致，都刻画了他体格威武、面红长髯的形象。虽然，洪版《三国》对关羽外貌描写的篇幅不算多，但加上关公庙宇雕像、三国人物图像、影视画面等直观形象在泰国民间社会的传播，泰国人眼中的关羽形象也与中国人眼中的关羽形象十分接近。

洪版《三国》作为国王亲自下令大臣翻译的中国古典小说，在官方的推动作用下，对泰国文学创作产生了深远影响②。它创新地采用散文体来翻译和改编故事，删去原著《三国演义》中的诗词和议论，更重叙事，结

---

① 赵美玲. 试论《三国演义》在泰国 [J]. 电影评介：2010 (5)：95-96.
② 荆学义. 经典的传播：关羽形象传播研究 [M]. 北京：中央编译出版社，2014.

构更加紧凑，故事情节引人入胜，被泰国文坛誉为"三国文体"，影响了后世泰国散文体作品的创作，也为泰国作家自发创作本土历史小说提供了借鉴。受《三国》影响下的第一部泰国历史小说《歌沙拉》于1928年问世，这也标志着泰国历史小说的诞生。此后，泰国通俗作家雅可的经典著作《盖世英雄》等历史小说也相继问世，泰国文学史迎来了历史小说的黄金时期。

除了洪版《三国》的流行，泰国社会还出现一大批《三国演义》的衍生作品和重译本，不仅数量上蔚为可观，在质量上也令人瞩目。雅可的《说书艺人版〈三国〉》以英译本为底本，改编原来演义的体制，以纪传体和说书人的语气分册述说每一个三国人物故事。另外，还有克立·巴莫的《资本家版〈三国〉》、厄·安恰里的《身边人物版〈三国〉》、桑·帕他努泰的《三国战略》等诸多有趣的派生版本。这一系列派生文本是《三国演义》在泰国传播进入本土化阶段的直接产物和明证。1978年泰国作家万纳瓦又翻译出版了120回本《三国演义》全译本，再一次把泰国的"三国热"推上了高潮。2006年，尼派吞再度编译泰语版《三国演义》，可见三国故事在当代泰国文坛依然有着持续的影响力。

综上可见，洪版《三国》、重译本和衍生作品的传播，为关羽形象的文学传播奠定了文本基础。这一文本传播的动力来自古代泰国皇室力量的推动，并逐渐从主流的精英阶层开始实现自上而下的普及和推广。在此基础上，关羽形象的传播也随着历史进程从文学文本媒介转向现当代的漫画，戏剧、影视等多元媒介传播。

二、选择与接受：多元媒介
传播忠义的关羽形象

关羽形象借助现当代媒介如漫画、动画片、影视、游戏等载体的传播，向泰国大众进一步普及，而受众在选择与接受的过程中，将关羽某些形象特质继续放大或凸显，比如表现他忠义、勇猛、刚毅等品质的故事情节更受欢迎，而某些泰国人不易理解和接受的情节则被淡化。

《三国演义》原著中第二十五回至二十七回《屯土山关公约三事 救白

马曹操解重围》、《袁本初败兵折将 关云长挂印封金》和《美髯公千里走单骑 汉寿侯五关斩六将》这三回的内容，在洪版《三国》中属于第二十三回至二十五回，这部分内容在泰国流传最广，被改编成漫画故事《关羽事曹 关羽辞曹》。此外，苏里·布宫出版了诸多针对三国故事的人物漫画作品，以刘备、曹操、诸葛亮等人物的故事为中心，其中也有《关羽（漫画版）》。宽吉拉·活焱的《关羽（漫画版）》也是突出关羽忠义形象的漫画作品。漫画兼具文本、图像传播的特点，简洁生动，有助于向更低龄的受众群体传播。泰国小学六年级的探究课程就要求小学生围绕《关羽事曹关羽辞曹》展开对关羽形象的理解和讨论，除了要掌握故事情节之外，还要求小学生对人物形象的品德进行概括和学习。在一项对泰国学生的调查中，也认为将《三国演义》片段编入中小学泰文教材，可以让学生从小开始接触中国文化，了解中国历史，并对学习中国文化产生浓厚的兴趣，不仅有助于中国文化在泰国的传播，而且可以影响和改造人们的思想品行。[①]

《三国》故事的动画片和游戏也深受青少年儿童的喜爱，泰国也有很多关于三国的动画片和网络游戏。2005 至 2007 年，由泰国 Vithita 公司在乐趣杂志上发表的三国乐趣漫画作品也取自《三国演义》小说内容，后来三国乐趣又被制作成卡通动画，在泰国第七频道上播放。[①]而备受欢迎的三国故事游戏有《三国英雄传》、《真三国无双》系列、《三国杀》等，以游戏为媒介的三国故事传播方式有助于增强人们的沉浸式体验感和代入感，通过扮演自己喜爱的关羽角色，进入游戏中虚拟再现的三国场景，进一步加深对关羽人物形象和道德品行的感受，增强对关羽忠义勇武形象的好感度和认可度，可以说，三国游戏是受青少年儿童群体欢迎的关羽形象传播方式[②]。

广为流传的洪版《三国》故事还被改编成泰语戏剧《三国戏》，目前泰国有 43 本泰式册本。这些戏剧中，剧作家昆乔蓬叻（提）的《发矫诏镇应曹公》讲述关羽温酒斩华雄，在群英中大显身手的故事，深受泰国观

① 范兰珍. 中国历史故事题材影视剧在泰国传播研究——以《三国演义》为例［D］. 南宁：广西大学，2015.
② 郑淑惠. 试论《三国演义》在泰国的传播［D］. 重庆：重庆大学，2011.

众好评。戏剧表演中增加了关羽的战斗动作和飞马回寨的动作设计，以这些细节表现关羽的战斗能力，生动地刻画了关羽的武圣形象。①

除此之外，中国拍摄的《三国演义》电视剧也在泰国播出，受众群体广泛。1994 年，中国中央电视台制作的 84 集电视剧《三国演义》（央视版）在中国火热播出，紧接着就被翻译成泰语引进泰国播出，此后，该剧也多次重播，深受泰国观众喜爱。2017 年，高希希导演拍摄的《三国演义》（2010 年版）电视剧也引进泰国。2019 年，为纪念中泰建交 44 周年，泰国国家电视台又重播了 1994 年版《三国演义》，并组织了"三国文化节"活动。

至于三国题材电影在泰国的传播，《三国之见龙卸甲》于 2008 年 4 月 24 日在泰国公映。2008 年 7 月 10 日和 2009 年 1 月 22 日又在泰国分别公映了《赤壁》的上集和下集。泰国电影制片与发行公司沙哈蒙空电影国际有限公司于 2011 年 7 月 14 日将引进的《关云长》在泰国公映。② 可见当代泰国观众对于三国题材影视作品的兴趣依然不减，以电影艺术为载体的关羽形象传播方式也很符合当代青年群体的文化需求。

从传播效果来看，三国题材的漫画、动漫、游戏、戏剧、影视作品更易于被广大人群接受和传播。2023 年 2 月，我们随机抽选了 5 位泰国碧武里皇家师范大学的学生进行线上访谈，从 5 位大学生的回答中发现，他们都认识关羽，对丁泰国关羽形象普及度的看法中，有 1 人认为超过 80% 的泰国人都认识关羽，2 人认为超过 70%，2 人认为少于 50%。大学生认识关羽的渠道则十分丰富，有 1 人是通过阅读《三国》小说，并对三国历史感兴趣，自己也进行了基础的研究。有 2 人是在口口相传至今的关羽故事里熟悉这一形象，3 人看了泰国引进的《三国演义》电视剧和其他相关的书籍。其中 3 人均能口述《关羽事曹 关羽辞曹》的相关情节。5 人均认为关羽文化和泰国现代社会并未脱节，"信仰关羽神的人依然有很多，关羽所代表的忠义和驱除邪恶的作用仍然符合泰国社会"，"关羽形象传达的感

① 方莲雅. 泰国《三国戏》研究［D］. 桂林：广西师范大学，2021.
② 黄宇鑫.《三国演义》影视改编在东南亚的跨文化传播［J］. 文学教育（上）：2021（12）：154.

恩、重情重义在任何时代都值得推崇"。同时，他们认为关羽形象和泰国的佛教文化信仰并非无法相融，对泰国华人以及泰国人去祭拜和供奉关羽的行为并不排斥，"关羽是真实的历史人物，也被推崇为忠义守信之神，能保护我们远离坏人"，"春节和一些其他节日泰国人也会拜关公"，"信奉关羽的人把关羽当作家庭守护神，可以保佑家庭成员远离邪恶和鬼怪。"①

可见，当代泰国民众认识和了解关羽的渠道十分广泛，不仅有此前提到的古典泰译小说文本可供阅读，还能在漫画、动画片、游戏、电视剧、电影等现代多元媒介中接触到关羽形象和相关故事作品，而且泰国的大学生也提到了关羽信仰在泰国民众中也有一定的信众基础，下文将详谈。总之，关羽在泰国当代社会的传播模式已经突破了传统文学文本自上而下的"宫廷模式"，"显现出异质吸收和跨界扩散的表现形态"②，借助多元的媒介走向更广阔的泰国民间社会，这也是泰国民间社会吸纳来自中国传统文化的一个自发的、自然的过程。由此可见，不断丰富的传播媒介和多样的传播方式，为关羽形象的当代传播提供了持续的推动力。泰国民众受到关羽形象所展现的人格魅力和强大意志力的感召而接受并认可他，他们眼中的关羽是交友以义，对国以忠，作战以勇，在金钱名利、美色面前不为所动，面对肉体疼痛坚韧不屈的高大形象。

三、全能神：泰国庙宇神圣空间中的关羽形象

东南亚地区带有中式风格的寺庙，往往是华人华侨集体捐资共建的，华人庙宇的出现，也是华人社区形成的重要标志之一。已有诸多学者的研究表明，华人华侨群体是关帝信仰在东南亚地区传播的主要人群推动力量，尤其是华商群体，他们往往借助关帝崇拜来加强彼此间的商业联系，以关帝精神为行为准则，教化华商品行，赖以创业守业。

---

① 访谈对象：艾女士（小名）、尼查英（音译泰语名）、怡女士（小名）、杨汉雄（音译泰语名）、披尼（音译泰语名）。访谈人：晏志珍。访谈时间：2023年2月3日。
② 李莉，李学仙，蒋应辉. 泰国"三国热"成因及其现代表征 [J]. 四川戏剧：2014（1）：76.

在泰国的华人群体也是如此，泰国各地兴建的关帝庙宇是关羽形象跨文化传播最直观的实物见证。例如，始建于1872年的苏梅岛关帝神庙，为当地琼籍华人华侨筹资所建。位于曼谷建安宫的《三国演义》壁画题记中记载了该庙由福建泉州和漳州的华人信众出资共建。2017年，在泰国罗勇府修建的5.51米关公金属造像，资金来源大多是华人寺庙协会的会款。

通过检索谷歌地图了解到最新的泰国关帝庙宇分布情况，可以发现在泰国中部的曼谷就有19座关帝庙，巴吞他尼府有3座，佛统府有1座，红统府有2座，暖武里府有1座，拉差汶里府有2座，沙没颂堪府有1座，阿瑜陀耶府有1座，北榄坡府有1座，甘烹碧府有1座；东部春武里府有2座，北柳府有1座，罗勇府有1座；西部的北碧府有2座；北部素可泰府有1座，清迈府有2座；东北部乌汶府有1座；南部素叻他尼府有1座，普吉岛有1座。关帝庙主要分布在中部地区，在泰国其余地区也均有零星分布（部分庙宇地址详见附录一）。

泰国关帝庙宇除了以信仰崇拜的形式传播关帝形象，同时，在华人华侨庆祝节日和举行活动时也作为活动中心和文化场所，他忠诚守诺、重义轻利的文化形象始终在场，使其庙宇成为华人华侨在泰国社会传承中国文化、弘扬优秀美德的文化空间，同时也是在泰华人华侨子弟凝聚宗族、缅怀祖德和教化后代的教育场所。

学者荆学义指出，在中国佛教文化圈内，关羽是皈依佛教的伽蓝神，"一旦超越了中国宗教文化的界限，关羽的佛教印记就失去了效力。所以在纯粹的南传佛教文化区域，关羽就受到异质文化的阻隔"，"但又由于南传佛教和北传佛教的区别，作为北传佛教的伽蓝神关羽在南传佛教区域没有任何沟通的迹象"[1]。然而，我们发现当代信仰南传佛教的泰国民众对待关羽信仰的态度并不完全排斥。关羽作为蜀国五虎上将之首南征北战，的确与泰国南传上座部佛教主张不杀生，宣扬因果报应和轮回转世的观念存在冲突，但泰国民众会对关羽形象进行本土化的形塑，或对其杀生行为予以合理化的解释。

---

① 荆学义. 经典的传播：关羽形象传播研究 [M]. 北京：中央编译出版社，2014.

例如，《三国演义》第七十七回，关羽败走麦城，死后魂魄不散，游荡至玉泉山顶，遇到普净法师，受其教诲后悟道皈依，因常在玉泉山显圣，庇佑百姓而得立庙宇，老僧普净的原话是："昔非今是，一切休论；后果前因，彼此不爽。今将军为吕蒙所害，大呼还我头来，然则颜良、文丑，五关六将等众人之头，又将向谁索耶？"① 而在洪版《三国》第六十一回对该情节的改编中，关羽求老僧普净为自己诵经超度，消除罪恶，祈求福报，老僧以因果报应好轮回，曾经的罪孽现在也在自己身上应验等言辞，劝说关羽不要再有执念。关羽死后在山上显圣，后人信奉他并为其立庙，此后关羽就成了灵验的神仙。两个版本在对待关羽魂魄的态度和劝说关羽的话语上略有区别，体现了泰国佛教对关羽罪孽的宽恕，并以关羽的死作为其杀人罪恶的结束，又将关羽化为神灵、立庙祭祀视作关羽的新生，更看重他作为忠义驱邪神灵的神职。

此前访谈的泰国大学生也提到，虽然泰国绝大多数人都是佛教徒，但泰国的佛教具有包容性，只要关羽身上有值得推崇的品德，就可以成为获得民众认可的神灵。正如泰国人也会祭拜土地神、山神和山鬼等其他类型的信仰。学者段立生也指出，历史时期中国人带往泰国的民间宗教信仰与泰国宗教信仰已有交流融合的表现，土地神、妈祖、八仙、关帝都有本土化的神龛或泰人信众群体。②

在泰国本土的寺庙中，我们也能看到关羽形象以特殊的方式在神圣空间中传播的形态。始建于阿瑜陀耶王朝的古老寺庙那浓寺，在曼谷王朝时期由皇家拨款重修，寺庙风格从传统泰国式风格转变为中国式风格，大雄宝殿内的壁画内容是三国题材，但壁画风格用的是泰式风格，采用釉底金纹的繁复方法，彰显精致典雅的皇家气派，代表的是泰国贵族上层的艺术志趣和爱好。那浓寺的三国题材壁画内容从关羽过五关斩六将，带二位嫂子逃离曹营开始，到刘备以替关羽报仇为由，挥兵征战东吴结束，是泰国贵族上层社会对关羽重视兄弟情义和忠勇品质及其义薄云天的形象的认可。

---

① 罗贯中. 三国演义 [M]. 北京：人民文学出版，1998.
② 段立. 从民间宗教信仰看中泰文化交流 [J]. 成都大学学报（社会科学版）：2021（5）.

关羽形象所传达的信守承诺、侠肝义胆的品质，也很符合商人对做生意之人的品格要求，泰国人也将关帝推崇为保佑生意成功或能协助东山再起的事业守护神。泰国发行量最大的报刊《泰国日报》在 2015 年评选的唐人街五个越拜越富的寺庙，其中之一是位于曼谷唐人街的关帝古庙。[①] 据段立生先生考证，这座古庙初建于清光绪十八年（1892 年），在 1979 年进行过重修[②]，庙中不仅供奉了关羽神像，还供奉着马将军爷，是关羽的坐骑赤兔马的雕像。祭拜关羽后，人们还要祭拜马将军爷，供上空心菜等新鲜蔬菜，摇响马铃铛传达祈福的愿望。唐人街商铺以关羽骑马神像能庇佑买家打败竞争对手，收获财富作为广告词。此外，位于红统府关帝庙宇周围的印刷厂，其员工每年也会定期祭拜关羽，他们认为印刷厂自建厂以来从未做过宣传，但工厂的生意却很好，所有机器设备也从不掉链子，并认为这是附近关帝庙的关帝保佑的结果。在泰国商人群体中，关帝被推崇为事业守护神和财神爷。

同时，关帝也被奉为家庭守护神，其勇猛的战斗力和武器青龙偃月刀被认为能够驱除邪恶，为家庭带来好运和健康。位于曼谷吞武里区湄南河畔的关帝庙宇，建于公元 1736 年，距今已经有 280 多年的历史，是泰国最古老的关帝庙宇之一，也被认为是最灵验的关帝庙。在泰国 amarintv 频道的采访节目中，报道了关于这座关帝庙宇的灵验叙事。节目中关帝庙的管理人员指出，这座关帝庙是泰国最古老的关帝庙宇，信众许愿后都能如愿，比如警察拜了关羽后升职。他们还愿后将灵验的事迹口口相传，以致寺庙的知名度越来越高。节目组还随机采访了来上香的泰国信众，其中一位母亲透露，因为儿子经年不顺，工作一直不稳定，所以到此庙祭拜关公，她摸立像关公的脚虔诚许愿，随后孩子和家人的生活都逐步变好。一位商人称自己生意不顺利时，向关公许愿后财运亨通。还有一位刚中 300 万彩票的人表示，自己此行是为了还愿，因为在关羽庙求到的彩票号码让

---

① ยิงไหว้ยิงรวย! เทียวเยาวราชไหว้ 5 วัดเด็ดเอาเคล็ดเสริมมงคลตรุษจีน ［EB/OL］. https：//www. thairath. co. th/lifestyle/travel/482050.

② 段立生. 泰国的中式寺庙 ［M］. 曼谷：泰国大同出版社, 1996.

自己中了大奖。① 这座庙宇供奉了三尊关帝雕像，左侧关羽神像腰带上缠满了地契复印件，是祈求房屋或土地顺利买卖的人挂上去的，被认为能够让买卖双方遵守信义。中间主位上供奉穿着帝王服饰的关羽神像，被认为是玉皇大帝降临人间庇佑百姓的化身。这些灵验事迹在口口相传间进一步促进了泰国民众对关帝的崇拜，并产生带有本土化特色的关羽崇拜形态。甘诺鹏（Kanokporn）在研究曼谷唐人街关羽庙宇的功能时也提到："泰国人认为祭拜关羽夜读春秋的形象可以帮助学业进步"②。可见，在泰国民众心中关羽还是有助于学业的教育神。此外，曼谷帕瑞瓦寺增建了一座名为"贝克汉姆"的网红寺庙，其中不仅有现代名人爱因斯坦、卡通形象米老鼠，同时还以中国的关公、孙悟空形象作为门神来镇守寺庙，这也是泰国寺庙中较为独特的一种关羽形象传播形态。

关帝崇拜不仅在泰国民间社会有一定的影响，也引起了泰国皇室和政界的注意。泰国的诗琳通公主在正月初一时会前往曼谷唐人街主持春节庆典开幕式的祈福法会，燃点香烛、敬献花环、祭拜神佛，带领泰国总理等政府官员观看表演，并留下书法墨宝，也曾亲自到曼谷关帝庙祭拜关帝。皇室公主参与祭拜关帝的活动，既体现了泰国上层对华人文化的尊重，也有以此促进泰国华人华侨融入泰国社会，维持社区和谐稳定的考虑，并表示对泰国华人以及中国人民的祝福。

2023 年 2 月，《暹罗日报》还报道了泰国文明党参加红统府关帝庙会，并为竞选拉票的活动，文明党主席表示，身处被中国和泰国人信奉为忠义之神的关帝庙宇内，泰国文明党将立誓廉洁奉公③。在泰国政界，关羽形象和信仰也具有凝聚人心的力量，泰国人也从他的形象中升华出了公正诚信的社会共同意识。

综上可见，泰国华人以关羽形象和关帝信仰为媒介，弘扬忠义仁勇的

① นิภาสุขสว่าง ปาฏิหาริย์แห่งโชค | EP. 8 ศาลเจ้าแห่งแรกในไทย "ศาลเจ้ากวนอูคลองสาน" [EB/OL]. https://www.amarintv.com/video/detail/11180.
② กนกพร เจริญแสนสวย.การศึกษามิติสัมพันธ์ของความเชื่อส่วนบุคคลในเทพเจ้ากวนอู สำหรับการสร้างแรงผลักดันทางธุรกิจของชาวไทยเชื้อสายจีนเยาวราช [D]. กรุงเทพฯ:มหาวิทยาลัยศิลปากร, 2014.
③ ไทยศรีวิไลย์ลงพื้นที่อ่างทองร่วมขบวนแห่สิงโตจากศาลเจ้าพ่อกวนอูมงคลกิตติ์ประกาศเดินหน้าเลือกตั้งด้วยความซื่อสัตย์สุจริต [EB/OL]. https://siamrath.co.th/n/420739.

中国传统美德，传播中华文化。关帝信仰在泰国的"神缘"广泛，在本土化过程中拓展了一些新的神职和功能，不只凝聚着漂泊离乡的华人华侨，也能为泰国民族带来美好希望，部分泰国人也会到关帝庙祭拜，在关羽形象的传播与接受中，反映出中泰两国人民共同信仰的价值观和平安健康生活的美好愿望。

四、结语

在三国故事的文学文本、动漫影视等多元现代媒介和关帝信仰崇拜的共同作用下，关羽形象进入泰国社会。青少年群体、大学生群体、商人群体和普通泰国民众、皇室政党等不同群体对关羽形象的接受层面各有不同。关羽形象是教育青少年儿童高尚品质的中国传统文化资源；是华人华侨传承信仰、弘扬优秀美德的精神指引；是帮助华侨子弟团聚族人、缅怀祖德和教化后代的重要纽带；是泰国大学生心中有情有义，意志坚定的历史人物；在商人眼中，关羽形象传达了诚信守诺的品质，被推崇为事业守护神和财神；而泰国普通群众会把关羽供奉为家庭守护神、教育神，甚至全能神，可以帮助家庭和工作，保佑升职加薪，房屋土地交易顺利等；关羽也是泰国皇室和政党重视的政治资源。

当代关羽化身中国文化传播使者，向泰国社会输出忠义重诺、忠君爱国的中国儒家文化理念。关羽形象在泰国能获得一定的社会认可度，也是因为武圣关羽"忠仁义勇"的精神品格承载了人类普遍的价值追求和共同的情感纽带。2008 年，关公信俗已被列为我国的国家级非物质文化遗产项目，在众多海外移民的祖籍地福建，关帝信俗也属于其省级非物质文化遗产项目。继续研究关羽形象在海外华人华侨中的传播和影响力，并以关羽信俗为载体，实现跨国联合申报世界非物质文化遗产项目，将具有重要的现实意义和深远的历史意义，可以为构建人类命运共同体意识贡献中国元素和中国智慧。

附录：

序号	寺庙名	地址	音译地址	所属区划
1	Chao PhoKuan U Shrine	399/9Sihaburanukit 13, Min Buri, Bangkok 10510, Thailand	泰国曼谷民布里13号	中部 曼谷
2	Chao PhoKuan U Shrine	KhlongToei, Bangkok, 10110, Thailand	泰国曼谷托区	中部 曼谷
3	Chao PhoKuan U Shrine	47 Chan 16 Alley, Lane 11, Thung Wat Don, Sathon, Bang-kok 10120, Thailand	泰国曼谷沙通涂瓦冬11号	中部 曼谷
4	Guan Yu Shrine	Chakkrawat, Samphanthawong, Bangkok 10100, Thailand	泰国曼谷三帕拓翁	中部 曼谷
5	Guan Yu Shrine	27 Soi Krung Thonburi 1, Khlong Ton Sai, Khlong San, Bangkok 10600, Thailand	泰国曼谷三区通赛1号	中部 曼谷
6	Guan Yu Shrine	Charoen Krung Rd, Wat Phraya Krai, Bang Kho Laem, Bangkok 10120, Thailand	泰国曼谷邦阔角	中部 曼谷
7	Kuan U Shrine (Talat Phlu)	Soi Lap, TalatPhlu, Thon Buri, Bangkok 10600, Thailand	泰国曼谷吞武里普露市场拉巷	中部 曼谷
8	Chao Por Ma and Guan Yu Shrine	385 SoiYaowarat 11, Chakkra-wat, Samphanthawong, Bangkok 10100, Thailand	泰国曼谷唐人街11号巷385号	中部 曼谷
9	Chao PhoKuan U Shrine	Talan, Phak Hai District, Phra Nakhon Si Ayutthaya 13120, Thailand	泰国大城府巴海区	中部 大城府
10	Guan Yu Shrine	Maha Sawat, Phutthamonthon District, Nakhon Pathom 73170, Thailand	泰国佛统府普达蒙通区	中部 佛统府

序号	寺庙名	地址	音译地址	所属区划
11	Guan Yu Shrine	Mae Klong, Mueang Samut Songkhram District, Samut Songkhram 75000, Thailand	泰国沙没颂堪府主城区	中部沙没颂堪府
12	Chao Pho Kuan U Shrine	119/342 Rangsit-Nakhon Nayok Rd, Lam Phak Kut, Thanyaburi District, Pathum Thani 12110, Thailand	泰国巴吞他尼府拓雅布里区那空那育路	中部巴吞他尼府
13	Chao PhoKuan U Shrine	Tha Yang, Tha Yang District, Phetchaburi 76130, Thailand	泰国碧武里府达央区	西部碧武里府
14	Guan Yu Shrine 苏梅岛关帝庙	11 Moo 1 4169, Tambon Maret, Ko Samui District, Surat Thani 84310, Thailand	泰国素叻他尼府 苏梅区马勒街4169第一组	南部素叻他尼府苏梅岛
15	Guan Yu Shrine	90 Wichayanon Rd, Tambon Chang Moi, Mueang Chiang Mai District, Chiang Mai 50300, Thailand	泰国清迈府清迈区常莫街维差亚农路90号	北部清迈府
16	Guan Yu Shrine	Chaeramae, Mueang Ubon Ratchathani District, Ubon Ratchathani 34000, Thailand	泰国乌汶府主城区	东北部乌汶府

数字民俗在东南亚的发展

——以老挝中国文化中心的传播实践为例

程　雪[*]

【摘要】"数字民俗"作为 20 世纪 90 年代以来的科学技术发展与普及的产物，日益成了日益重要的民俗载体。本文以老挝中国文化中心在"新冠疫情"全球传播的时期与"后新冠疫情"时期，借助数字平台所进行的中国文化与民俗的国际传播作为个案分析，在参照中老源远流长的文化交往的大背景下，将其作为展现了数字民俗在东南亚传播的示范样本，通过大量的活动实例分析，解析其所展现的传播特质。

【关键词】数字民俗　中老文化交流　老挝中国文化中心　文化传播

"数字民俗"作为 20 世纪 90 年代以来兴起的一种新型民俗领域，随着科技的发展与普及，尤其是在"新冠疫情"全球传播的时期，其重要性与传播性日益凸显。本文将以老挝中国文化中心在老挝的传播实践为例，探讨中国数字民俗在东南亚的传播实践和策略。老挝中国文化中心以数字媒介为载体，通过微信公众号（Wechat Public Platform）、脸书（Facebook）、油管（Youtube）、抖音（Tiktok）等数字传播方式，在打造"欢春"庙会、"天涯共此时"及"文化周"等一批特色鲜明的品牌项目的同时，传播优秀的中国文化与民俗节庆活动，为中国文化与民俗的国际传播提供了示范样本。

＊　程雪，北京大学外国语学院南亚学系博雅博士后、助理研究员。

一、数字民俗的兴起与应用

20世纪90年代，随着科技进步所带来的网络流行、数字技术的日益成熟、电脑与智能手机的大众普及，致使文化传播方式展现出全球化和数字化的特点，新型的文化传播方式同样带来了民俗传统的变更，对民俗文化的认知、搜集与传承，开始由倚仗传统的口头传承、纸质媒介转向为数字媒介。

根据梁君健与苏筱的相关研究表明，数字民俗既包括传统民俗在数字媒介中的新型表达方式，是传统的延续；也涵盖了诞生于数字媒介的崭新民俗现象，是实践的革新。结合当前的文化语境与时代诉求，对于新生民俗现象与大众文化的深度考察显得尤为重要。数字民俗研究主要包括四个重要方面：数字时代民俗文本和知识生产的议题，视听媒介主流化所带来的口头传统复兴的议题，社交网络与再部落化趋势的议题以及作为新民俗的数字媒介实践的议题。

在概念与核心研究议题生成的过程中，民俗学、传播学、人类学、文化研究等学科围绕数字民俗这一新的社会文化现象深度融合，并且延续和丰富了各自的传统。对民俗学而言，围绕日常生活、共同体认同、文化建构等展开的当代化转型，在数字民俗研究中得到进一步发展。[①]

二、中国—老挝文化交流的历史与现状

中国同老挝的交往源远流长。在中国古籍中，春秋战国时期成书的《竹书纪年》已有对现今老挝这片地域彼时所存政权活动的记载："（周成王十年）越裳氏来朝"，[②] 其所涉"越裳氏"即为彼时在今老挝地域上所存在的政权首领，在今老挝地域在春秋战国时期或存在一个汉译为"越

---

① 梁君健，苏筱. 数字民俗的概念范畴与核心议题 [J]. 西北民族研究：2022（02）：95-109.
② 景振国. 中国古籍中有关老挝资料汇编 [M]. 郑州：中州古籍出版社，1985.

裳"的政权，而该政权已同中国有所交往。关于"越裳国"最早的汉文记载则见于《尚书大传》："交趾之南，有越裳国。周公居摄六年，制礼作乐，天下和平，越裳氏以三象，重九译，而献白雉。"[1]

后在中国历代古籍中，有关今老挝地域所涉政权名称有"堂明""陆真腊（文单）""参半""僧高""道明""女王国""澜沧""白衣蛮/白衣""挝国""猛老""老丫""银沙罗甸""老告""牛吼""哀牢""盆蛮""潦查（老抓）"等。[2]虽当今学界对上述称谓所指政权是否确实位于今老挝境内尚存争议，但并不妨碍以此看待中南半岛古代复杂的政权更迭或汉译杂乱的境况下，中国同老挝境内诸政权乃至中南半岛多个政权之间的交往情况。

其中影响力最大的便是1353年由佬族法昂王（chāu-fā-ngum）所建立的澜沧王国（ā-nā-chak-lān-sāng），这是今老挝境内第一个统一王国，直至1707年分裂为琅勃拉邦王国（ā-nā-chak-luāng-pha-bāng）、万象王国（ā-nā-chak-vɣng-chan）和占巴塞王国（ā-nā-chak-cham-pā-sak），这个统一的政权一共存在了354年之久。在这期间，是历史上老挝同中国交往较为密切的一段时期，即澜沧王国同中国明朝的交往，并在澜沧王国分裂后仍延续至清朝。除官方遣使外，中老之间还有民间的经济文化交流：从明朝永乐年间（1403—1424年），中国人民已开始侨居老挝。明末清初，侨民数目逐渐增加。局部完全统计，华侨约有三千多人……将我国"制酒醴、养蚕丝之法"介绍给老挝人民（见《清史稿》），因而在生产知识和生产技术、经验的传播方面，华侨在那里做了不少有益的工作……[2]

可见，两国的交往必然伴随着文化的相互交流，无论是官方的文化交流还是来自民间的文化互动，而后者更是由于边境相连、跨境族群混居或通婚、跨国侨居等因素得以绵延不绝，甚至早于官方记载。考古发现或最能说明这一情况，今老挝地区曾被国外考古学者发现了许多长方石斧和少量的有肩石斧。奥地利考古学家海涅·戈鲁德伦（R. Heine Geldern）认为

---

① 尚书大传（卷五）[M]. 转引自中国古籍中有关老挝资料汇编 [M]. 北京：中华书局，1985.
② 吕谷. 中国和老挝两国人民友好的外交关系 [N]. 工人日报，1956－08－19.

长方石斧文化源于中国的仰韶文化。中国学者则认为这两种石斧都源自中国的古百越文化，而这些文化传播的途径主要是通过民族迁徙。[①] 而关于老挝铜鼓同中国西南少数民族铜鼓之间的关联，已有诸多研究成果可以鉴证中老双方人民自古以来的文化交往与文明交流互鉴，在此不再赘述。[②③]

自澜沧王国 1707 年彻底分裂成三个小王国后，先后经历了暹罗、越南、法国、日本的外邦统治时期。老挝虽在日本 1945 年 8 月 15 日宣布无条件投降后的同年 10 月 12 日，对外宣布独立并成立了统一的"老挝王国"（也称"老挝皇家政府"），但法国于当年 11 月便重返老挝。即便老挝王国政府分别于 1949 年 7 月 19 日和 1953 年 10 月两次同法国政府签约，确定老挝王国为法兰西联邦内的独立国家，但老挝王国的国防、财政、外交等大权仍掌握在法国手中。

直到 1954 年《关于印度支那问题的日内瓦协议》的签署，国际社会才正式对老挝的主权、独立和领土完整予以承认。老挝国内此时出现了老挝王国政府和老挝抗战政府（巴特寮/老挝爱国战线）并存的局面。此后，直至 1975 年老挝人民民主共和国成立，老挝国内都一直处在内战的纷争合作之中，前后共组建了三次联合政府。但中老两国的友好关系和文化交流则随着 1949 年 10 月 1 日中华人民共和国成立进入了一个新的历史时期，自 1952 年 11 月 20 日老挝抗战政府代表团首次访问中国后，新中国同彼时老挝国内并存的两个政权都有着不同程度的官方交往，直至 1961 年 4 月 25 日同老挝王国政府正式建立外交关系。

1963 年 3 月 4 日，中国—老挝友好协会在北京成立，中老双方强调将继续在和平共处五项原则的基础上发展两国友好睦邻关系。此后，中老两国在政治、经济、文化等方面的合作与交流日益增多，老挝的文化、艺术、新闻、妇女、青年、工会、体育、佛教等代表团陆续不断地来华访问，次数之频繁，规模之宏大，前所未有。因而 20 世纪 60 年代是中老友

---

① 王民同. 东南亚史前文化述略 [J]. 云南师范大学学报（哲学社会科学版）：1983（01）：25 – 26.
② 如卫彦雄，李富强，欧江玲. 老挝铜鼓文化调查与研究 [J]. 东南亚纵横：2020（04）：97 – 103.
③ 韦丹芳. 老挝克木鼓与相邻地区同类型铜鼓研究 [M]. 北京：中国科学技术出版社，2014.

好关系、文化交流的黄金时期，出现一片兴旺景象。比如：中方帮助老方进行舞台艺术彩色影片《春天》、战地影片和电影资料片的拍摄；培养老挝男女乒乓球队，并多次在国际比赛中取得较好成绩；我国著名杂技表演艺术家夏菊花帮助培养了老挝国家杂技团。①

20 世纪 60 年代至 70 年代，中国经济文化展览团多次参加老挝万象塔銮节国际博览会。中国医疗技术组在老挝北部丰沙里省援助工作长达 11 年之久，被老挝政府授予二级"自由勋章"。中国国际广播电台自 1958 年起就开设了对外老挝语广播，其所办的许多广播节目，比如"学汉语"栏目，深受老挝听众喜爱，为加强中老文化交流作出了直接贡献。

同样在 20 世纪 60 年代，为援助老挝抗战政府，中国无偿在广西南宁建设一所老挝中央干部子弟学校，即"老挝爱国战线干部子弟学校"，又因该校于 1967 年确定创办而被简称为"六七"学校。"六七"学校前后办学 9 年，共有 1074 名老挝学生曾在校学习。当年在此就读孩童，后来许多成为中老政治、经济、文化交流的优秀人才。

1978 年下半年至 1984 年，中老关系一度冷淡，1985 年开始逐渐恢复，1988 年 6 月，两国重新互派大使，实现了关系正常化。1989 年 10 月，两国签订了《中老文化协定》，不断加强和发展两国的教育交流与合作，除互派进修生外，双方还交换各自国内出版的教育杂志、课本与教具样品。中国支持老挝在万象出国留学生预备学校开办中文培训中心，中方应老方要求，派遣中文教师前往任教。双方还鼓励和支持各自的高等院校和教育科研机构与对方相应的学校和机构建立直接联系，开展交流和合作活动。

在两国教育部的支持下，2003 年老挝国立大学语言学院成立中文系，由中国汉办每年从中国高校选派教师到中文系授课，从此汉语教育纳入老挝国家教育体系，为中老文化交流提供了更为便捷的语言沟通桥梁。2011 年 7 月，老挝苏州大学成立，可以开展全日制本科和研究生（硕士、博士）教育。除学历教育外，2010 年建立的孔子学院则以非学历培训班的形式，满足了老挝民众多层次的汉语学习需求。中国与"一带一路"共建国家签订学历互认协议，为老挝学生到中国学习提供更多机会。

---

① 张良民. 源远流长的中老文化交流［J］. 东南亚纵横：1992（02）：33 – 34.

此外，中国驻老挝使馆定期向老挝国家图书馆和大学图书馆赠送图书资料，多次举办中国建设成就的图片展览，作为对外窗口向老挝人民展示中国所取得的新成就，加强两国人民之间的文化交流。媒体方面，老挝国家电视台同中国国家广播电视台、新华社、老挝中华总商会等媒体在电视、广播、新闻、报纸、互联网等方面都进行了深入合作，为中国在老挝的经济、政治、文化等交流活动做了多方位的媒体宣传。①

2019年4月30日，中老两国签订了《构建中老命运共同体行动计划》，老挝是第一个同中国签署命运共同体计划的周边国家，这也是中国首次以中国共产党的名义签署的构建人类命运共同体的双边文件。而共建中老文化社会共同体，正是需要借助、凸显两国之间的文化交流与民俗传播。2023年5月29日，北京市八一学校迎来了100名老挝儿童，他们同中国儿童一起体验中国传统佳节端午节的各项民俗（包粽子、制荷包、捻五彩线），以增进对彼此国家不同习俗的了解，共度国际"六一"儿童节。

山水相连情相牵，北京市八一学校曾是老挝王国政府外交大臣贵宁·奔舍那子女们就读的学校。贵宁·奔舍那不仅为1961年的中老建交作出了杰出贡献，其子女也在各自的岗位上为中老友谊、中老文化交流作出了相应的贡献，奔舍那家族是中老半个多世纪友好关系的推动者与见证者。国之交，在于民相亲，身为奔舍那兄妹校友的习近平主席，就曾多次在访问老挝期间探访奔舍那家族，推动中老关系友好交往与合作。

三、老挝中国文化中心的数字民俗传播个案分析

老挝中国文化中心成立于2014年11月3日，并于2021年2月5日正式向公众开放，是中华人民共和国设立在老挝的官方文化交流机构。老挝中国文化中心不间断地举办丰富多彩的文化艺术和旅游推广活动，打造了一系列"欢春"庙会、"天涯共此时"及"文化周"等特色鲜明的品牌项

---

① 许学波. 老挝国立大学孔子学院文化传播研究 [D]. 南宁：广西民族大学，2018.

目；同时借助多个应用数字化技术的网络平台，积极打造"天涯共此时线上文化周""中文歌""趣聊汉语""云游中国之图片视频展演"等多种形态的线上文化和旅游项目，促进了中国数字民俗在老挝的传播与交流。

老挝中国文化中心的定位为：全方位致力于传播中国优秀文化，推动中老文化和旅游领域的交流与合作。老挝中国文化中心现已成为促进中老两国文明交流互鉴及两国人民友好交往的桥梁与纽带。① 该中心近年通过一系列品牌项目活动，借助新媒体传播优秀的中国文化与民俗节庆活动，尤其在"新冠疫情"的全球传播期间为中国文化与民俗的国际传播提供了示范样本。

该中心为了解新媒体受众对中国文化的认知程度，以及对中国文化和旅游活动的关注点与兴趣点，借助中心的脸书（Facebook）平台发起了"2022年新媒体受众问卷调查"，共计有176位受访者参与了该调查问卷的填写。在上述受访者中（分为"18岁以下""19—22岁""23岁以上"三个年龄段，其中"23岁以上"年龄段的参与度最高，为61.4%；在职业层面方面，大学生的参与度最高，占比41.5%），面对"传统与现代的内容偏好""推介活动的受欢迎程度""活动形式"及"参与目的"四类内容，约有59%的受访者更偏好于现代化的中国文化内容；在推介活动方面，按受欢迎程度排序为中国旅游景点，文化、艺术和美食，历史和社会；在活动形式方面，老挝人喜欢参加独特有创意的活动，同时会根据活动性质和规模来选择是否参加；参加文化活动的主要目的是增长中国文化知识而非赢得奖品，同时注重将活动中学到的知识应用到现实生活。

同时，关于对老挝中国文化中心的知名度与定位，176位受访者中有93.2%表示知道该中心，94.3%认为其为文化机构（同时65.3%认为其为教育机构、29%认为是外交机构、8%认为是政府机构）；而知晓老挝中国文化中心的渠道，94.9%是通过脸书（Facebook），同时朋友或老师推荐占34.1%、电视14.2%、微信8%、其他渠道6.8%，该组数据已经充分显示了老挝中国文化中心利用新媒体技术传播中国文化的成功。②

---

① 参见"老挝中国文化中心"微信公众号中所列"老挝中国文化中心简介"。
② 以上数据来源参见"老挝中国文化中心"微信公众号相关内容。

　　同时由该问卷调查的整体数据可见，老挝中国文化中心的一系列文化推介活动与品牌项目的打造已取得一定成效。老挝虽与中国文化的同质性程度并不高，但两国同为社会主义国家，且地缘关系密切、文化交流源远流长，因此加强两国之间的互联互通，尤其是加强两国之间的文化交流、加深彼此的了解互赖十分必要。此外，还应进一步加强传统文化与青年流行文化的互动关系，从而促进中老之间的民俗文化交流迈上新台阶。

　　2023 年 1 月至今，老挝中国文化中心利用线上、线下（现场）相结合的传播方式，围绕中国特色节庆（春节、元宵节、清明节）、中国老挝共有的国际节日（三八国际妇女节）进行了一系列数字民俗活动的推广。此外，还利用中国和老挝之间较为相近的文化因素，如佛教（虽然两国主流部派不一）因素，举行"丝绸之路"的相关活动，如"舞动丝路·陇上风华—云展播""秦时明月汉时关"丝绸之路图片展；同时还借助老挝部分传统乐器同中国传统乐器的近似性，举办"丝路弦音"民族乐器与文明互鉴活动、"文化丝路·弦动澜沧"中国民乐和电声音乐，以此推动中老两国的文化交流与文明交流互鉴。

　　2022 年 11 月，"中国传统制茶技艺及其相关习俗"成功列入联合国教科文组织人类非物质文化遗产代表作名录，中国是世界上最早发现和利用茶叶的国家，中国茶再次借此名扬天下，因而让老挝人民了解中国的"茶文化"，对于增进中老两国的文化共识、从而进一步推动中老文化社会共同体的建设大有裨益。

　　因此，老挝中国文化中心自 2023 年 2 月以来利用数字平台推送、传播了一系列与"茶"有关的短视频节目，如："万里茶道""福建茶文化（龙凤团饼、正山小种、白茶、安溪铁观音、福州茉莉花茶、天山绿茶、武夷岩茶、丰富多元的乌龙茶、茶汤·古今一盏茶、茶器·杯中乾坤、一片茶叶·两岸情缘）"贵州省茶产业介绍"一系列与茶文化相关的内容；并于 2023 年 5 月举办了 5 场"茶和天下·雅集"活动，隆重推出了"中国传统制茶技艺及其相关习俗"非遗子项目之六堡茶制作技艺和瑶族油茶习俗的活态展示体验，并配以丰富多彩的系列文化和旅游活动，共吸引了四位老挝部级领导出席，当天出席活动的还有老挝新闻文化旅游部、老挝外交部、老挝各相关文化教育机构、驻老中资企业、华人华侨、联合国儿童基金会老挝办事处、澳大利亚驻老挝使馆文化处的代表和社会各界人士等 100 余人，为传播中国文化、宣传广西民俗做出了示范。

此外，老挝中国文化中心还在举办民俗节庆活动的同时，为传承巩固中老革命友谊，值 2023 年新春佳节即将到来之际，老挝中国文化中心特意策划并联系到"六七"学校校友会筹备委员会主席宋沙妮，举办了"六七学校"专场活动，作为"欢乐春节"系列活动第二场。老挝妇联主席因拉万·乔本潘，老挝总理府办公厅部长坎平·赛宋平等两位现任中央委员和 50 名曾经留学"六七"学校的校友们来到中心，前来参加 2023 年"欢乐春节"暨"江山如画"中国古代山水画体验展专场活动，在感受中国文化的魅力的同时，为中老传统友谊佳话再添浓墨重彩。随后，春节传统民俗中的写福字、包饺子等活动也轮番得以展现。老挝中国文化中心还特别策划推出的"中国红歌联欢会"，"六七"学校的校友们一起高唱《东方红》《北京的金山上》，在歌声中回忆起在中国的年少岁月，回味中老友谊的段段传奇，在革命年代结下的中老珍贵友谊越发历久弥香。

老挝中国文化中心在 2023 年增大了与年轻群体的互动，以及加强了传统民俗、传统文化与青年流行文化的互动关系，如：推出中国兔年的"欢乐春节兔"表情包，举行春节"斗图"趣味小活动、推广"小林兔年漫画"；周末影院推出《熊出没之雪岭雄风》《哪吒之魔童降世》《白蛇：缘起》等中国国产动漫，在宣扬中国软实力的同时，也借此拉进同老挝青年之间的流行文化互动，创造新的数字民俗体验。

四、结语

数字民俗作为新时代的技术发展与普及的产物，在"新冠疫情"全球传播的时期与"后新冠疫情"时期，其作为一种新型的民俗载体，已在全球化的多元文化交流与文明交流互鉴中，成了日益重要的民俗载体。

本文以老挝中国文化中心在"新冠疫情"全球传播的时期与"后新冠疫情"时期，借助数字平台所进行的中国文化与民俗的国际传播作为个案分析，在参照中老源远流长的文化交往的大背景下，展现了其作为数字民俗在东南亚传播的示范性，具体如下：

（一）体现中国自身的文化与民俗特质，在利用数字平台推广的同时，以线上、线下相结合的方式，促成新民俗方式的形成；

（二）从历史文化角度出发，结合中老历史文化互动所留下的历史文化遗产，如佛教文化、乐器偏好等，增进中老人民在文化、文明交流互鉴方面的共识；

（三）借助老挝本土机构，如果"六七"学校校友会，打造符合共同历史记忆人群的专项活动，在把握当下潮流脉搏的同时，回忆友谊的过往，强化中老人民共同的文化记忆并为之传承、传递；

（四）汲取年度问卷调查的结果，不断随之调整相应的文化传播、民俗举办形式策略，与时俱进，永葆活力与本土适应性。

博士生论坛

数字经济对中国居民文化消费的影响[*]

郝龙华^{**}

【摘要】数字经济已经渗透到经济、文化、社会、生态等多个领域，成为提高居民消费水平的引擎。基于 2014—2020 年中国省级面板数据，运用面板回归模型和中介效应模型实证检验了数字经济对居民文化消费的影响，并从居民可支配收入的角度分析数字经济对文化消费影响的中介效应。研究表明：数字经济与居民文化消费支出存在显著正向关系，在考虑人口规模、经济增长等影响文化消费因素的基础上，这一结论仍然成立；异质性分析发现数字经济对东部地区居民的文化消费支出影响最大；居民可支配收入在数字经济对文化消费的影响中存在遮掩效应。研究结论对推动数字经济发展、扩大居民收入进而促进居民文化消费水平提升具有一定的指导意义。

【关键词】数字经济　文化消费　可支配收入　数字普惠金融

一、引言

数字经济是以数字资源作为关键要素，以现代信息网络作为重要载

---

  * 本文系国家社会科学基金项目"城乡融合发展的统计监测与优化路径研究"（项目编号：22BTJ067）的阶段性成果。

** 郝龙华，北京航空航天大学人文社会科学学院（公共管理学院）博士研究生。

体，以新型信息通信技术的有效使用为推动力的一种新型经济形态。国务院新闻办公室发布的《携手构建网络空间命运共同体》白皮书指出，截至2021年，中国数字经济规模达到 45.5 万亿元，占国内生产总值比重为39.8%，数字经济已成为推动经济增长的主要引擎之一。2023 年《政府工作报告》对数字经济作出部署，提出"要大力发展数字经济，提升常态化监管水平，支持平台经济发展"。数字经济所具备的便捷性、通用性等特征在经济发展、产业转型等方面具有积极优势，不仅为提高中国城市治理现代化水平提供了新的视角，也在不断推动供需结构升级。

作为"三驾马车"之一，消费已经成为扩大内需的动力来源。然而近年我国经济下行压力较大，居民消费增长乏力。为恢复和扩大消费，提振消费信心，促进文化产业高质量发展，文化和旅游部及诸多地方都制定了文化领域促进消费的政策措施，如文旅部组织开展文化和旅游消费促进活动，制定实施消费补贴、积分奖励兑换等惠民措施以鼓励居民消费；北京发布《北京文化消费促进行动管理办法》，激发市场主体提供文化惠民服务的积极性；山东出台《大力提振文化和旅游消费的政策措施》，从景区品质提升、乡村旅游产品供给、品牌打造等方面发力；内蒙古发布《内蒙古自治区 2023 年坚持稳中快进稳中优进推动产业高质量发展政策清单》，从支持优质品牌创建、引导和鼓励企业打造新产品、积极培育文旅项目等方面提出具体措施。在数字经济时代，数字技术的广泛应用突破了传统文化产业的时空限制，带来了文化产业的转型升级，文化消费日益成为拉动消费升级的主力军[①]，改变了人们的消费理念、消费环境、消费内容，文化消费从传统的实体消费发展为线上线下融合的消费方式。在此背景下，回答数字经济对文化消费的影响效应以及内在机制对于推动我国文化消费发展，促进居民消费升级和建设社会主义文化强国具有重要意义。

二、文献回顾

经济因素是提升消费能力的根本。随着数字化时代的来临，数字经济

---

① 雷新. 文化消费将成为下一轮消费升级主力军［N］. 人民政协报，2006 - 01 - 12（A01）.

对收入产生了深刻影响，从而进一步作用于民众的消费水平。本文致力于研究数字经济对居民文化消费水平的影响，并从居民可支配收入的角度探讨其内在机制，相关文献从以下几方面展开综述。

首先是关于数字经济的相关文献。数字经济内涵、外延及其边界的界定是一个动态演变的过程，随着互联网的全球化发展，一些新的商业模式如平台经济、共享经济和零工经济等开始显现，数字经济覆盖的范围越来越广，包括与第一、二、三产业相关的数字技术，如精准农业、工业4.0、现代服务业等。国内外学者对数字经济的测度进行了大量研究，如美国经济分析局、欧盟从数字基础设施、数字媒体等角度出发编制数字经济指数来评价一个国家的数字化发展程度。在国内，中国信息通信研究院和赛迪研究院编制数字经济指数，对数字经济规模进行测算；许宪春和张美慧借鉴美国经济分析局的测算方法，对数字经济增加值和总产出等指标进行测算①；还有一些学者提出了数字经济卫星账户体系框架的构想②③。国家统计局于2021年公布了《数字经济及其核心产业统计分类（2021）》，为我国数字经济的统计核算提供了参考。此外，一系列文献评估了数字经济的收入效应。张勋等认为数字经济可以提升居民的创业概率，进而产生收入增长效应④。杨伟明等运用省际面板数据实证分析发现数字普惠金融的发展可以有效促进居民人均可支配收入增加⑤。

其次是关于文化消费的相关研究。部分文献从定性视角出发，讨论了新时代文化消费的价值、维度与路径⑥、文化消费支出的新结构⑦、文化

① 许宪春，张美慧. 中国数字经济规模测算研究——基于国际比较的视角 [J]. 中国工业经济，2020（05）：23-41.

② Nadim Ahmad, Ribarsky Jennifer. Towards a framework for measuring the digital economy [A] // 2018：19-21.

③ 向书坚，吴文君. 中国数字经济卫星账户框架设计研究 [J]. 统计研究，2019，36（10）：3-16.

④ 张勋，万广华，张佳佳，等. 数字经济、普惠金融与包容性增长 [J]. 经济研究，2019，54（08）：71-86.

⑤ 杨伟明，粟麟，王明伟. 数字普惠金融与城乡居民收入——基于经济增长与创业行为的中介效应分析 [J]. 上海财经大学学报，2020，22（04）：83-94.

⑥ 王亚南. 新时代高质量文化消费：价值、维度及路径 [J]. 思想政治教育研究，2022，38（03）：66-71.

⑦ 贾旭东. 高品质生活视域下的文化消费——基于居民消费支出的考察 [J]. 山东社会科学，2022（02）：76-83+92.

消费升级的内涵、困境与应对①以及网络文化消费主义的特征②等。也有部分文献较多地关注文化消费的影响因素，如吴承忠等（2022）基于面板数据利用空间杜宾模型，实证检验得出受教育水平、老年抚养比是影响农村居民文化消费水平的因素③。陈鑫（2022）利用 CFPS 数据，通过面板固定效应模型和 PSM 方法进行实证研究，结果显示社会保险参保对家庭文化消费支出水平有显著促进作用，但在不同收入组下影响不同④。巩艳红和宋子文（2022）运用 Tobit 模型实证检验发现，居民金融素养水平越高，文化消费支出越多⑤。杨飞和庄尚文（2022）构建面板数据，研究发现城市发展过程与文化消费能力呈"U 型"关系，城市发展到一定阈值，居民文化消费能力会随之提升⑥。针对文化消费的影响效应学界也作出了探索，如鲁婧颉（2021）发现文化消费可以提升经济增长质量，机制检验表明文化消费会作用于增长效率、稳定性和可持续性三个方面进而提升经济增长的质量⑦。张姣君（2021）利用 CGSS 数据实证研究发现文化消费是提升居民幸福感的重要途径⑧。

现有文献对数字经济的研究已经非常丰富，且聚焦维度仍在持续探索。数字经济对居民消费的影响也有学者作出了分析，但较少关注消费的具体分类如文化消费。据此，本文构建数字经济指标体系，运用 2014—2020 年省级面板数据深入剖析数字经济对居民文化消费的影响及其内在影响机制。

---

① 向玉珍，王岩. 新发展阶段的文化消费升级：内涵、困境与应对 [J]. 福建论坛（人文社会科学版），2022（06）：47－53.

② 杨章文. 网络文化消费主义：现实表征、本质透视及诊治理路 [J]. 思想教育研究，2022（01）：91－97.

③ 吴承忠，王粉粉，张宝秀. 中国文化消费的城乡差异及影响因素分析——基于空间面板计量模型 [J]. 城市发展研究，2022，29（10）：27－33.

④ 陈鑫. 社会保险参保对居民文化消费水平的影响研究 [J]. 文化产业研究，2022（02）：132－145.

⑤ 巩艳红，宋子文. 金融素养对家庭文化消费的影响研究——基于 CFPS 数据的实证分析 [J]. 现代金融，2022（08）：21－31＋20.

⑥ 杨飞，庄尚文. 城市发展对城镇居民文化消费能力的提振效应分析 [J]. 商业经济研究，2022（12）：60－63.

⑦ 鲁婧颉，隋洪光，周瑾. 文化消费与经济增长质量提升 [J]. 南开经济研究，2021（05）：158－175.

⑧ 张姣君. 文化消费对我国居民幸福感的影响研究 [D]. 湘潭：湘潭大学，2021.

三、理论机理

人类历史上每一次技术革命，都在经济、政治、文化等方面产生深刻影响。当前，全球数字经济正在高速发展，带来新的一轮技术革命。数字化变革催生了新的发展动能，数字经济对经济发展具有很大的推动作用，并逐渐向产业链的各个环节渗透，人们对数字经济的依赖程度不断提高。数字经济已经渗透到社会再生产的各个环节，如在消费环节，在线消费、移动支付等消费方式和支付手段发展异常迅速，数字经济在很大程度上改变了居民的消费心理及消费行为。与传统消费方式相比，数字经济下的网络消费自由性、个性化、多元化更加凸显，居民无论身处何地，均能享受到在线消费的多样性。那么在数字技术快速发展的背景下，数字经济对居民文化消费会产生怎样的影响呢？

（一）数字经济对居民文化消费的直接作用机理

传统经济学理论指出，在交易成本接近于零、信息对称等严格条件下才能得到最佳的资源配置结果，数字经济可以使现实中的资源最大限度地接近最优配置状态，通过大数据应用拓展经济计划配置资源的边界，更好地帮助政府作出宏观规划，促进政府与市场的融合。在数字经济情境下，数据作为一种生产要素介入产业体系，拓展了城市和区域经济学中的空间生产、流通理论，为打通城乡产业端、消费端和流通端奠定技术基础。在供给侧，数字技术被应用于产业发展，促进了生产方式的变革与生产效率的提升。在需求侧，高效便捷的移动支付弱化了货币概念，促使居民更多消费。同时消费选择趋于多样化，消费升级成为可能。

文化消费作为发展型消费的重要组成部分，是消费升级的重要体现①。数字经济具有外溢性的特点，突破了传统文化产业发展的时空限制。数字技术的应用改变了居民的文化消费模式，改善了文化消费环境，降低了文

---

① 雷新. 文化消费将成为下一轮消费升级主力军 [N]. 人民政协报, 2006 – 01 – 12（A01）.

化消费门槛，从而激发了居民的文化消费潜能，带来居民消费提质扩容①。据此，本文提出如下研究假设：

H1：数字经济发展对居民文化消费产生正向影响。

（二）数字经济对居民文化消费的间接作用机理

数字经济具有渗透性、外溢性、低成本性的特征，数字经济和实体经济的结合使新业态不断涌现，产生就业创造效应②，通过拓展就业渠道与延伸就业广度来促进居民就业，进而增加个体收入③。数字经济可以通过提升农村居民的创业概率，农村居民可以从数字经济的发展中受益更多，因而数字经济可以促进中国经济的包容性增长④。数字经济发展可以提高中等收入群体的比例，促进低收入群体实现阶层跃升⑤。

持久收入假说表明收入是影响消费者购买行为的主要因素，收入变化直接决定了消费的变化⑥，持续的收入增长自然会引发消费结构升级。改革开放以来，居民收入不断增长，消费升级稳步推进。在收入增长的初期，消费升级较快；但当收入达到一定水平时，收入分配差距可能会消费的进一步升级。根据以上分析，我们预期数字经济会通过居民收入作用于文化消费支出。因此，本文提出如下研究假设：

---

① 师晓娟，刘泽，黄容. 数字经济对城乡文化消费差距的影响研究——基于空间效应视角 [J]. 经济问题，2023（05）：41 – 49.
② 臧微，康娜. 数字经济对城镇居民收入结构的影响 [J]. 城市发展研究，2023，30（03）：12 – 17.
③ 许成安，刘一涵. 数字经济助力农村低收入群体共同富裕——理论机制与微观证据 [J]. 江汉论坛，2023（03）：35 – 42.
④ 张勋，万广华，张佳佳，等. 数字经济、普惠金融与包容性增长 [J]. 经济研究，2019，54（08）：71 – 86.
⑤ 田艳平，向雪风. 数字经济发展、阶层向上流动与中等收入群体扩容 [J]. 南方经济，2023（04）：44 – 62.
⑥ 乔榛，徐宏鑫. 居民收入增长、分配结构与消费升级：基于中国经验的分析 [J]. 社会科学战线，2023（01）：62 – 72.

H2：居民收入在数字经济影响文化消费的过程中起中介作用。

四、研究设计

（一）数据来源

本文使用我国 2014—2020 年的省级短面板数据，包含 31 个省（市/自治区）。面板数据既有时间维度，又有横截面维度，且样本量通常较大，可以在很大程度上提高估计的精度，并解决单一的时间序列数据或横截面数据难以解决的问题。本文使用的数据除数字经济变量外（数字经济指数中数字普惠金融发展指标来源于北京大学公开发布的数字普惠金融指数，其他指标数据均来源于中国统计年鉴），其他核心变量及控制变量的数据来源主要来源于中国统计年鉴。

（二）变量说明

被解释变量：居民文化消费水平。参考师晓娟等[①]的做法，用居民人均消费支出中的教育文化娱乐支出来表征居民文化消费水平，教育文化娱乐支出越多，代表居民文化消费水平越高。

解释变量：数字经济。借鉴赵涛等[②]的做法，从互联网发展和数字普惠金融两个维度来测算数字经济发展水平。其中，互联网发展下设互联网普及率、互联网相关产业从业人员数、互联网相关产出和移动电话普及率等指标。数字普惠金融指标采用北京大学公开发布的数字普惠金融指数，这套指数已经在学界颇具影响力，数字普惠金融总指数的编制运用了层次分析法，包含 3 个维度共计 33 个具体指标，指数具有横向和纵向上的可

---

① 师晓娟，刘泽，黄容．数字经济对城乡文化消费差距的影响研究——基于空间效应视角 [J]．经济问题，2023（05）：41-49.

② 赵涛，张智，梁上坤．数字经济、创业活跃度与高质量发展——来自中国城市的经验证据 [J]．管理世界，2020，36（10）：65-76.

比性，能够较为全面地刻画数字普惠金融的发展水平。指标确定后对数字经济各指标进行赋权，测算结果反映了我国31个省份数字经济的发展趋势。在构建好数字经济的指标体系后，借鉴刘军等（2020）①的思想对数字经济指标进行赋权和测算。

表1　数字经济发展的评价指标体系

目标层	一级指标	二级指标	具体含义	指标权重
数字经济	互联网发展	互联网普及率	每百人中移动互联网用户数	0.125
		互联网相关从业人员数	每百位城镇单位从业人员中计算机服务和软件从业人员数	0.125
		互联网相关产出	每百人电信业务总量	0.125
		移动电话普及率	每百人移动电话用户数	0.125
	数字普惠金融发展	数字普惠金融指数	包含覆盖广度、使用深度以及数字化程度三个维度	0.5

其他变量：选择居民可支配收入作为中介变量，识别数字经济的收入增长效应。控制变量的选取考虑到可能产生的多重共线性的影响，选择人均GDP、人口规模、地区一般公共预算支出中的文化旅游体育与传媒支出。同时，在稳健性检验中引入的微观数据CFPS中，控制年龄、性别、婚姻状况、受教育程度、城乡等变量。

核心变量及控制变量的含义及描述性统计结果见表2。

---

① 刘军，杨渊鋆，张三峰．中国数字经济测度与驱动因素研究［J］．上海经济研究，2020
（06）：81－96．

表 2　变量定义及描述性统计结果

变量	变量定义	观测值	均值	标准差	最小值	最大值
cul	文化消费水平的对数	217	7.560	0.422	5.587	8.611
dei	数字经济指数	217	2.497	0.810	1.180	4.960
pgdp	人均 GDP	217	5.878	2.784	2.490	16.490
pop	年末常住人口的对数	217	8.137	0.841	5.784	9.443
expend	文化旅游体育与传媒财政支出的对数	217	4.465	0.589	2.774	6.034
income	可支配收入的对数	217	10.100	0.364	9.281	11.188
gender	性别	20963	0.497	0.500	0	1
age	年龄	20963	46.050	16.634	16	95
mar	婚姻状况	20963	0.768	0.422	0	1
edu	受教育程度	20963	3.740	2.078	0	10
urban	城乡	20963	0.517	0.500	0	1

（三）计量模型设定

为了评估数字经济的消费效应，首先选用普通最小二乘法作混合回归，即把所有数据放在一起，像对待横截面数据一样进行 OLS 回归，具体模型设定如下，其中 cul 表示居民文化消费支出，dei 表示由表 1 指标所计算出的数字经济发展指数。

$$cul = \beta_0 + \beta_1 dei + \beta_2 X + \varepsilon \tag{1}$$

但是式（1）回归忽略了不同省份之间不可观测的异质性，同一个体在不同时期的扰动项之间往往存在自相关，因此在解释数字经济对消费支出的影响时存在一定偏差，故采用面板回归模型进行检验，模型设定如下：

$$cul_{it} = \beta_0 + \beta_1 dei_{it} + \lambda X_{it} + \mu_i + \lambda_t + \varepsilon_{it} \tag{2}$$

式（2）中，μ_i 表示个体固定效应，λt 表示时间固定效应，dei_{it} 表示在 t 时期 i 地区的数字经济指数，cul_{it} 表示在 t 时期 i 地区的文化消费水平。

为进一步探讨数字经济对文化消费影响的作用机制，本文借鉴温忠麟和叶宝娟的中介效应检验方法检验居民可支配收入的中介效应。具体模型设定如下：

$$cul_{it} = \beta_0 + \beta_1 dei_{it} + \beta_2 X_{it} + \mu_i + \lambda_t + \varepsilon_{it} \tag{3}$$

$$income_{it} = \theta_0 + \theta_1 dei_{it} + \theta_2 X_{it} + \mu_i + \lambda_t + \varepsilon_{it} \tag{4}$$

$$cul_{it} = \partial_0 + \partial_1 dei_{it} + \partial_2 income_{it} + \partial_3 X_{it} + \mu_i + \lambda_t + \varepsilon_{it} \tag{5}$$

式（3）中 β_1 为总效应，是关于核心自变量数字经济指数对居民文化消费支出影响的考察。式（4）中的估计系数 θ_1 衡量的是数字经济指数对于中介变量即居民可支配收入的影响，式（5）称为直接效应模型，∂_1 与 ∂_2 为数字经济和居民可支配收入影响文化消费支出的直接效应。中介效应检验的具体过程为：首先，检验主体模型中 β_1 的显著性，如果显著，按中介效应立论，否则按遮掩效应解释。其次，依次检验 θ_1 与 ∂_2，如果都显著，则间接效应显著，如果至少一个不显著，则使用 Bootstrap 法检验 $\theta_1 \partial_2$，如果显著，则间接效应显著，继续下一步，如果不显著则停止检验。最后，检验系数 ∂_1，如果不显著，则直接效应不显著，只有中介效应，如果显著，则直接效应显著，可能存在其他中介，当 $\theta_1 \partial_2$ 和 ∂_1 同号时，为部分中介效应，异号为遮掩效应。

五、实证结果分析

（一）数字经济对居民文化消费支出的实证分析

首先运用最小二乘法进行混合回归，估计结果如表3第（1）列和第（2）列所示。可以看出数字经济对居民文化消费支出有显著的正向影响。在加入人均 GDP、人口规模、财政支出等控制变量后这一影响仍然在0.01的水平上正向显著。为了弥补面板数据中混合回归的缺陷，本文进一步采用面板回归模型进行评估，且豪斯曼检验结果显示，P 值小于0.01，表明固定效应比随机效应更好，因此采用面板固定效应模型。第（3）列和第（4）列结果显示，不论是否加入控制变量，数字经济对居民文化消费支出的影响在 0.01 的水平上显著。研究假设 1 得到验证。

表3　混合回归和面板回归估计结果

变量	（1）	（2）	（3）	（4）
dei	0.288***	0.127***	0.191***	0.172***
	（0.030）	（0.320）	（0.018）	（0.047）
pgdp		0.099		0.002
		（0.011）		（0.033）
pop		0.235***		1.916**
		（0.039）		（0.780）
expend		−0.238***		−0.027
		（0.067）		（0.112）
cons		5.812		−8.352
		（0.195）		（6.216）
N	217	217	217	217

（二）居民可支配收入的中介效应实证分析

表4展示了居民可支配收入作为中介变量的回归结果，从第2列和第3列可以看出，数字经济对文化消费支出和可支配收入的影响显著为正，但在第4列加入可支配收入这一中介变量后，数字经济对文化消费支出的影响为负，说明间接效应遮掩了直接效应，使得总效应为正。可支配收入这一中介变量极大地掩饰了数字经济对文化消费支出的影响，控制中介变量后会显著扩大数字经济对文化消费支出的影响。

表4　中介效应回归结果

变量	cul	income	cul
dei	0.172***	0.209***	−0.457***
	（0.047）	（0.009）	（0.079）
income			3.002***
			（0.328）
pgdp	0.002	−0.004	0.014
	（0.033）	（0.006）	（0.028）

（续表）

变量	cul	income	cul
pop	1. 916 **	0. 459 ***	0. 537
	(0. 780)	(0. 146)	(0. 664)
expend	− 0. 027	0. 047 **	− 0. 169 *
	(0. 112)	(0. 021)	(0. 094)
cons	− 8. 352	5. 649	− 25. 308
	(6. 216)	(1. 165)	(5. 474)
N	217	217	217

（三）异质性分析

将总样本按照区域划分为中部、中部和西部进行异质性分析，考察数字经济对居民文化消费影响的区域差异。由表5可知，不同区域数字经济对居民文化消费的影响均显著，且由系数大小可知，这一影响效应对东部地区的居民影响更大，中部次之，最后是西部。

表5　区域异质性回归结果

变量	东部	中部	西部
dei	0. 174 ***	0. 169 ***	0. 135 ***
	(0. 015)	(0. 025)	(0. 018)
pgdp	0. 006	0. 052 **	0. 058 ***
	(0. 008)	(0. 021)	(0. 018)
pop	0. 340	0. 018	1. 075 ***
	(0. 339)	(0. 245)	(0. 247)
expend	0. 050	0. 007	0. 122 ***
	(0. 032)	(0. 033)	(0. 037)
cons	6. 811	9. 163	0. 478
	(2. 744)	(2. 041)	(1. 893)
N	217	217	217

（四） 稳健性检验

1. 宏观微观数据匹配

将 2020 年的省份数据和 CFPS2020 年的数据相匹配，去除微观数据的缺失值后，共有 20963 个样本，实证结果如表 6 的 （1） 列所示。可以看出，数字经济对居民文化消费的影响仍显著为正，估计结果稳健。

2. 改变解释变量的测度方法

用表 1 中数字经济指数中的二级指标数字普惠金融发展指数作为数字经济指数的代理变量，结果如第 （2） 列所示，前文的实证结果依然稳健。

3. 更换控制变量的测度方法

将控制变量常住人口数用人口密度替代，人口密度通常指单位土地上的人口数量，可以反映出人口的静态分布特征。第 （3） 列结果表明，虽然系数大小发生变化，但系数符号与前文一致，数字经济对居民文化消费的影响仍然显著，估计结果基本稳健。

表 6 稳健性检验

变量	（1）	（2）	（3）
dei	0.068 ***	0.291 ***	0.209 ***
	(0.005)	(0.038)	(0.009)
控制变量	是	是	是
cons	6.914	7.191	9.396
	(0.020)	(5.585)	(0.156)
N	20963	217	217

六、结论与启示

本文利用 2014—2020 年的省级面板数据，运用面板回归模型和中介效应模型实证检验了数字经济对居民文化消费的影响及其作用机制。研究发现数字经济对居民文化消费有显著的正向影响，在控制人口规模、经济增长等影响文化消费因素的基础上，这一结论仍然成立；异质性分析发现数字经济对东部地区居民的文化消费支出影响最大，中部次之，西部地区影响较小；运用中介效应模型探讨数字经济对居民文化消费影响的作用机制，结果显示居民可支配收入在数字经济对文化消费的影响中存在遮掩效应；在将微观数据 CFPS 和 2020 年的宏观数据相匹配、更换解释变量和控制变量的测度方法后，研究结论依然稳健。

基于研究结论，本文提出如下政策建议：第一，抓住数字经济发展机遇，充分发挥数字经济的消费驱动效应。近年来，政府大力完善、建设数字基础设施，提升数字基础设施对经济发展的支撑能力，网络强国、数字中国等战略的实施，使我国的数据红利不断显现，为中国经济的高质量发展及区域协调发展提供了"硬件技术支撑"。在"十四五"时期，要紧紧把握产业数字化和数字产业化的发展机遇，充分发挥数字经济的渗透性、外溢性等特征，加大宽带网络基础性投入，促进地区经济发展。第二，各地区应当提高对数字经济的敏锐性，立足本地区优势，有力促进本地数字经济的发展，提高地区核心竞争力。在制定数字经济战略时，打破信息孤岛，实施动态、差异化的数字经济战略，正确引导和利用数字经济对居民文化消费的积极作用，充分发挥数字经济对文化产业的带动作用，探索区域之间的合作共赢，并将有限的政策资源向经济落后地区倾斜，缩小区域"数字鸿沟"。第三，多措并举提高居民可支配收入，着力提高居民生活水平。数字技术的运用，大大突破了要素、产业、信息传输等地理空间的限制，要充分发挥数字经济的"收入增长"效应，提高居民整体福利水平，激发民众消费需求，驱动居民消费升级。

文化资本对生活满意度的
影响及政策启示

——基于 CGSS2017 数据的实证研究

黄子琪*

【摘要】在数字化快速发展、建设和谐社会的背景下，提升居民生活满意度日益成为政府、社会和学界关注的焦点。基于 2017 年中国综合社会调查数据，利用 Ordinal Logit 嵌套模型和 RMediation 检验了文化资本对居民生活满意度的影响效应及其作用机制。研究结果表明，制度化文化资本和具体化文化资本都显著正向促进了居民的生活满意度，数字融入是文化资本作用机制的中介变量。因此，可从提升公共文化服务供给水平、重视教育发展、提升互联网普及率以及居民数字文化素养方面入手，切实增强居民文化资本，增进居民生活福祉。

【关键词】文化资本　制度文化资本　具体文化资本　生活满意度

一、引言

党的十八大以来，以习近平同志为核心的党中央高度重视加强社会建设，坚持以人民为中心的发展思想，围绕使人民获得感、幸福感、安全感提出一系列新理念新部署新要求。党的二十大报告指出，必须坚持在发展中保障和改善民生，鼓励共同奋斗创造美好生活，不断实现人民对美好生

---

* 黄子琪，北京航空航天大学人文社会科学学院（公共管理学院）博士研究生。

活的向往。生活满意度是居民对于生活质量和幸福感受的主观体现，因此，提升生活满意度是社会建设的最终指向。

生活满意度是人们对自身生活福利和生活质量的主观测量，也是广义的"幸福感"概念中强调对生活评估的部分①。已有研究从个人特质②、人口流动③、社会关系④⑤等角度探讨了居民的生活满意度影响因素，也有研究关注个人的经济资本和社会资本对居民生活满意度的影响⑥，却缺少了对与之同等重要的文化资本的关注。那么，文化资本是否也会影响居民的生活满意度？如果能，又是通过何种作用机制实现？本文使用2017年中国综合社会调查数据分析文化资本对居民生活满意度的效应；同时，从数字融入的视角探究其作用机制，以期为从文化资本视角提升居民生活满意度提供参考。

二、文献综述与研究假设

文化资本是法国著名社会学家布迪厄在其总体性实践经济学中提出的重要概念，他将经济学概念运用于社会学领域，把资本划分为经济资本、社会资本和文化资本三种形式，文化资本泛指任何与文化及文化活动有关的有形及无形资产⑦。

文化资本以三种形式存在，即具体化文化资本、客体化文化资本以及制度化文化资本。其中，具体化文化资本以个人精神和身体的持久性情为

① 朱迪. 市场竞争、集体消费与环境质量——城镇居民生活满意度及其影响因素分析 [J]. 社会学研究, 2016, 31 (3): 193 – 217 + 246.
② 陈世平, 乐国安. 城市居民生活满意度及其影响因素研究 [J]. 心理科学, 2001 (6): 664 – 666 + 765.
③ 张诚, 翁希演, 唐成. 户籍转换提升了居民满意度吗 [J]. 财经科学, 2023 (3): 125 – 139.
④ 吐尔干江麦尔哈巴, 王洁茹, 孔凡磊. 随迁老人社会融合与生活满意度的关系研究——孤独感的中介效应 [J]. 现代预防医学, 2023, 50 (7): 1251 – 1255.
⑤ 管智超, 宋志峰. 进城农民市民化对生活满意度的影响研究——基于户籍身份与心理认同比较分析 [J]. 价格理论与实践, 2023 (1): 56 – 60.
⑥ 卢志强, 曹广忠, 李贵才. 农户生计资本特征及对生活满意度的影响——基于中国13省25县抽样调查数据的分析 [J]. 北京大学学报 (自然科学版), 2021, 57 (3): 556 – 564.
⑦ 朱伟珏. "资本"的一种非经济学解读——布迪厄"文化资本"概念 [J]. 社会科学, 2005 (6): 117 – 123.

特征，必须通过个人的自身投入以获得；客体化文化资本是在物质和媒体中被客观化的文化资本，诸如文学、绘画、纪念碑、工具等，这些文化商品既表现出了物质性，又具有象征性；制度化文化资本表现为学术资格这一形式，这是从体制上予以承认的文化资本[①]。从宏观上看，广义文化资本的不平等分配与经济资本的不均衡一起形塑了当今社会的贫富差距[②]；从微观上看，文化资本水平的差异导致了个体差别化的身心特质，也有可能影响个体在学习、工作、人际关系等各个领域的表现，进而影响其生活满意度的判断。

　　大量研究关注了经济增长和物质需求满足对居民生活满意度的作用。需要说明的是，许多学者将生活满意度与主观幸福感互相替换使用[③]，本文沿袭了这种做法。伊斯特林悖论认为，个人收入的增长能够显著地提升幸福感，而国家经济的增长不必然会提高国民的主观幸福感[④]。这一理论的提出引发了国内学者的研究热潮。循着这一脉络，有学者指出，我国已进入经济增长对国民主观满意度提升作用减弱的阶段，改善民生对幸福感提升作用更强[⑤]。在后物质主义理论看来，随着社会发展，公众的价值观也由原本注重经济安全和人身安全的物质主义价值观转向注重主观生活质量的后物质主义价值观。后物质主义理论认为，个人价值观优先排序反映的是所处的经济社会环境状况。在发达工业社会，在满足了生理和安全需求之后，人们关注的是自我表现和自我实现的需求[⑥]。尽管英格尔哈特聚焦于政治民主，但这一转向也出现在工作、生活、宗教等方面。据此理

①　Bourdieu, Pierre. 1986. "The Forms of Capital." pp. 241–258 in Handbook of Theory and Research for the Sociology of Education, edited by J. G. Richardson. New York: Greenwood Press.

②　朱伟珏. "资本"的一种非经济学解读——布迪厄"文化资本"概念［J］. 社会科学, 2005 (6): 117–123.

③　程名望, 华汉阳. 购买社会保险能提高农民工主观幸福感吗？——基于上海市 2942 个农民工生活满意度的实证分析［J］. 中国农村经济, 2020 (2): 46–61.

④　Easterlin, R. A. Does Economic Growth Improve the Human Lot? Some Empirical Evidence. David. P. A. and Reder, M. W. Eds. Nations and Households in Economic Growth. New York: Academic Press. 1974.

⑤　周绍杰, 王洪川, 苏杨. 中国人如何能有更高水平的幸福感——基于中国民生指数调查［J］. 管理世界, 2015 (6): 8–21.

⑥　罗纳德·英格尔哈特. 静悄悄的革命：西方民众变动中的价值与政治方式［M］. 叶娟丽, 韩瑞波, 等, 译. 上海: 上海人民出版社, 2016.

论，在后物质主义价值观的影响之下，人们的生活满意度与参与各类社会活动和休闲活动更为相关。具体文化资本通过参与诸如参加音乐会、参观博物馆、观看电影等各类文化活动积累①，而当民众享受的文化体育活动更多时，其生活满意度也越高②。虽然客体化文化资本与具体化文化资本之间必然存在相关性，但并不能互相替代③——客体化文化资本则是具体化文化资本的客观显现，为了显现客体化文化资本，持有者需要亲自或由他人代理、根据其特别的目的来使用④。个体拥有越多的客体化文化资本，意味着其文化素养更为优越，更有能力在快速变化的社会中成功⑤。这种积极的个人特质会带来更多的积极情绪和自我效能感，拥有更高水平的生活满意度⑥。

基于此，本文提出以下假设：

H1a：居民拥有的具体化文化资本越高，其生活满意度就越高。
H1b：居民拥有的客观化文化资本越高，其生活满意度就越高。

制度化文化资本主要通过教育获得来体现。已有研究发现，受教育年数的增加有利于提升幸福感⑦。本文认为，制度文化资本对居民生活满意

---

① 王红波. 文化资本对农村居民健康的影响效应与作用机制——基于 CGSS（2017）的实证分析［J］. 宁夏社会科学，2021（3）：126 – 137.

② 李莹. 民生公共服务、居民获得感与生活满意度关系研究——基于天津市城乡居民调查数据的分析［J］. 价格理论与实践，2022（5）：182 – 185 + 208.

③ 金桥. 上海居民文化资本与政治参与——基于上海社会质量调查数据的分析［J］. 社会学研究，2012，27（4）：84 – 104 + 243.

④ Bourdieu, Pierre. 1986. "The Forms of Capital." Pp. 241 – 258 in Handbook of Theory and Research for the Sociology of Education, edited by J. G. Richardson［M］. New York：Greenwood Press.

⑤ WANG S, DAVIS D, BIAN Y. The Uneven Distribution of Cultural Capital：Book Reading in Urban China［J/OL］. Modern China, 2006, 32（3）：315 – 348.

⑥ MEYERS M C, VAN WOERKOM M. Effects of a Strengths Intervention on General and Work-Related Well-Being：The Mediating Role of Positive Affect［J］. Journal of Happiness Studies, 2017, 18（3）：671 – 689；AZIZLI N, ATKINSON B E, BAUGHMAN H M, etc. Relationships between general self-efficacy, planning for the future, and life satisfaction［J］. Personality and Individual Differences, 2015, 82：58 – 60.

⑦ 何立新，潘春阳. 破解中国的"Easterlin 悖论"：收入差距、机会不均与居民幸福感［J］. 管理世界，2011（8）：11 – 22 + 187.；胡荣，林兆琦. 物质增长为何难以提升生活质量？——基于CSS2017 数据的分析［J］. 中央民族大学学报（哲学社会科学版），2021，48（2）：16 – 25.

度的作用主要通过两种途径：一是收入回报，受教育程度更高的人群在经验上会拥有更高的收入①、更多的机遇与更好的社会地位②，与受教育程度低的人群相比，他们的物质更为富足、生活压力更低，对生活也就更为满意。二是信息获取优势，数字技术的发展全方位地冲击着生产和生活的各个方面，已有研究证明数字技术使用对不同群体生活满意度的正向作用③，对不同教育层次的居民，数字技术的快速发展也产生了不同的影响。受教育程度高的居民更有可能有效克服数字技术复杂性的约束④，在数字技术发展过程中也更能享受到数字金融红利⑤，从而提升生活满意度。基于此，本文提出以下假设：

H1c：居民拥有的制度化文化资本越高，其生活满意度就越高。

从上文的分析中可以发现，文化资本影响居民生活满意度的机制可能通过数字融入得以实现：其在于居民生活满意度中的作用如上所述；相对于传统媒介，人们在互联网使用中的鸿沟制度化文化资本更为显著，教育程度更高的人往往在使用互联网时更具主动性，其使用也偏向信息导向型⑥，本文认为，数字技术正在塑造新的生活模式，为获取相关信息以满足自身文化需求，具体化文化资本和客体化文化资本高的居民可能会更倾向于培育数字素养，提升生活满意度。因此，本文提出以下假设：

H2a：制度化文化资本对居民生活满意度的促进作用可通过数字

---

① 张国胜，吴晶. 数字赋能下高学历为什么带来了更高的工资溢价——基于 CFPS 数据的实证研究 [J]. 劳动经济研究，2021，9 (3)：27 – 46.

② 段景辉，陈建宝. 中国城乡居民生活满意度的统计调查分析 [J]. 统计与信息论坛，2009，24 (4)：79 – 84.

③ 王媛名，田红宇，覃朝晖. 促进还是抑制：数字技术对农村留守妇女心理健康的影响 [J]. 南方人口，2023，38 (1)：10 – 21；李汉雄，万广华，孙伟增. 信息技术、数字鸿沟与老年人生活满意度 [J]. 南开经济研究，2022 (10)：109 – 126.

④ 罗梦雨，罗来旺. 数字鸿沟对中学生在线教育的影响——基于南昌市某中学学生家长的调查 [J]. 教育学术月刊，2020 (3)：64 – 71.

⑤ 赵志君，颜翀. 数字金融高质量发展问题研究 [J]. 理论学刊，2023 (2)：115 – 122.

⑥ 韦路，张明新. 第三道数字鸿沟：互联网上的知识沟 [J]. 新闻与传播研究，2006 (4)：43 – 53 + 95.

融入得以实现。

H2b：具体化文化资本对居民生活满意度的促进作用可通过数字融入得以实现。

H2c：客体化文化资本对居民生活满意度的促进作用可通过数字融入得以实现。

三、数据来源与变量测量

（一）数据来源

中国综合社会调查（Chinese General Social Survey，CGSS）是由中国人民大学中国调查与数据中心负责执行的全国性、综合性、连续性学术调查项目，本文使用的是 2017 年的 CGSS 调查数据，其中包括 12582 份样本总量。在剔除无效样本（相关变量缺失值、极端异常值等）后，实际进入分析的样本量为 2358 份。

（二）变量测量

1. 被解释变量

生活满意度。本文选取了受访者报告的"您对自己生活的满意程度"评分作为度量指标，该评分取值为从 1 到 7 的整数：1 表示"完全不满意"，7 表示"完全满意"。

2. 解释变量

文化资本。目前对于文化资本的测量方式较为多元，从市场化角度出发，李娟伟等人使用历年居民文化消费之和与各地区文化固定资产投资、政府财政文化方面支出度量地区社会文化资本，使用市场化发展程度对国内各省区传统文化资本和市场文化资本进行区分，并用各省区文化资本存量与市场化指数的乘积表示市场文化资本存量，而将各省文化资本存量扣除市场文化资本之后剩余部分作为传统文化资本存量①。从个人角度出发，为探究文化资本对教育获得的影响，李佳丽等人使用自律/责任感、自尊、自控、努力和个人教育期望等五个指标来测量文化资本②。本文借鉴李建军③、金桥④文献成果的处理方式，将文化资本划分为客体化文化资本、具体化文化资本和制度化文化资本。其中，客体化文化资本采用自评对报纸、杂志、广播、电视、互联网（包括手机上网）、手机定制消息等6类媒体的使用情况（从未使用=0，很少、有时、经常、非常频繁=1），并将各题项赋值得分加总；具体化文化资本采用自评空闲时间从事"看电视或者看碟""出去看电影""读书/报纸/杂志""参加文化活动""在家听音乐""现场观看体育比赛""做手工（比如刺绣、木工)""上网"等8项活动的情况（从不=0，每天、一周数次、一月数次、一年数次或更少=1），并将各题项赋值得分加总；制度化文化资本采用被调查者的受教育程度来测量（小学及以下=1，初中=2，高中（中专、技校）=3，大专及以上=4）。

3. 中介变量

数字融入。参考姜山⑤等人的处理方式，将数字融入操作为数字接入和数字技能两个维度。其中，数字接入测量受访者是否能够通过设备接入网络，即题项"您家里能上网吗（通过电脑、手机等电子设备上网都算)"，并将"能"赋值为1，"不能"赋值为0。数字技能主要测量受访者是否具备数字技术的使用技能，采用自评使用电脑打开网页、使用智能手机下载安装APP、在网上查找信息难度、在网上表达自己的想法等4项数字技术使用熟练程度，将题项与受访者情况的符合程度从"非常不符合"到"非常符合"分别赋分1—5分，并对各个题项的结果进行加总，

① 李娟伟，任保平．中国经济增长新动力：是传统文化还是商业精神？——基于文化资本视角的理论与实证研究［J］．经济科学，2013（4）：5-15.

② 李佳丽，郑磊，聂倩．冲破樊篱：弥补性资源、底层文化资本与寒门子弟教育获得——基于中国家庭追踪调查（CFPS）的实证研究［J］．中国青年研究，2023（3）：100-107+118.

③ 李建军，段忠贤．农村人口文化资本对数字鸿沟的影响及政策启示——基于CGSS2017数据的实证研究［J］．云南师范大学学报（哲学社会科学版），2023，55（1）：94-103.

④ 金桥．上海居民文化资本与政治参与——基于上海社会质量调查数据的分析［J］．社会学研究，2012，27（4）：84-104+243.

⑤ 姜山，蒋潮鑫，任强．数字融入、社会资本与老年心理健康——基于中国老年社会追踪调查的实证研究［J］．治理研究，2022，38（5）：25-34+125.

得分越高代表数字技能越强。图1展示了本文的分析框架。

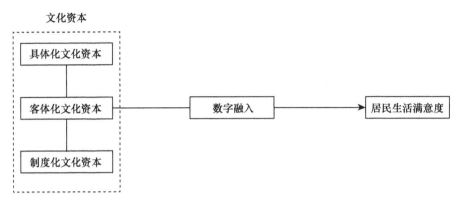

图1 分析框架

4. 控制变量

本研究的控制变量包括受访者的人口学特征以及社会经济特征等变量，涵盖年龄、性别（女=0，男=1）、婚姻状况（未婚、同居、分居未离婚、离婚、丧偶=0，初婚有配偶、再婚有配偶=1）、户籍（农业户口=0，非农业户口=1）、民族（少数民族=0，汉族=1）。

各变量具体测量结果的总体情况如表1所列。

表1 主要变量的描述性统计

变量	样本量	均值	标准差	最小值	最大值
生活满意度	2358	4.886	1.005	1	7
客体化文化资本	2358	3.947	1.521	0	6
具体化文化资本	2358	4.919	1.767	0	8
制度化文化资本	2358	2.793	1.021	1	4
数字接入	2358	0.961	0.194	0	1
数字技能	2358	15.600	4.544	4	20
年龄	2358	41.850	14.179	18	86
性别	2358	0.494	0.500	0	1
民族	2358	0.934	0.249	0	1
婚姻状况	2358	0.754	0.431	0	1
户籍	2358	0.482	0.500	0	1

四、分析与发现

(一) 基准回归结果

为了考察文化资本与居民生活满意度之间的关系，本文采用逐步回归法，将解释变量和控制变量逐一纳入回归分析。由于被解释变量为有序变量，本研究使用 Ologit（Ordered Logit）回归模型，同时，参考已有文献做法，使用 OLS 模型进行稳健性检验①。

在数据分析前，我们首先运用贝尔斯利与韦尔施（Belsley & Welsch）提供的方法（coldiag 2）检验了自变量之间是否存在多重共线性问题。运行 coldiag 2 命令得到的条件数为 20.49，小于 30，因此，可以认为不存在明显的多重共线性问题。具体分析结果如表 2 所列，在控制了其他变量的情况下，客体化文化资本、具体化文化资本与制度化文化资本均显著提高了居民的生活满意度 [模型 (1)、(3)、(5)]，然而，在将三种文化资本纳入模型后，客体化文化资本对居民生活满意度的影响效应出现了异化，但在 5% 的水平上不显著，表明客体化文化资本不是提升居民生活满意度的重要原因，假设 H1b 不成立。然而，具体化文化资本和制度化文化资本在 5% 的水平上显著正向影响居民生活满意度 [模型 (7)]，验证了假设 H1a 和 H1c。使用 OLS 模型的结果表明，尽管关键变量的系数存在少许波动，但是符号始终保持一致，且在 1% 的水平上显著，这进一步证明了研究结果的稳健性。

表 2　文化资本对居民生活满意度的影响

解释变量	(1) Ologit (发生比)	(2) OLS	(3) Ologit (发生比)	(4) OLS	(5) Ologit (发生比)	(6) OLS	(7) Ologit (发生比)	(8) OLS
客体化文化资本	1.092*** (0.030)	0.054*** (0.014)					0.984 (0.033)	0.003 (0.017)

---

① 易承志. 宗教信仰对集体行动参与的影响及其机制——基于 CGSS 2010 数据的实证分析 [J]. 复旦学报（社会科学版），2017, 59 (1)：171–184.

（续表）

解释变量	(1) Ologit（发生比）	(2) OLS	(3) Ologit（发生比）	(4) OLS	(5) Ologit（发生比）	(6) OLS	(7) Ologit（发生比）	(8) OLS
具体化文化资本		1. 149***（0. 029）	0. 075***（0. 012）				1. 106***（0. 034）	0. 053***（0. 015）
制度化文化资本				1. 367***（0. 064）	0. 148***（0. 023）	1. 295***（0. 064）	0. 113***（0. 025）
年龄	1. 004（0. 003）	0. 001（0. 002）	1. 008***（0. 003）	0. 004**（0. 002）	1. 011***（0. 003）	0. 005***（0. 002）	1. 013***（0. 003）	0. 005***（0. 002）
性别	0. 966（0. 079）	−0. 019（0. 041）	0. 993（0. 081）	−0. 003（0. 041）	0. 934（0. 076）	−0. 034（0. 041）	0. 955（0. 078）	−0. 022（0. 041）
民族	0. 951（0. 157）	0. 004（0. 083）	0. 940（0. 155）	−0. 002（0. 082）	0. 961（0. 158）	0. 011（0. 082）	0. 935（0. 155）	−0. 007（0. 082）
户籍	1. 169*（0. 101）	0. 089**（0. 044）	1. 077（0. 095）	0. 050（0. 044）	0. 947（0. 088）	−0. 006（0. 047）	0. 904（0. 085）	−0. 032（0. 048）
婚姻状况	1. 626***（0. 166）	0. 258***（0. 051）	1. 692***（0. 173）	0. 277***（0. 051）	1. 721***（0. 176）	0. 283***（0. 051）	1. 757***（0. 180）	0. 292***（0. 051）
_cons		4. 385***（0. 111）		4. 139***（0. 122）		4. 074***（0. 126）		3. 883***（0. 134）
/cut1	0. 011***（0. 004）		0. 018***（0. 007）		0. 023***（0. 009）		0. 032***（0. 013）	
/cut2	0. 058***（0. 014）		0. 094***（0. 026）		0. 119***（0. 033）		0. 166***（0. 049）	
/cut3	0. 310***（0. 069）		0. 507***（0. 125）		0. 644*（0. 163）		0. 898（0. 242）	
/cut4	0. 628**（0. 138）		1. 033（0. 252）		1. 314（0. 331）		1. 837**（0. 493）	
/cut5	10. 630***（2. 404）		17. 845***（4. 523）		23. 115***（6. 070）		32. 668***（9. 158）	
/cut6	57. 107***（13. 903）		96. 287***（25. 960）		125. 381***（34. 952）		177. 578***（52. 536）	

解释变量	(1) Ologit（发生比）	(2) OLS	(3) Ologit（发生比）	(4) OLS	(5) Ologit（发生比）	(6) OLS	(7) Ologit（发生比）	(8) OLS
N	2358	2358	2358	2358	2358	2358	2358	2358
R^2	0.008	0.024	0.012	0.032	0.014	0.034	0.017	0.041

注：***、**、*分别表示在1%、5%、10%的水平上显著。括号内的数值为稳健标准误。下同。

（二） 中介机制分析

上述实证结果反映了具体化文化资本和制度化文化资本对居民生活满意度存在正向的影响，但这二者是通过何种潜在的机制影响居民生活满意度仍有待讨论，本文进一步进行中介机制检验。由于因变量为分类变量，中介变量为二分变量和连续变量，本文参照方杰等人的方法[①]，使用Ologit 模型及 RMediation 软件包进行检验。

结果如表3 所列。本文首先分析了数字接入在文化资本与生活满意度中的中介作用，平均而言，具体文化资本对数字接入的回归系数为0.111，即具体文化资本会显著提升居民的数字接入水平。在同时纳入解释变量与中介变量后，生活满意度模型中的机制变量显著为正，被解释变量具体文化资本的系数下降，可以认为数字接入在具体文化资本和居民生活满意度中起到了部分中介的作用。经 RMediation 检验，$Z_a \cdot Z_b$ 的 95% 的置信区间是 [0.022, 0.121]，不包含 0，因此数字接入的中介效应显著。换而言之，具体文化资本会提高居民数字接入的程度，从而提升其生活满意度。同理，数字接入在制度文化资本和居民生活满意度之间也起到部分中介的作用，即制度文化资本会提高居民数字接入的程度，从而提升其生活满意度，假设 H2a、H2b 部分验证。

[①] 方杰，温忠麟，张敏强. 类别变量的中介效应分析 [J/OL]. 心理科学，2017，40（2）：471 – 477.

表3　数字接入的中介效应分析

变量	（1）数字接入	（2）生活满意度	（3）数字接入	（4）生活满意度
具体化文化资本	0.111*** （0.031）	0.134*** （0.025）		
制度化文化资本			0.232*** （0.057）	0.302*** （0.047）
数字接入		0.599*** （0.211）		0.559*** （0.212）
控制变量	已控制	已控制	已控制	已控制
常数项	1.096*** （0.287）		0.998*** （0.292）	
/cut1		−3.491*** （0.425）		−3.296*** （0.428）
/cut2		−1.840*** （0.328）		−1.646*** （0.332）
/cut3		−0.151 （0.308）		0.043 （0.312）
/cut4		0.563* （0.307）		0.758** （0.311）
/cut5		3.420*** （0.317）		3.631*** （0.322）
/cut6		5.107*** （0.330）		5.323*** （0.335）
N	2358	2358	2358	2358
R^2	0.082	0.013	0.087	0.016

表4分析了数字技能在文化资本与生活满意度中的中介作用。由表可知，具体文化资本显著提高了居民的数字技能，在同时纳入解释变量与中介变量后，生活满意度模型中的机制变量显著为正，被解释变量具体文化资本的系数下降，可以认为数字技能在具体文化资本和居民生活满意度中起到了部分中介的作用，经 RMediation 检验，中介效应显著，即具体文化

资本通过提升居民的数字技能水平从而提升居民的生活满意度。同理可得，制度文化资本会提高居民的数字技能水平，从而提升其生活满意度，假设 H2a、H2b 得到验证。

表 4　数字技能的中介效应分析

变量	（1）数字技能	（2）生活满意度	（3）数字技能	（4）生活满意度
数字技能		0. 017 *** （2. 93）		0. 013 ** （2. 25）
具体化文化资本	0. 635 *** （14. 27）	0. 064 *** （4. 95）		
制度化文化资本			1. 629 *** （20. 22）	0. 126 *** （4. 98）
控制变量	已控制	已控制	已控制	已控制
常数项	17. 436 *** （39. 74）	3. 846 *** （24. 34）	15. 666 *** （35. 92）	3. 864 *** （24. 59）
N	2, 358	2, 358	2, 358	2, 358
R^2	0. 392	0. 036	0. 437	0. 036

为保证结果稳健性，本文进一步通过 Bootstrap 的检验方法对中介效果进行检验。表 5 中 Bootstrap 的检验结果显示，具体化文化资本经数字接入至居民生活满意度的直接效应系数为 0. 002，且在 95% 的置信区间内不包含 0，检验通过。同理，数字接入在制度化文化资本和居民生活满意度之间的中介作用以及数字技能在具体化文化资本、制度化文化资本与居民生活满意度之间的中介作用也通过检验。因此，可以认为数字融入的中介作用成立，研究假设 H2a、H2b 得到验证。

表 5　基于 Bootstrap 方法的中介机制检验结果

路径	效应系数	Bootstrap 标准误	95% 置信区间
具体化文化资本—数字 接入—生活满意度	0. 002	0. 001	0. 000, 0. 005
制度化文化资本—数字 接入—生活满意度	0. 005	0. 003	0. 000, 0. 012

路径	效应系数	Bootstrap 标准误	95%置信区间
具体化文化资本—数字技能—生活满意度	0.064	0.013	0.039，0.088
制度化文化资本—数字技能—生活满意度	0.126	0.001	0.081，0.175

五、研究结论与政策建议

人的生存和发展需要是社会发展的基本出发点和原动力，社会发展最终目标与最高原则的落脚点在于提高人民的生活质量。然而，以往的研究虽然关注到教育与生活质量的关系，却缺少文化资本视角的关注。本文基于布迪厄的文化资本理论，探讨了文化资本对居民生活满意度的影响效应，并应用 RMediation 和 Bootstrap 方法分析了数字融入其中起到的中介效应。结果显示，在控制其他变量的情况下，具体化文化资本与制度化文化资本均显著提高了居民的生活满意度，在经 OLS 模型检验后结论依然成立。中介效应分析显示，文化资本对居民生活满意度的促进作用可通过提高居民的数字融入得以实现。

党的十八大以来，以习近平同志为核心的党中央高度重视文化建设。习近平总书记多次强调，要着力提升公共文化服务水平，让人民享有更加充实、更为丰富、更高质量的精神文化生活。发展文化事业是满足居民精神文化需求、提升居民生活满意度的重要途径。因此，增进民生福祉应重视文化资本的作用。一方面，培育居民的具体化文化资本，积极提升公共文化服务供给水平，拓宽具体化文化资本获得渠道，增加居民具体化文化资本的可及性。另一方面，从本文的结果来看，以教育为代表的制度化文化资本是提升居民生活满意度的重要桥梁，应重视教育发展投入及布局合理性，着力提升居民制度化文化资本获得水平，在社会营造浓厚的受教育氛围，逐步扩大教育群体和年龄段，通过政策途径弥合差距，稳步提升居民生活满意度。

　　同时，本文发现文化资本对居民生活满意度的影响可以通过增强居民数字融入得以实现。近年来，互联网等信息技术已经在全国范围内迅速普及，《中国互联网络发展状况统计报告》显示，截至 2022 年 12 月，我国网民规模达 10.67 亿，互联网普及率达 75.6%。然而，普及率提升之下随之而来的是数字鸿沟的问题，这不仅表现在数字接入鸿沟上，也表现在数字技能鸿沟之上，在这样的背景下，提高居民的数字融入程度对提升居民生活满意度和建设和谐社会具有重要意义。因此，迫切需要政府采取措施增进居民数字融入水平。首先，政府应继续推动互联网等数字技术基础设施的建设，推进互联网全面覆盖，降低宽带使用费用，降低因供给不足带来的数字鸿沟。其次，政府应着力改善居民信息获取渠道，推动文化产品和服务数字化发展，让文化相关信息变得唾手可得，居民更能够享受优秀文化作品，促进全体居民精神生活走向共同富裕。最后，提高居民数字技术使用技能和数字素养，有效弥合不同受教育程度居民之间的数字技能鸿沟。

国家文化安全研究的
逻辑架构及趋势展望*

袁子凌**

【摘要】 文化安全关乎一个国家的民族凝聚力、国家政治与经济稳定，以及文化主权和利益。国家文化安全研究逐渐成为学术界的焦点命题，我国学界力图助推具有中国特色的国家文化安全理论体系的创建，经过20余年的积累和探索，已形成较为丰硕的研究成果。基于此，本文聚焦于国内关于国家文化安全理论研究的学术成果，基于"基本概念—基本内涵—理论资源—基本范畴—研究问题域"学理链，梳理阐释了国家文化安全的概念界定、主要内涵、理论资源，提炼了研究的"八类范畴"与"十八个问题域"，构建国家文化安全理论体系研究的逻辑架构。最后，讨论了我国国家文化安全理论研究的趋势及可能拓展方向。

【关键词】 国家安全　国家文化安全　理论研究　趋势展望

一、问题的提出

党的十八大以来，我国逐渐形成了以总体国家安全观为思想统领，

＊ 本文系国家社科基金项目"统筹文化发展和安全的理论建构、风险评估及防范机制研究"（项目编号：22VRC059）的阶段性成果。

＊＊ 袁子凌，北京航空航天大学人文社会科学学院（公共管理学院）博士研究生。

以"统筹发展和安全"为政策导向的新安全理念，为推进新时代国家安全治理工作提供了理论指导和思想指引。"文化安全"是总体国家安全领域的重要组成部分，也是社会制度、国家政权得以维护的重要基础。习近平总书记提出了"世界上各种文化之争，本质上是价值观念之争，也是人心之争、意识形态之争。""提高文化软实力，不仅关系我国在世界文化格局中的定位，而且关系我国国际地位和国际影响力，关系'两个一百年'奋斗目标和中华民族伟大复兴中国梦的实现。"等体现国家文化安全思想的重要论述①，深刻指明了以意识形态安全为核心的国家文化安全工作对于维护国家安全的重要意义，以及增强我国文化软实力的重大战略任务。推进国家文化安全理论研究，形成具有中国特色的国家文化安全理论体系以指导我国文化安全建设，对于推进新时代我国总体国家安全和社会稳定具有重要意义。我国学界最初于20世纪末开始关注和重视国家文化安全的理论研究，经过20余年的不断探索，结出了丰富的理论果实，形成并逐渐完善具有中国特色的国家文化安全理论体系。

在中国语境下不断发展的国家文化安全理论体系，决定了其逻辑架构呈现出自身独特的构建特点。认识国家文化安全理论体系研究的逻辑架构，有助于把握中国国家文化安全理论体系的精髓，为中国国家文化安全理论体系研究提供新的理论思维和思想维度。基于此，本研究意在总结我国现有国家文化安全理论相关研究文献及进展，基于"基本概念—基本内涵—理论资源—基本范畴—研究问题域"的学理链，构建中国国家文化安全理论体系研究的逻辑架构，提炼出关于国家文化安全理论体系的具体内容，并阐述未来可能的研究方向，以期引起更多中国学者关注和发展中国情境下的国家文化安全理论相关研究，为指导和促进国家文化安全建设提供参考。

---

① 中共中央文献研究室. 习近平关于社会主义文化建设论述摘编［M］. 北京：中央文献出版社，2017：105.

二、国家文化安全理论体系
研究的逻辑架构

（一）国家文化安全的概念界定

我国学者从不同领域和观察视角对国家文化安全进行了概念界定，大致可划分为"文化生存与发展""文化主权与利益""文化软实力""文化内外敌对""文化安全保护"等五种类型。

第一，基于"文化生存与发展"视角，将"生存"与"发展"视为国家文化安全问题的核心。例如胡惠林认为，没有危险和不受内外威胁的状态，以及保障持续安全状态的能力三个要素共同确保了安全与否，即国家文化安全的生存，而发展作为更高意义上的生存需要，也应当是国家文化安全的题中应有之义，并总结道："生存与发展是国家文化安全的核心"，进而将国家文化安全定义为"文化生存与发展免于威胁或危险的状态"①。

第二，基于"文化主权与利益"视角，将"文化主权"与"文化利益"视为界定国家文化安全概念的核心要素，并主要从权力与政治角度探讨二者的内在关联。例如韩源认为，"国家文化利益是界定国家文化安全的最核心概念"，直接关系着民族凝聚、政权稳定、主权独立；同时，"国家文化主权是与国家文化利益紧密相连的另一核心概念"，全球化的深入发展必将导致各国之间因文化利益矛盾而产生空前的文化主权问题②。

第三，基于"文化软实力"视角，认为国家文化安全是一种文化软实力或软手段。例如，刘荣认为，国家在全球经济一体化的背景下与世界各种文化思潮互动的过程中，"文化安全（国家文化安全）是彰显自己文化价值的特色和优势，保持自己文化话语权，应对文化渗透的能力和

---

① 胡惠林. 国家文化安全学［M］. 北京：清华大学出版社，2016：27.
② 韩源. 中国文化安全评论（第1卷）［M］. 北京：金城出版社，2015：16－18.

实力"①。

第四，基于"文化内外敌对"视角，认为国家文化安全的有效保证取决于如何应对内外部的敌对力量以确保国家文化主权与文化利益。例如田志峰认为："国家文化安全主要是指一个国家的文化价值体系，特别是主流文化价值体系免遭内部或外部文化因素的侵蚀、破坏或颠覆，指民族文化没有危险和不受到威胁"②。

第五，基于"文化安全保护"视角，将国家文化安全视为一种文化保护机制。例如，张峰和张士栋认为，国家文化安全就是在面对频繁信息交流时对于本国文化采取的一种保护机制，"通过调控国外文化在我国的传播深度和范围，维护我国文化的稳定性和传承性"③。

（二）国家文化安全的基本内涵

国家文化安全作为一种内涵极为复杂和广泛的安全类型，其研究内涵范畴的划分因研究视角的不同而纷繁多样。目前国内学术界主要从以下三个方面阐释国家文化安全的基本内涵。

一是基于文化安全结构，认为国家文化安全具有"内部—外部"二元结构的基本特征，将国家文化安全划分为内部文化安全和外部文化安全。例如程伟将外部文化安全解释为体现"国家文化的存在不受外部威胁，国家有独立自主传承、发展本国文化传统的权力，有自由选择本国文化制度、意识形态的权力"；内部文化安全为"体现在国家文化内部的传承与发展没有隐患"④。

二基于文化安全层次，将国家文化安全划分为物质文化安全、制度文化安全、精神文化安全等多种不同层次。例如学者邓玉荣和罗德芬认为，国家文化安全实际上主要涉及三个层面：一是器物文化安全，包括有形产品和无形产品（例如文化遗产、知识产权等）；二是制度文化安全，指国

---

① 刘荣. 全球化时代中国文化安全问题及其应对 [J]. 西北民族研究, 2015 (03): 218 – 223.
② 田志峰. 软权力竞争: 全球化背景下国家的文化安全 [J]. 学术交流, 2003 (08): 33 – 37.
③ 张峰, 张士栋. 信息时代下的国家文化安全问题 [J]. 哈尔滨师范大学社会科学学报, 2017, 8 (06): 25 – 27.
④ 程伟. 国家文化安全问题的生成与演化 [J]. 河南社会科学, 2019, 27 (01): 109 – 113.

家能独立自主地选择适合自己国情的文化制度，独立自主地支配和利用自己的文化资源，独立自主地制定和实施与文化安全相关的法律法规等；三是观念文化安全，指一系列的思想和价值观念，包括道德风尚、民族凝聚力等①。

三是基于文化安全形态，将国家文化安全视为一个系统，从主体国家或生态安全出发，对系统形态构成进行划分。在主体国家方面，韩源和白中英②将国家文化安全总系统按照政权国家、民族国家、社会国家等三个维度进行推演，得到意识形态安全、民族文化安全、公共文化安全三类国家文化安全一级子系统。在生态安全方面，胡惠林③着眼于"如何确保自己发展需求的同时还能确保后代的可持续性发展"的系统性安全问题，从广义上将国家文化安全划分文化遗产安全、文化资源安全、文化生态安全等三种形态，并分别赋予由"人民安全"到"社会制度安全"再到"文化生态系统安全"的文化安全意义。

（三）国家文化安全研究的理论资源

1. 理论基础：马克思主义经典作家的文化安全思想

习近平总书记高度重视坚持和巩固马克思主义在思想文化领域的指导地位，将其作为新时代维护国家文化安全的关键所在④。"文化"是马克思主义理论体系中重要的研究视域，在面临文化发展处于不利地位、马克思主义发展遭受危机与革命形势严峻的历史背景下，马克思、恩格斯与列宁等马克思主义经典作家就如何建设与维护国家文化安全进行深入探索与思考，独立形成有丰富而深刻的文化安全思想，主要从意识形态安全、民族文化安全以及文化发展安全等三个方面进行阐述。

第一，意识形态安全是文化安全的核心。意识形态指与一定社会的经

---

① 邓玉荣，罗德芬. 国家文化安全战略的构建 [J]. 求索，2012 (02)：94 – 95.
② 韩源，白中英. 中国国家文化安全评估指标体系设计 [J]. 中国文化产业评论，2023，32 (01)：98 – 117.
③ 胡惠林，胡霁荣. 国家文化安全治理 [M]. 上海：上海人民出版社，2020：406 – 409.
④ 周逢梅，邵小文. 习近平对维护国家文化安全的战略思考 [J]. 党的文献，2019 (01)：21 – 28.

济和政治直接相联系的观念、观点、概念的总和，反映了人们的利益、意志和要求①。马克思和恩格斯从三个方面阐释意识形态工作对于维护国家文化安全的内在要求：一是意识形态是阶级利益的集中体现。统治阶级发起的阶级斗争不仅体现在经济与政治领域，还体现在意识形态斗争领域，这确立了意识形态在国家文化安全工作中的重要地位。二是资产阶级意识形态策略的主要表现及其批判。资产阶级惯常使用赋予其意识形态普遍性、诋毁和攻击无产阶级意识形态、利用传播教育的精神控制等意识形态策略来确保资产阶级意识形态始终处于统治地位。因此，面对西方发达资本主义国家的意识形态策略的霸权政治图谋，应建立健全国家文化安全防范机制，制定科学的文化发展战略，从而更好地抵御和防范文化渗透和扩张。三是无产阶级意识形态的基本路径。一方面无产阶级政党要旗帜鲜明地表明理论观点、政治立场和革命态度，另一方面要重视对无产阶级进行系统科学的思想文化教育②。社会思想文化多元化进程的加快使得国家意识形态安全领域面临诸多挑战，应高度重视国家文化安全教育，完善国家文化安全教育顶层设计和资源配置，丰富国家文化安全教育的路径方法，全面保障意识形态安全，促进文化自信与文化繁荣。

第二，民族文化安全是国家文化安全的关键。民族文化安全具有发挥优秀传统文化基因的关键作用，为民族地区的政治稳定和经济发展奠定坚实的文化基础③。马克思和恩格斯重点关注了文化全球化背景下的民族文化安全问题，指出全球性输出的资本主义文化影响人们对本民族文化的认知，破坏各民族独有优秀文化的全面自由发展，"于是由许多种民族的和地方的文学形成了一种世界的文学。④"列宁继承发展了马克思和恩格斯对待民族文化基本观点，结合俄国社会主义文化建设实践，进一步丰富民族文化安全的主要观点、战略目标与措施等内容，由此初步形成马克思主

① 李辽宁，张婕．论我国意识形态的国际竞争力及其提升策略［J］．思想教育研究，2023（04）：37－44．
② 石文卓．新时代中国文化安全问题研究［M］．上海：华东师范大学出版社，2021：35－36．
③ 苏茂林，白中英，武丽丽．国家文化安全研究：20 年回顾与展望［J］．重庆工商大学学报（社会科学版），2022，39（01）：146－154．
④ 中共中央马克思恩格斯列宁斯大林著作编译局．马克思恩格斯选集第一卷［M］．北京：人民出版社，2012：404．

义民族文化安全思想，主要从以下三个方面进行阐述：一是传统文化的民族基因属性。一方面是对于民族文化基因的风险抵御，重点考虑如何应对资本主义文化带来的冲击与挑战，为传承与发展优秀传统文化提供安全保障，另一方面是对于民族文化基因的吸收与舍弃，既要同陈旧文化传统相决裂，也要吸收人类一切优秀传统文化①。二是民族文化的平等与尊重。列宁认为民族与语言平等、团结是协调国家各民族关系的一项基本原则，为民族文化独特性争取一定的存续发展空间②。因此多民族国家既要尊重民族差异以及各民族历史和文化发展的自由，也要维护各民族和语言的平等地位。三是民族文化的融合与转化。列宁指出，民族文化的交流与融合是民族间文化平等交流的产物，能够充分认识了解各民族创造的文化成果，在此基础上对"这种文化加以改造，才能建设无产阶级的文化③"。这要求在保有自身民族文化特色的同时对外来先进民族文化加以改造，使转化生成的新型民族文化保持充足的生命活力和广阔的生存发展空间。

第三，文化发展安全是国家文化安全的根本。文化发展是文化安全的表现形态，只有保障文化发展的安全状态才能激发文化生命活力，做好维护国家文化安全的根本工作④。马克思主义文化发展安全思想的形成与文化全球化发展趋势下暴露的文化安全问题紧密相关，体现对国家内部与外部文化安全环境的高度警觉：一是国内文化发展相关的不利因素。列宁认识到落后腐朽的思想不利于国家内部文化安全的健康发展，并重点指出加强对文化教育事业和宗教思想两方面的安全管理⑤。在政策实践中，一方面应重视提高人民群众的文化教育水平，巩固党的群众基础和文化认同，另一方面实施政教分离，构建积极健康和谐的政教关系，从而确保内部文化安全健康地朝前发展⑥。二是外来敌对文化的安全威胁。马克思和恩格

---

① 郑君. 中华优秀传统文化的思想政治教育价值研究［D］. 长春：东北师范大学，2022.
② 沈乐乐. 列宁民族理论研究［D］. 呼和浩特：内蒙古大学，2020.
③ 中共中央马克思恩格斯列宁斯大林著作编译局. 列宁选集（第四卷）［M］. 北京：人民出版社，2012：285.
④ 马小燕. 列宁文化安全思想及其当代启示［D］. 石家庄：河北师范大学，2022.
⑤ 中共中央马克思恩格斯列宁斯大林著作编译局. 列宁选集（第四卷）［M］. 北京：人民出版社，2012：138.
⑥ 孙琥璑，杜丽. 列宁宗教思想及其政策实践对中国的借鉴意义［J］. 宗教学研究，2014（01）：1-7.

斯揭露了文化全球化发展大势下资产阶级的文化霸权主义倾向，提示警惕文化侵略与渗透给国家文化发展安全环境带来的外部威胁①。因此在顺应文化全球化的发展趋势下，外部文化交往应积极调整并完善文化安全发展策略，充分化解文化霸权主义带来的风险危机。

2. 理论吸收：西方经典国家文化安全理论的批判与启示

我国学者重点关注了西方国家关于国家文化安全的理论研究，在揭露其隐藏文化中心主义、文化殖民主义等话语陷阱的同时，也阐述其对我国文化发展的思想借鉴与理论参考价值。"历史终结论""文明冲突论""软实力""文化领导权"等理论在西方文化研究及政治实践领域颇具影响力，分别从历史前进下的意识形态演化、多元文明之间的关系理解、新型实力关系的界定、意识形态领导权的革命策略等四个方面展现了对国家文化安全问题的不同困惑，具有深刻的政治背景与学术渊源，成为我国学者据于理论升华的典型代表。

第一，历史终结论。弗朗西斯·福山于1989年首次提出了"历史的终结"这一命题，以追求"普世价值"为价值预设，认为只有西方文化价值观念才具有普世价值，且资本主义自由民主政体可能构成"人类意识形态进化的终点"和"人类政府的最终形式"，并由此构成"历史的终结"，然而其背后折射出将资产阶级制度、理论、思潮提升到人类思想领域的制高点的目的②。第二，文明冲突论。塞缪尔·亨廷顿③于1996年发表的《文明的冲突和世界秩序的重建》一书代表了"文明冲突论"的诞生，该理论主张以文明的界线来审视世界政治关系，持有"最危险的文化冲突是沿着文明的断层线发生的那些冲突"的主要观点以警示文化安全，但实则以假文明间对立冲突之语，言意识形态对立之实，揭示了西方中心主义为造成文明冲突论的根本源头④。第三，软实力理论。1990年，约瑟

---

① 中共中央马克思恩格斯列宁斯大林. 马克思恩格斯选集（第1卷）[M]. 北京：人民出版社，2012：404.

② 雷璨滢. "历史终结论"逻辑预设的哲学批判 [J]. 今古文创，2023（23）：76 – 81.

③ 亨廷顿. 文明的冲突 [M]. 周琪，等，译. 北京：新华出版社，2012：141.

④ 王立胜，晏扩明. 中国式现代化与人类文明发展 [J]. 中国社会科学院大学学报，2023，43（01）：5 – 18 + 156 + 161.

夫·奈①在《美国注定领导世界？——美国权力性质的变迁》中正式提出了"软实力"（即"Soft Power"，也被翻译为"软权力"、"软力量"）的概念，认为美国拥有绝对的文化、价值观和国民凝聚力等新型软实力优势；于2022年9月发表的新作《面对中国崛起，美国有哪些应做与不应做的事》②一文中更加明确了"软实力"的宗旨和作为政治武器的运用策略，突显其一以贯之且旗帜鲜明维护美国文化霸权主义立场。第四，文化领导权理论。安东尼奥·葛兰西基于意大利社会主义革命的实践经验提出了文化领导权这一全新的革命理论，开创了西方马克思主义意识形态研究的先河。该理论以实践哲学为基础，依赖于以人民自愿"同意"获取文化领导权的合法性，主张建立文化堡垒防线的"阵地战"策略③。然而葛兰西的"文化所具有普遍性的社会价值仅在成为欧洲重要社会文化范畴时才得以体现"这一观点说明其仍带有西方文化中心论倾向。

总的来看，西方语境下的"历史终结论""文明冲突论""软实力""文化领导权"理论本质上为由西方文明内在的文明中心主义和文化殖民主义主导，完成服务于西方政治及其国家利益的根本目的，因此在学界引发了各种质疑和批判，同时也受到以中国为代表的社会主义国家建设成就的现实挑战。此外，在学术研究上，在解构其不合理部分的同时，我国学者提取并分析其合理部分，提供研究的延伸思路，以期为中国国家文化安全理论吸收与升华提供参考。研究观点具体体现为：其一，关于福山的"历史终结论"，中国文化的社会信任、社会资本等所创造前所未有的经济繁荣作为该理论的比照反对案例，从而印证新时代中国文化安全发展道路和模式的合法性与合理性，增强中华文化发展道路的自信④；其二，关于亨廷顿的"文明冲突论"，以新时代人类命运共同体思想为指导对其进行批判与创新，对于建立以文明对话消解文明冲突的新型文明观，共建文化

---

① 约瑟夫·奈.美国注定领导世界？——美国权力性质的变迁［M］.刘华，译.北京：中国人民大学出版社，2012：150.
② Nye Jr J S. How not to deal with a rising China: a US perspective［J］. International Affairs, 2022, 98（5）：1635－1651.
③ 谢琦.葛兰西"文化领导权"理论及其对提升国家文化软实力的启示［J］.学习与探索，2020（05）：9－16.
④ 张过.浅析福山"历史终结论"的变与不变［J］.南方论刊，2012（11）：53－54＋37.

安全新秩序具有重要指导与启发意义①。其三，关于约瑟夫·奈的"软实力"理论，以党的二十大报告中"不断提升国家文化软实力"为思想引领，基于中国文化背景对软实力概念进行研究和阐释，从不同视角推动中国"文化软实力"研究及其理论创新②。其四，关于安东尼奥·葛兰西的"文化领导权"理论，面对全球化"文化博弈"的后疫情时代，明确牢固意识形态工作领导权、管控文化渗透主要渠道、增强人民群众意识认同等思想观点及其相关策略，为能更好地指导应对新时代文化安全建设挑战提供了思想借鉴与理论参考③。

3. 理论拓展：中国特色的国家文化安全思想

（1）文化软实力理论视域下的文化安全

"软实力"概念最早由约瑟夫·奈提出，主要是指以价值观、意识形态等多个要素构成的国家无形力量，用以推动国家行为的改变，实现国家发展战略④。在文化安全层面上，约瑟夫·奈将软实力视作国家文化安全体系的重要组成部分，强调需要不断提高自身的软实力，创造良好的文化安全环境，从而整体推动国家安全发展战略。"软实力"概念自传至国内便得到中国学者们的广泛关注，特别是2013年末习近平总书记在中央政治局第12次集体学习会上发表关于"着力提高国家文化软实力"的重要讲话后，中国学者开始自觉基于中国文化背景，突出中国特色，对"文化软实力"展开深入研究，形成了中国文化软实力理论体系⑤。习近平总书记高度重视提高文化软实力的重要价值，将提高文化软实力作为实现文化安全的重要战略路径，他指出："提高文化软实力，不仅关系我国在世界文化格局中的定位，而且关系我国国际地位和国际影响力，关系'两个一

① 刘志刚. 从"文明冲突论"到人类命运共同体——中西方对待文明冲突的不同逻辑［J］. 学术界，2021（10）：201 – 209.
② 刘鹤丹，罗兴刚. 提升新时代中国特色社会主义文化软实力［J］. 山东干部函授大学学报（理论学习），2022（06）：36 – 41.
③ 陈坤，仲帅. 葛兰西的文化领导权思想及其当代意蕴［J］. 理论探讨，2013（04）：161 – 163.
④ 罗佳琦. 中国国家文化安全战略研究［D］. 武汉：湖北大学，2019.
⑤ 张国祚. 中国文化软实力理论创新——兼析约瑟夫·奈的"软实力"思想［J］. 中国社会科学，2023（05）：188 – 203 + 208.

百年'奋斗目标和中华民族伟大复兴中国梦的实现。①"深刻回答了国家文化安全的深层主题下如何提高文化软实力的重大问题，为文化软实力理论视域下的文化安全研究指明了方向。对此，学界重点围绕提高国家文化软实力的文化安全内涵与实践策略展开研究：一是文化软实力与文化安全的关系辨析。学者们从意识形态安全、民族文化安全等文化安全的多个方面，分析其作为文化软实力建设的重要内容与任务关系，以及探讨文化全球化时代下提高文化软实力对于迎接多元文化冲击与交锋挑战的现实需要②。二是基于提高文化软实力的文化安全战略措施。学者们以习近平文化软实力思想为指导，从社会主义核心价值观、中华优秀传统文化、多元民族文化、国际文化话语权等多方面出发，探讨新时代我国提升文化软实力的实践路径③。

（2）马克思主义民族理论视域下的文化安全

马克思主义民族理论是党和国家开展民族工作与制定民族政策的基本理论指导④。党的二十大报告提出了"中国化时代化的马克思主义行"的重要理论命题，为反思和创新马克思主义民族理论视域下的文化安全研究提供了重要的问题方向和思路指引。2023年6月2日，习近平在文化传承发展座谈会发表重要讲话，强调"在五千多年中华文明深厚基础上开辟和发展中国特色社会主义，把马克思主义基本原理同中国具体实际、同中华优秀传统文化相结合是必由之路"⑤。进一步揭示了马克思主义民族理论视域下文化安全中"两个结合"的理论意义与内涵：一是解决理论与中华民族文化安全实际的关系问题，要求以现实环境为转移，将马克思主义基本原理与中华民族文化安全建设具体实践相结合⑥。对此学界基于中国特殊性的民族政策实践探索展开研究，梳理总结了马克思主义民族理论中国

---

① 中共中央宣传部. 习近平总书记系列重要讲话读本 ［M］. 北京：人民出版社，2014：207.

② 王玉鹏. 文化软实力与意识形态安全之关系辨析 ［J］. 文化软实力，2017，2（01）：60 - 65.

③ 曹印双，刘芸暄. 新时代提升我国文化软实力的重要意义与具体路径探析——习近平文化软实力思想研究 ［J］. 西安航空学院学报，2018，36（04）：3 - 9.

④ 郭志强. 马克思主义民族理论中国化问题研究 ［D］. 济南：山东轻工业学院，2012.

⑤ 习近平. 担负起新的文化使命努力建设中华民族现代文明 ［N］. 人民日报，2023 - 06 - 03（1）.

⑥ 刘昊. "两个结合"的理论与方法——学习习近平在文化传承发展座谈会上的重要讲话 ［J］. 甘肃理论学刊，2023（04）：46 - 51.

化的基本维度与主要脉络①，探讨"中国方案"中旨在解决民族具体问题的"发展实践哲学"，以及为世界各民族文化发展安全提供新选择的普遍性意义②。二是强调挖掘中华优秀传统文化，开展中国实践与理论的创新探索，为中华文化基因与中华民族共同体建设等文化安全理念提供理论支撑③。对此学界主要以党的二十大报告及习近平民族观的有关论述为指导，从马克思主义民族理论视域下的文化安全建设要求出发，重点研究了马克思主义基本原理和中华优秀传统文化相结合的学理基础④、时代内涵与实践逻辑⑤等问题。

（3）马克思主义生态文明理论视域下的文化安全

马克思主义生态文明理论是党和国家关于解决人与自然关系、生态环境和生态危机、生态文明及其建设等问题的基本理论指导，与中华优秀传统文化存在共同的价值立场、理论观点与实践方法等，二者共同构成建设新时代中国特色社会主义生态文明的哲学根基，为我国生态文明建设提供不竭动力⑥。党的十八大以来，以习近平同志为核心的党中央高度重视生态文明建设，将马克思主义生态文明理论与中华优秀传统文化相结合，提出一系列新论断、新观点、新思路等，诸如"生态兴则文明兴，生态衰则文明衰""绿水青山就是金山银山""山水林田湖草沙是一个生命共同体""要推动形成绿色生产生活方式"等，构成了习近平生态文明思想的主要内涵⑦。在马克思主义生态文明理论视域下，习近平生态文明思想将中华优秀传统生态文

① 李强. 马克思主义民族理论中国化的早期探索与历史经验 ［J］. 教学与研究, 2019 (11): 36 – 42.
② 亚·弗·罗曼诺夫. 中国方案: 对全球治理与经济发展的新态度 ［J］. 世界社会主义研究, 2016, 1 (02): 31 – 35 + 124 – 125.
③ 青觉. 马克思主义民族理论中国化时代化的命题诠释 ［J］. 贵州民族研究, 2023, 44 (01): 1 – 3.
④ 颜晓峰, 任倚步. 中国式现代化视域中马克思主义基本原理同中华优秀传统文化相结合的学理探析 ［J］. 思想教育研究, 2023 (06): 3 – 9.
⑤ 余卫国. 马克思主义基本原理同中华优秀传统文化相结合的时代内涵和实践逻辑 ［J］. 中原文化研究, 2023, 11 (04): 5 – 12.
⑥ 杨毅然. 习近平生态文明思想的"共同体"内涵——基于马克思主义与中华优秀传统文化的融合创新 ［J］. 西南科技大学学报（哲学社会科学版）, 2023, 40 (04): 65 – 71 + 101.
⑦ 朱倩倩, 王晨, 谭文华. 百年来中国共产党对马克思主义生态文明理论的创新发展 ［J］. 长春理工大学学报（社会科学版）, 2022, 35 (05): 31 – 36.

化作为其文化本源，实现了中华优秀传统文化生态智慧的创造性转化与发展①。对此，学界以习近平生态文明思想为指导，将中华优秀传统生态文化作为文化安全研究的重点内容，主要从以下两方面展开探讨：一是基于中华优秀传统生态的文化安全意蕴，分析中华优秀传统生态文化的内核、基本特征与当代价值等主要内容，探讨其为化解当今生态文化安全风险，构建中国特色生态文化安全环境提供思想资源的现实意义②。二是基于中华优秀传统生态文化的文化安全实践，探讨中华优秀传统生态文化的弘扬与创新③、传承与践行④等实践路径，为实现生态文化安全的创造性发展提供理论借鉴。

（四）国家文化安全研究的基本范畴与问题域

作为一种高度抽象的结构性命题概念，范畴在一个学科及其研究主题中处于核心地位，开展国家文化安全研究需要围绕一些基本范畴来推进，而问题域则呈现了研究问题的系统性⑤。基于对现有文献的梳理，以及参考并整合了学界关于国家文化安全综述性⑥⑦⑧与评价体系⑨等相关研究，本文把国家文化安全理论体系研究的核心内容归结为"八类范畴"和"十八个问题域"。

八类范畴：（1）意识形态安全研究。主要包括态势分析、风险防范与价值意蕴等议题（2）网络文化安全研究。主要包括内涵特征、发展现状、

① 张乾元，冯红伟．习近平生态文明思想对优秀传统生态文化的传承与发展 ［J］．西北民族大学学报（哲学社会科学版），2020（06）：1－6．
② 陈波，杨明鸿．中华传统生态文化的内核、基本特征与当代价值 ［J］．湖北行政学院学报，2022（01）：22－27．
③ 苏百义，李凌波．习近平生态文明思想对中华优秀传统生态文化的弘扬与创新 ［J］．中南林业科技大学学报（社会科学版），2022，16（05）：1－10．
④ 吴永晶．论新时代中华优秀传统生态文化的传承与践行 ［J］．科教导刊（下旬），2018（33）：142－143＋163．
⑤ 王道勇．合作研究的社会学转向：中国意蕴与研究范畴 ［J］．社会科学，2020（10）：3－10．
⑥ 吴楠．国家文化安全研究综述与展望 ［J］．中国文化产业评论，2023，32（01）：132－148．
⑦ 陈敏．国家文化安全理论研究述评与展望——基于总体国家安全观的视野 ［J］．探求，2019（01）：112－120．
⑧ 吴腾飞．新时代国家文化安全建设研究 ［D］．长春：吉林大学，2020．
⑨ 韩源，白中英．中国国家文化安全评估指标体系设计 ［J］．中国文化产业评论，2023，32（01）：98－117．

治理体系与提升策略等议题。（3）文化产业安全研究。主要包括发展趋势、发展路径及影响因素分析等议题。（4）民族文化安全研究。主要包括边疆民族文化安全与少数民族文化安全面临的风险挑战及其对策。（5）文化教育安全研究。主要包括传统文化教育、语言文化教育、思想政治教育等议题。（6）中华优秀传统文化安全研究。主要包括中华优秀传统文化保护传承、价值意蕴与体系建构等议题。（7）文化制度安全研究。主要包括文化体制改革与政策设计等风险分析议题（8）文化软实力研究。主要包括理论分析、提升路径、关系辨析等。

十八个问题域：（1）社会主义核心价值观引领下的文化安全；（2）马克思主义思想指导下的文化安全；（3）中国特色社会主义的文化安全；（4）中华优秀传统文化的文化安全；（5）中国文化融合与竞争的文化安全；（6）当代中国教育的文化安全；（7）中国思想政治教育的文化安全；（8）当代中国媒体传播的文化安全；（9）中国文学艺术的文化安全；（10）中国民主法治建设的文化安全；（11）中国民族与宗教政策的文化安全；（12）中国文化产业的文化安全；（13）中国政策工具的文化安全；（14）中国管理体制的文化安全；（15）中国引导措施的文化安全；（16）中国防控机制的文化安全；（17）中国文化外交的文化安全；（18）中国文化安全评估指标体系建构。

基于上文内容，本文构建了国家文化安全理论体系研究的逻辑架构，如图1所示。

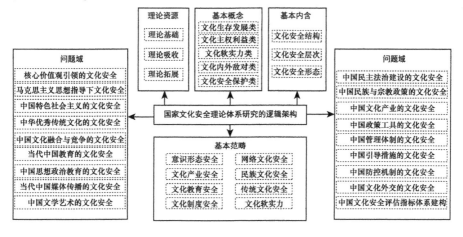

图1　国家文化安全理论体系研究的逻辑架构

三、研究趋势与展望

目前来看，我国国家文化安全理论体系仍处于完善阶段，如何继续不断丰富和创新中国特色的国家文化安全理论体系，来更好地解释、支撑并引导我国文化安全建设，提升国家文化软实力，将成为未来中国国家文化安全理论和实践等相关研究的重要问题。未来研究可重点在理论框架、研究范畴、研究问题域等方向继续深化。

第一，国家文化安全理论的研究框架需要进一步深入拓展。人工智能、大数据、区块链等新兴数字技术的广泛应用积极促进了我国文化传播与交流，但也给我国文化安全的文化价值观、网络文化结构、民族文化认同等方面带来了负面影响。例如大数据技术在网络文化传播中带来西方价值观引导、网络暴力、侵犯文化版权等风险威胁①。然而，数字技术对我国文化安全的影响机制、基于数字技术的文化风险扩散模式以及文化安全风险测度等问题尚未明确。现有国家文化安全理论框架无法解释数字技术要素对我国文化安全影响的潜在复杂机理，未来国家文化安全研究可以通过扩展新时代国家文化安全发展范式与新兴数字技术影响的新理论框架。

第二，国家文化安全理论的研究范畴需要更加系统化。在系统哲学视域下，范畴可以系统化，其内部由若干要素及其结构组成②。文化结构功能主义③学派从系统化结构的角度对文化进行不同层次的划分，学界一般较为认可"精神文化、物质文化、制度文化与行为文化"的四层次划分方式。在我国国家文化安全研究范畴中，主要将精神层面文化要素（如价值观念、民族认同与意识形态等）以及物质层面文化要素（如文化产品、文化信息与文化资源）作为分析国家文化安全问题的核心并以此探讨应对策

---

① 刘志敏. 网络文化时代的信息安全教育研究——评《"互联网＋"时代网络文化安全研究》[J]. 中国安全科学学报, 2022, 32 (07): 206.

② 胡永近, 杨慧. 范畴系统建构及其内涵特征 [J]. 宿州学院学报, 2022, 37 (11): 44 - 49 + 57.

③ 周怡. 社会结构: 由"形构"到"解构"——结构功能主义、结构主义和后结构主义理论之走向 [J]. 社会学研究, 2000 (03): 55 - 66.

略或发展途径。虽有少量文献分析了制度层面文化要素（如文化产业政策、文化监管体制、文化法律规章等）与行为层面文化要素（如风俗习惯、民俗节庆、宗教活动等），但缺乏从国家文化安全视角对其展开深入探讨。因此，未来中国国家文化安全理论研究范畴还需要将精神、物质、制度、行为等文化层次内外全要素作为综合整体进行系统谋划。

第三，国家文化安全理论的研究问题域需要进一步丰富和细化。随着我国国家文化安全研究的不断推进，中国国家文化安全研究问题域范围逐渐丰富，然而部分问题研究仅停留在文中浅显提及或概念内容上的初步探讨，未能对其进行系统化科学研究，尤其在文化安全的防控机制、评估指标体系、政策工具等方面学术成果最为欠缺，并缺少基于文化安全风险管理视域下的考察。因此，未来可重点从以下三方面拓展并深入研究：一是国家文化安全风险监测与评估指标体系建构。聚焦于国家文化安全风险的内涵与要素分析以及运用指标化体系进行的风险测量，设计一套科学、系统、全面的中国国家文化安全及其风险评估指标体系。二是我国文化安全风险防范机制研究。着眼于当前我国文化安全风险防范的核心领域、重点任务与关键要素相关研究，结合总体国家安全、防范化解重大风险、文化治理与文化建设等重点领域实践，提出推动我国文化安全风险防范机制建设的实践路径方案。三是文化政策安全影响因素研究。聚焦于文化产业政策、文化事业政策、文化教育行业政策等文化安全领域政策，深入研究政策实践状态，识别文化政策执行过程与效果的关键影响因素，并区分之间相互关系与重要程度，以为推进我国文化政策安全建设提供决策依据。